Learning
Theories
Simplified

... and how to apply them to teaching
(3rd Edition)

简明
学习
理论

原书
第3版

Bob Bates

［英］鲍勃·贝茨 著

王春易 林森 刘赛男 陈金慧 译
盛群力 审订

上海教育出版社
SHANGHAI EDUCATIONAL
PUBLISHING HOUSE

谨将本书献给我的妻子，她一直坚定地支持我的工作，是我的主心骨。为了完成本书，我常常清晨五点就跑去麦当劳，点一杯拿铁咖啡，一工作就是四个小时。对此她从未抱怨过。

我还要感谢伍尔弗汉普顿市新十字医院（New Cross Hospital）和伯明翰市哈特兰德医院（Heartlands Hospital）的工作人员，感谢他们对我妻子的精心治疗和照料，让我可以安心写作。

最后，我想将思念遥寄我的好友德里克·利弗（Derek Lever），他于 2022 年 11 月不幸离世。他与我合著了《行为管理》（Behavior management）一书，我们还花很多时间在一起踢健步足球、打板球——这对两个年龄加起来有 150 岁的人来说，还算不错。

各方赞誉

《简明学习理论》是一本非常棒的书，它可以点燃我们探索学习理论的热情。我一直对人们如何思考和学习很感兴趣，但这本书仍能让我兴奋不已、爱不释手。

——瓦莱丽·科兹门科（Valeriy Kozmenko）

美国南达科他大学内科学系副教授

我的网络学生都认为这是一本有用、有趣、通俗易懂的教科书。这些学生中，一位住在印度，一位来自中国，一位南非学生在曼谷的一所穆斯林学校教23名一年级学生，一位是菲律宾女性，还有两位美国学生在泰国和缅甸的边境开办了一所拥有1100名学生的难民学校。尽管他们的种族各异，但每个人都喜欢这本书。谢谢鲍勃为我们每个人所做的一切。

——弗吉尼亚·L.史密斯博士（Virginia L Smith，导师）和

莱丽·格蕾丝·卡格贝·帕库兰昂（Lerie Grace Caagbay Paculanang，学生）

泰国亚太国际大学

在读到书中关于维果茨基的那一章节之前，我从来都搞不清楚"最近发展区"究竟是什么意思，是鲍勃让它变得如此通俗易懂。

——索米娅·哈比卜（Summiah Habib）

教育与培训文凭课程学生

真希望当年攻读教育学学位的时候就拥有这本书。

——乔伊·科特里尔（Joy Cotterill）

英国斯梅思威克镇克罗克特社区小学高级助教兼社区凝聚力领导者

鲍勃撰写的"特殊需求与残疾"方面的书籍以及第 1 版《简明学习理论》，一直是我学习旅途中的明灯。我很高兴能够继续阅读到他的作品！在我读大学的头两年里，他的作品给了我很大的帮助，对此我十分感激。我深知自己在未来的教学生涯中，依然会是他忠诚的读者！

——凯尔茜·班克斯（Kelsey Banks，荣誉学士）

英国伍尔弗汉普顿大学初等教育专业学生

目 录

第一部分　经典学习理论
CLASSICAL LEARNING THEORIES

第二部分　当代教学思想
CONTEMPORARY THINKING ON TEACHING AND LEARNING

第三部分　幼儿与发展策略

AN INTRODUCTION TO EARLY CHILDHOOD AND DEVELOPMENTAL STRATEGIES

第四部分　规划、实施和评估学习
PLANNING, DELIVERING AND ASSESSING LEARNING

致 谢

本书篇幅有限，我无法一一感谢所有曾帮助我理解学习理论的人，其中包括我有幸合作的许多老师和学生，他们的一些经历被我用作书中的案例。特别值得一提的是塔拉·丁格尔（Tara Dingle）和露丝·皮奇（Ruth Peach），是他们帮助我选出了幼儿研究的相关理论。

我还要感谢简·斯平德勒（Jane Spindler）在图表和版式设计方面给予我的帮助，以及在我遇到困难时给我的莫大鼓励。她既是设计师又是优秀的教师，是难得的天才。

SAGE 出版公司的团队简直太棒了。我第一次见詹姆斯·克拉克（James Clark）时，他就让我相信这本书一定会成功。在后续的会面中，他、雷切尔·普兰特（Rachael Plant）、黛安娜·阿尔维斯（Diana Alves）和埃索萨·奥塔博尔（Esosa Otabor）给予我非常大的支持（虽然有时候会取笑我的故事），帮助我把这部书稿从最初的一个想法打磨成符合出版要求的作品。感谢娜奥米（Naomi）设计了充满爵士风格的封面，沙龙·卡伍德（Sharon Cawood）纠正了许多语法错误。尼古拉（Nicola）和迪哈拉（Dilhara）随后承担起了将这本书上架的重任。没有他们，这一切都不可能发生。

在此，一并向他们致以最诚挚的谢意！

新版说明

　　第 3 版《简明学习理论》提供了 134 则理论。我将第 2 版中的"学习风格"章替换为"认知学习理论",还在"教学实施"章中增加了有关批判性种族理论的新条目。这一版还对第 2 版中新增的"批判性视角"板块进行了部分重写,以便读者对理论进行更深入的思考。

使用说明

本书将：

- 帮助你理解人们是如何学习的，以及你在学习过程中所起的作用。
- 培养你作为教师、培训师、教练或导师的技能。
- 使你能够将学习理论应用于实践。
- 支持你管理好项目设计、实施和评价的关键环节。

本书不仅使用方便，而且非常有效，是专为平日里忙忙碌碌的人们而写的，因为他们感兴趣的是问题的解决方案和理论的实际应用，而不是理论的批判性分析。

本书共分为四个部分：

- 第一部分涵盖了从早期教育哲学家到 20 世纪行为主义、认知主义、人本主义和神经科学的经典学习理论。
- 第二部分着眼于学习和教学方面的当代思想，讨论了当前人们最常提及的和最受尊敬的教育思想家在师生个人素质方面的研究。
- 第三部分探讨了幼儿与发展策略。虽然这部分内容关注的重点是较年幼的儿童，但其中的一些想法经过调整后，可以适用于所有年龄段的学生。这一部分还介绍了一些与有额外需求的学生合作的方法，以及世界各地不同学校所使用的教学方法和学习方法的案例。
- 第四部分介绍了课程规划、教学计划、教学实施、评估与评价的理论和模型。这一部分是为那些参与研发、实施和评估学习项目的教师或培训师设计的。

每一部分都收录了该领域一些著名思想家的理论或模型。每个理论或模型主要由两大部分构成：首先是五六百字的理论解析（很多还附有图表），然后是同样五六百字的"如何使用"板块。为了便于大家使用，我还总结了在课堂上应用的要点。

在"如何使用"这一板块，我采用了多种方法：

- **按步骤做**。提供一种简单的、循序渐进的方法（通常使用缩略词或助记符），你可以据此应用理论或模型。

- **反思要点和挑战**。鼓励你反思现实生活中的案例或问题，以加深对如何应用这些理论或模型的理解。有的章节还用电影来促进你踏上反思之旅。

- **类比和比喻**。让你暂时离开现实世界，将理论或模型与某个无明显关系但仍能使你获得理解并从中发现意义的事物联系在一起。

- **课堂小贴士**。每篇文章都有三条提示，供你在课堂上尝试。

- **批判性视角**。这是我鼓励你思考的地方，希望你从以下三个维度进行批判和评论，以深化自己的理解：（1）理论家对该主题的看法；（2）我对该理论的理解；（3）我采取的行动是否适当。

- **拓展阅读**[①]。收录了我获取原始资料的书籍或文章。许多书籍和文章是作者早期的作品，你可以据此找出他们较新的作品来读。

对"批判性视角"中提出的任何一个挑战，如果你想给我反馈，或者你有任何想法要与我探讨，请随时发邮件至 saddlers9899@aol.com。

多年来我领悟到，每个人在学习上都有自己的偏好。我希望每个人在"如何使用"这一板块中，都能找到适合自己的内容。

---

① 为便于查阅，现将原书中每个理论最后的"拓展阅读"部分，按顺序全部移至"结束语"之后、"索引"之前，见本书第 353—368 页。——译者注

引 言

如果人们能学会恨，他们也能被教会去爱。

——纳尔逊·曼德拉（Nelson Mandela）

许多教师、培训师和管理者——不论是个人还是团体——都希望更深入地了解人们是如何思考和学习的，更重要的是了解如何利用自己的理解来充分地发掘人的潜能。本书正是为他们而写的。我试图不偏向任何一个理论分支或者任何一位理论家，最终选择哪一种理论或哪一位理论家，取决于你以及你与学生所处的环境。我不会说，通过阅读"理论32"，你就可以知道所有你想知道的关于利昂·费斯廷格（Leon Festinger）——一位研究认知失调的专家的研究成果。但我可以向你保证，通过阅读这则理论，你将知道认知失调是如何产生的，以及如何在实践中运用该理论。

本书无意用简洁来折损伟大的理论，但我也知道，不论是教师、培训师、管理者，还是与他们一起工作的人，平时可能都非常忙，没有时间去阅读像卡尔·罗杰斯（Carl Rogers）的《论人的成长》（*On Becoming a Person*）或罗伯特·迪尔茨（Robert Dilts）的《天才的策略》（*Strategies of Genius*）这样的专著。请不要误会，这些都是很棒的书，如果你想更详细地了解相关的学术观点，如认知主义或人本主义的理论，那就去买原著来读吧。在本书中，我提供的只是对理论或模型的基本见解，以及学术著作中经常缺失的部分，即如何在实践中应用这些理论。

整本书涉及以下名词：

· **组织**。泛指任何工作场所、教育或培训机构。

- **学习**。泛指个人正在经历的任何发展过程（例如教学、培训、辅导或咨询）。
- **学生**。泛指从发展过程中受益的任何人。
- **教师**。泛指任何为学习者提供支持的人（可能是教师、培训师，也可能是导师或教练）。
- **课堂**。泛指学习发生的任何环境。
- **课程**。泛指涵盖学习体验的事件。

如果你在书中看到"教师"这个词，而你是一位培训师、教练或导师，我认为这不要紧，因为道理都是相通的，这些理论或模型也同样适用于你。

第一部分

经典学习理论
CLASSICAL
LEARNING THEORIES

第一部分
简介

关于"人如何学习"的理论可以追溯到公元前 500 年，以及古希腊哲学家柏拉图和亚里士多德。柏拉图认为，真理和知识是内在的、与生俱来的，一种内在的欲望驱使人们去做想做的事情。而亚里士多德却认为，真理和知识是可以被教授的，是后天培育的结果。先天与后天的争论是人类发展史中最古老的问题之一，争论的焦点就在于，遗传基因与外界环境，谁的作用更大。

多年以来，哲学界对这个命题一直争论不休。很多著名思想家，如勒内·笛卡儿支持先天论者的观点，认为某些东西是人类固有的，或自然而然发生的。与此相反，约翰·洛克等人提出了"白板说"，认为人类的思想始于一片空白，最终发展成什么样子取决于后天的经历，他们支持经验主义者的观点。直到 19 世纪末，新一代理论家开始参加这场辩论，并创建了心理学这门学科。

在 20 世纪早期的大部分时间里，行为主义心理学家认为，人类只不过是对刺激有反应的高级哺乳动物。"行为主义"一直被认为是教与学的理论基础，直到两次世界大战之间才受到了一些心理学家的挑战。这些心理学家认为，思考和学习构成了认知发展的过程。在这个过程中，个体是在主动地创造知识，而不是被动地接受知识。这便引发了一场被称为"认知主义"的运动。第二次世界大战结束以后，第三个理论分支应运而生，它认为学生的学习不应脱离生活，学生应该有机会决定自己的学习，这就是所谓的"人本主义"。

进入 21 世纪之后，神经科学快速发展，人们对大脑如何处理信息有了新的认识。虽然有关大脑在学习过程中如何发挥作用的理论大多还以推测为主，但人们普遍认为，大脑的作用是处理外部刺激，并与其他刺激建立联系，从而让我们理解正在发生的事情。

第一部分将带你探索一些重要的理论。这些理论始于早期哲学家有关学习的思想，这些思想随着 20 世纪心理学研究的深入，发展为更现代的哲学观点，并不断发展变化，最终随着神经科学和脑科学的发展而攀上高峰。

第 1 章
教育哲学

本章内容从哪里开始，到哪里结束，可能是我写这本书时最费思量的。比如，在任何哲学论述中，如果不把孔子或释迦牟尼包括进去，甚至不承认米利都的泰勒斯是哲学的奠基人，似乎都是近乎亵渎的行为。本章共有九小节内容。对于古希腊三位伟大的哲学家——苏格拉底、柏拉图和亚里士多德，我没有舍弃任何一位的贡献，并探讨了延续文艺复兴时期和理性时代（笛卡儿和洛克），直至大革命时代（卢梭）的争论，最后还介绍了更具现代社会哲学视角的思想家（尼采、杜威、萨特和弗莱雷）。

在此，我要向毕达哥拉斯、霍布斯、康德、罗素，还有其他几十位先哲致歉。在尝试将这些伟大思想家的思想压缩到五六百字时，我遇到了两大问题。第一个问题与古希腊哲学家的理论贡献有关。苏格拉底是西方哲学的创始人和柏拉图的老师，但他的著作很少。他既没有创立任何学派，也没有明确提出自己的理论。我们对苏格拉底的了解大多来自柏拉图的著作。第二个问题是，尽管柏拉图和亚里士多德将自己的思想写成了著作，但是同样没有可识别的理论模型，我们无法基于模型进行讨论。因此，在前三篇文章中，我试图概括出每位哲学家的核心思想，然后展示如何将它们应用于教学。

2000 多年之后，上述问题变得容易一些了。笛卡儿、洛克以及更晚些时候的卢梭，在他们的著作里都提出了相对清晰的理论模型。笛卡儿和洛克延续了柏拉图和亚里士多德开启的关于"先天和后天"的争论，也就是真理和知识是先天存在的（理性主义），还是后天获得的（经验主义）。卢梭的作品中还出现了大量社会评论内容，后来尼采、杜威以及萨特的作品亦是如此，特别是 20 世纪后半叶，弗莱雷的作品尤为突出。

有人曾说，哲学并非那些杰出而古怪的思想家的专利，而是每个人在闲暇时都可以做的事情。本章呈现的观点还不止于此。它们更加关注寻找答案的过程，而不是课堂问题的答案。本章中有一些很好的可以照着做的步骤，你不妨尝试一下。如果你发现它们彼此是冲突的，也不要困惑，这正是哲学的乐趣所在！

苏格拉底
Socrates
▼

苏格拉底通常被认为是西方哲学的创始人之一。他信奉"未经检验的生活毫无价值",并通过不断质疑和追问,开创了一种苏格拉底式的、辩证的哲学方法。

苏格拉底提出了许多有关教与学的观点,其中一些关键问题及答案可以概括为以下几点:

- **什么是知识?** 他将知识分为琐碎的知识和重要的知识。琐碎的知识不能给知识拥有者提供任何有用的专业技能和智慧;重要的知识则与伦理和道德相关,可以让生活变得更美好。

- **为什么要学习?** 他认为虽然善良和诚实,以及伦理和道德本能是人与生俱来的,但它们只有通过学习才能显现。

- **如何学习?** 他把学习描述为寻求真理的过程。一个人只有在认识到自己的无知和错误的时候,才会质疑和理解别人的智慧,此时学习才会发生。

- **向谁学习?** 他不主张向任何一个人、任何一个特定的思想流派学习,他不相信他们有足够的智慧或合法的权威来教导他人。当然,他也认为,个人的知识和智慧做不到自给自足,需要其他人来分享经验和智慧,这样学习才能蓬勃发展。

- **在哪学习?** 他质疑学习只能在特定的教育场所进行的观点,并主张,学习可以在人与人相遇的任何地方、任何时间进行。

- **学习什么时候发生?** 他认为,每当两个或更多的人进行有意义的对话时,学习就会发生;每当一个人愿意正视自己的过错、弱点和消极倾向时,学习就会发生。

苏格拉底式教学法的基础是教师提出引导性问题,引导学生去探索。它的基石是教师与学生之间的对话。这种对话通过批判性探究,挑战已有思想和既定学说。

如何使用

如果你遵循"未经检验的生活毫无价值"的原则,你就必须坦诚地审视你自己的所作所为。承认失败,并从错误中吸取教训,这是非常重要的,与你反思如何成为一名优秀教师同等重要。

未经检验的生活毫无价值
The Unexamined Life Is Worthless

▼

迈克尔·乔丹（Michael Jordan）可以说是有史以来最伟大的篮球运动员之一。他承认自己在 15 年的职业生涯中，曾错失过 9000 多次投篮，输过近 300 场比赛，丢掉过 26 次重要的制胜球。他认为正是一次又一次的失败，才铸就了自己的成功。

为了做好充分反思的准备，你可以参考"理论 126 ～ 128"所涵盖的反思型实践模型。从反思的范围和尺度来看，每个人都能找到可应用的合适的模型。

如果你想遵循苏格拉底的观点，以下是一些建议：

- 永远不要害怕犯错误。如果你向学生提供了错误的信息，必须尽快纠正；但是如果你能从中吸取教训，那么你犯的错误就可以原谅。
- 了解工作的边界。虽然你可能没有资格挑战学生的伦理和道德，但它们如果阻碍了学习的发生，那就进入了你的管辖范围，你就必须采取一些措施。
- 尽量避免给出太多的答案。向学生提出具有挑战性的问题，集中精力引导学生对主题进行更深入的探索。这里有一个很好的经验法则，即提出问题的数量，要四倍于你给出答案的数量。
- 尽可能鼓励班级成员进行有意义的对话，而不受你在场的影响。让他们与小组其他成员共同总结讨论的结果，这样做可以使智慧和经验得到更广泛的分享。

苏格拉底相信，除非人们能够审视自己的生活，并从中获取智慧，否则他们将继续犯错。

在课堂上

- 承认错误总会发生。
- 将所有错误都当成学习的机会。
- 鼓励学生不断质疑自己和教师正在说的和正在做的事情。

批判性视角

苏格拉底创造了"未经检验的生活毫无价值"这一警句。他主张，承认失败并从错误中学习，与反思如何成为一名优秀教师同等重要。你怎么看这种观点？

柏 拉图是苏格拉底的学生，他的早期著作受到了导师的深刻影响，专注于寻找道德价值的内涵，比如美德和正义。在《理想国》一书中，柏拉图将我们的感官在物质世界中所感知的一切，描述为真实世界的影子，认为真正的真理蕴藏在真实的世界中。他用"洞穴寓言"来解释这个观点。

"洞穴寓言"分四个阶段，可以概括如下：

- 想象你被囚禁在一个山洞里，被镣铐锁着，只能面对洞壁。身后的火光照亮了物体，将物体的影子投射到洞壁上。你能看到的只是这些影子，它们是你在洞穴中见过的唯一的东西，是你思考的一切，代表了当前你对真实事物的认识。

- 假设你从束缚中挣脱出来，可以在洞穴内自由活动。此时，你发现了事物的真实样貌，并开始理解影子产生的缘由。同时，你也开始质疑你对事物的认识：物体和影子，哪个是真实的存在？

- 最终，你走出洞穴，看到了丰富的现实世界，你开始意识到你之前对事物的认识是错误的。

- 你重新进入洞穴，试图说服以前的狱友：你们之前认识的事物只是一种幻觉，并不是真实的。其结果是，那些不如你开明的狱友会嘲笑你，拒绝你的观点。而你要么选择屈服于他们的嘲笑，退回到对现实的原始理解中，要么选择继续坚持真理。

这个寓言强调了柏拉图对两个不同世界的划分。他认为，一个世界是表象的，一个世界是现实的。而且真理和知识是存在于个体内心的，是与生俱来的。他与他的学生亚里士多德对这个问题的认识不同，两者的分歧引发了"先天与后天之争"，这些争论迄今仍然能引起现代思想家的共鸣（见理论4）。

如何使用

如果你以前听过下面这个故事，请跳过这部分。

在一座荒岛上，发生了一场森林大火，这场大火杀死了岛上的几乎所有动物，只剩下一只蝎子和一只青蛙。青蛙问蝎子是否知道去海边的路，蝎子回答："你要是让我搭个便车，我就为你指路。"青蛙反问蝎子："我凭什么相信你不会蜇我呢？"蝎子回答："如果我这样做，我们两个就都会死掉；如果我们组成一

现实的影子
Shadows of Reality

▼

个团队进行合作，我们就都可能活下来。"于是，青蛙同意了，让蝎子跳到它的背上。但是，蝎子一跳上青蛙的背，就立即蜇了它。青蛙质问蝎子："为什么要选择我们都会死掉的做法？"蝎子无奈地说："这样做，是我的天性。"

如果你想遵循柏拉图的学说，以下是一些建议：

- 首先，要相信真理和知识是内在的，要遵循学生的本性行事。
- 如果用真实的领土来代表现实的事物，那么地图就只是那些现实事物的表现形式。
- 承认学生会根据各自的"地图"对事物做出反应，尽管你觉得他们的行为可能无济于事或不可接受，但这就是他们的"地图"，你必须尊重。
- 要认识到，学生的行为源于当下的背景和现实。当背景和现实发生变化时，他们的行为也会改变。
- 你可能无法改变学生根深蒂固的行为，甚至没有权利去改变，但是你可以让他们反思自己的行为是否恰当。

在课堂上

- 承认学生的某些行为是根深蒂固、难以改变的。
- 认识到你没有权利改变学生某些方面的行为。
- 如果有疑问，请先让学生反思他们的行为是否恰当。

批判性视角

柏拉图相信存在两个截然不同的世界——一个是表象世界，一个是现实世界。你怎么看这种观点？它又将对你的教学产生怎样的影响？

亚里士多德
Aristotle
▼

亚里士多德虽然是柏拉图的学生，但是他不同意柏拉图的观点。柏拉图认为真理和知识是内在的，而亚里士多德则认为，真理和知识是存在于外部世界的，人们需要利用他人的智慧去追寻。

亚里士多德关于学习的理论，以及他对人们如何获得知识和技能的看法可以概括为以下几点：

- 向有智慧的人学习，考查他们的知识和专长。
- 解读他们的观点。
- 根据解读进行自我反思。
- 通过自我反思发展自我信念。

亚里士多德的教学方法，是以教师通过引导学生学习他人的智慧来帮助学生发展自我潜能为基础的。它的基石是教师与学生之间的对话，强调学生的学习能力。"自证预言"也是基于这样的原则形成的。

20 世纪 60 年代，罗伯特·默顿（Robert Merton）提出了"自证预言"这个概念，它基于亚里士多德的这一信念：如果你对学习者抱有很高的期望，并且他们能够意识到这一点，他们的表现将会逐渐达到你期望的水平；相反，如果你对学习者的期望较低，他们也意识到了这一点，那么他们的表现就会变得糟糕。

如何使用

你怎样才能把一个懦夫变成英雄，把一个笨蛋变成天才，或者把一个没有真实情感的人变成完美情人？这正是在弗兰克·鲍姆（Frank Baum）的不朽著作《绿野仙踪》（*Wizard of Oz*）中巫师所面临的挑战。他给懦弱的狮子一枚勇气勋章，给健忘的稻草人一张文凭，给铁皮人一个滴答作响的时钟［当然，在那个时代，克里斯琴·巴纳德（Christian Barnard）还没有完善他的心脏移植技术］。结果怎样呢？你看完电影，就会知道发生了什么。

永远不要低估你对学生的影响。就像故事中的巫师一样，你对他们的态度，可以对他们的生活产生巨大的影响，可以让他们走向成功或失败。如果你告诉他们注定要失败，他们就会认为失败不可避免；如果你让他们知道自己具有非常大的潜力，他们就会不断成长。那么，如何成为一位"神奇巫师"呢？下面是一些提示：

自证预言
The Self-Fulfilling Prophecy

▼

- 给学生布置一些相对容易的任务，然后认可他们的工作成果。一句简单的"做得好"或者一个肯定的点头示意，都是对他们工作的肯定。另外，让其他人也来参与，一起庆祝他们的工作成果，这将对他们的自信心产生很大影响。
- 奖励学生付出的努力，就像奖励他们取得的成绩一样。确保学生能够认识到努力与成功之间的关联。
- 在课堂上，让学生与他人分享学到的一切，建立和谐融洽的关系，让他们感受到他人的努力和成功。同学之间简单的点头赞赏或热烈的掌声，都是很好的反馈。
- 教会学生如何面对失败。对他们来说，失败是不可避免的，是常常会经历的。要帮助他们学会从错误中吸取教训，如同从成功中总结经验一样。

这里有一首我曾经学过的小曲儿，恰好能够总结这部分的内容。我向你保证，即便是一年以后，你仍然会乐意哼唱它。

我要去做巫师了，神奇的奥兹魔法师。
我要去做巫师了，因为我做了那么多美妙的事情。

在课堂上

- 不要向学生填鸭式地灌输信息，要让他们自己去寻找答案。
- 让学生快一些、早一些获得成功，这将激发他们更强的求知欲。
- 让学生意识到，你对他们寄予了很高的希望。

批判性视角

亚里士多德认为，如果你对学习者抱有（较高或较低的）期望，并让他们意识到你对他们的感受，他们就会按照你的感受行事。你有多相信这一观点？

"**先**天与后天之争"发端于柏拉图与他的学生亚里士多德。柏拉图认为真理和知识是内在的（即天生的），而亚里士多德则认为真理和知识是可以被传授的（即可以通过后天学习获得的）。先天与后天的争论是人类发展史中最古老的问题之一，它探讨了遗传基因和环境条件的相对优势。

关于知识的来源，笛卡儿沿用了柏拉图的理性主义观念。他认为，人们在获得经验之前，就已经拥有了真理和知识。他对许多前辈提出的哲学思想持怀疑态度，而他对生命中某些确定性的渴求，赋予他自己寻找合理答案的力量。他创立了"笛卡儿怀疑论"体系，并由此得出他的终极结论"我思故我在"。

与笛卡儿不同，洛克继承了亚里士多德的经验主义观点，认为孩子的头脑就像一块白板，可以填充来自世界的各种经验和知识。这些经验和知识可以是直接的，也可以是间接的。他把这些经验分为两类：一类是感觉，即通过看、听和感受获得的知识；另一类是反思，即通过思考、质疑和相信获得的经验。

笛卡儿和洛克重新燃起"先天与后天之争"，对教育理论家如何看待教与学产生了重要影响，如下图所示：

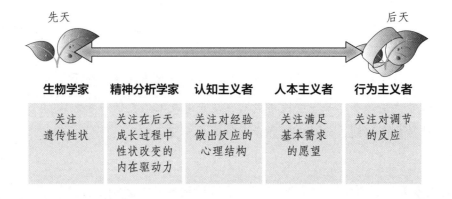

生物学家	精神分析学家	认知主义者	人本主义者	行为主义者
关注遗传性状	关注在后天成长过程中性状改变的内在驱动力	关注对经验做出反应的心理结构	关注满足基本需求的愿望	关注对调节的反应

先天 ←→ 后天

总之，争论的双方都有令人信服的论据，使得人们很难确定，一个人的发展由 DNA 决定，还是受成长环境的影响。

如何使用

舞台音乐剧《骨肉兄弟》（*Blood Brothers*）演的是一对双胞胎的经典故事，在伦敦西区和百老汇都大受欢迎。在剧中，这对双胞胎的母亲无力抚养两个儿子，把其中一个儿子送给了她的雇主——一个富有但没有孩子的女人。这对双

先天与后天之争
The Nature-Nurture Debate

▼

胞胎在出生时就被分开了，在不同的家庭中长大。在童年时他们相遇并成为好朋友，可是他们没有察觉出彼此是亲兄弟。这个故事探讨了在生活方式、价值观和道德观上存在巨大差异的两个家庭，对孩子的成长会产生怎样的影响。那么，这个故事的悲剧结局是由遗传决定的，还是由环境导致的？

实际上，现在很少有人会在争论中采取极端的立场，完全支持一方，绝对排斥另一方。因为争论的双方都有很多的事实证据，而这些事实帮助人们避免了非此即彼的观点。

- 如果你处于"先天—后天"标尺中"先天"一侧的末端，那么你很可能会相信神经科学的优势，相信大脑的遗传结构是影响个人学习能力或动机的主要原因。第 5 章理论家们的观点将对你产生影响。
- 当你的想法向标尺的中心移动时，你开始接受第 3 章认知主义者的观点，即大脑的遗传结构是能够改变的，大脑会对经历和环境做出反应。
- 当你从标尺的中心向"后天"一侧移动时，你可能会逐渐赞同第 4 章人本主义理论家的观点，他们认为社会因素对个人的思考和学习能力有重要影响。
- 当你处于标尺中"后天"一侧的末端时，你很可能会笃信第 2 章行为主义者的论点，他们认为所有行为都可以通过调节来改变。

没有什么简单明了的方法可以解决这场争论。你阅读的内容越多，就越会感到困惑。我能给出的最好建议，就是选择你觉得合适的观点。

在课堂上

- 认可你在此问题上的默认立场。
- 调整并应用此立场，以适应你的教学环境。
- 反思发生的事情，相应地修正你的默认立场。

批判性视角

你对"先天与后天之争"的立场如何影响你教学生的方式？

卢梭通过爱弥儿（Emile）和家庭教师的故事，阐述了自己的教育思想。他的《爱弥儿》（*Emile*）对教育理论具有里程碑式的贡献，但是我们需要回到他写作的时代背景，才能更好地理解这部经典。在那个时期的社会，有的人喜欢为了个人利益去支配他人，而有的人要么被动地接受这种控制，过着被奴役的生活，要么憎恨拥有权力的统治者，进而奋起反抗。在这本书中，卢梭作为爱弥儿的家庭教师，面临着两种截然不同的教育选择，一种是潜移默化地影响，另一种是用公开的权力进行支配。卢梭选择了前者。

卢梭的教育思想是建立在两个信念基础上的：一个是他相信人性本善，一个是他认为社会可以腐化人性。他认为，让孩子与自然及其规律和谐相处，将有助于促进学习，并保护他们的善良本性。

他的思想基于以下三个关键原则：

• 人们应能学到他们想学的东西。

• 人们想学的时候，就能够学习。

• 教学应该以探究为基础，辅以教师潜移默化的指导。

卢梭关注自然，关注人们获得新经验和反思机会的需要，关注为每个人的发展提供动力，这些内容依然是现代教育学思想的基石。

如何使用

我不打算提供一系列的操作步骤，但是我觉得你需要反思：你认为卢梭对待爱弥儿的做法是否合乎伦理道德？对这个问题的回答将帮助你决定如何使用这个理论。我建议你看一下刘易斯·吉尔伯特（Lewis Gilbert）根据威利·拉塞尔（Willy Russell）的戏剧《教育丽塔》（*Educating Rita*）改编的同名电影，它或许会给你一些启发。

在影片中，朱莉·沃尔特斯（Julie Walters）饰演的丽塔希望通过学习文学来提升自己。她的导师弗兰克——由迈克尔·凯恩（Michael Caine）饰演——这样形容自己的教学能力："虽说很糟糕，但是对糟糕的学生来说已经足够好了。"整部电影贯穿了权力和影响力的主题，描述了丽塔和弗兰克两个人在生活和职业上所做的抗争。这部电影的精髓在于，弗兰克的教学试图让丽塔在通过考试的同时，也能够重视对所学内容的理解和领悟。那么弗兰克成功了吗？请到电

进步主义
Progressivism

▼

影中去寻找答案吧。

下面是一些你可能想要问自己的问题：

- 电影中的丽塔是成功了还是失败了？你可能需要调和你对成功和失败的看法。走进温布尔登中央球场时（这一直是我的梦想），球员们会看到约瑟夫·吉卜林（Joseph Kipling）[①] 的诗句："将成功和灾难都视为'骗子'，对胜负荣辱一视同仁。"你认为他想表达什么意思？
- 电影的结局，是否证明弗兰克的做法是正确的？你肯定要花些时间来思考。尼可洛·马基雅维利（Niccolò Machiavelli）[②] 说过："结果总是证明手段是正确的。"你同意吗？
- 你曾经扮演过作为学生的丽塔吗？如果是，你现在感觉如何？
- 你曾经扮演过作为老师的弗兰克吗？如果是，你现在感觉如何？

回答完上述一些问题后，你可能会觉得卢梭在教育的某些方面是不道德的，但在他的著作中，一些关于学习的自由（见理论 92）和如何运用"发现学习"（见理论 23）的论述，还是令人信服的，值得借鉴。

在课堂上

- 在与计划的学习不发生冲突的情况下，给学生机会去学他们想学的内容。
- 不要将答案灌输给学生，要让他们自己思考。
- 支持学生通过发现关键事实来学习。

批判性视角

卢梭相信，人性本善，而社会可以腐化人性。你是否赞同？

[①] 英国小说家、诗人，著有《丛林之书》《老虎！老虎！》等，1907 年获得诺贝尔文学奖。——译者注

[②] 意大利政治思想家、历史学家，代表作是《君主论》。——译者注

弗里德里克·威廉·尼采
Friedrich Wilhelm Nietzsche
▼

尼采是 19 世纪德国哲学家、作曲家和古典语言学家。他的著作对西方哲学产生了深远的影响，这主要源自他对"本质真理"（essential truth）这一概念的抨击。尼采认为，真理是一个视角问题，而不是一个基本的现实。他对真理和道德的这种理解被称为"视角主义"。

尼采解释说，"视角"一词来自视觉语言，我们确实都是从一个特定的角度看待事物的。当我们的目光锁定远处的一个点时，有些东西能看得见，有些东西看不见。即使同一个场景，从不同的视角来看也是不一样的。例如，站在高处，我们可以看得很远，东西看起来也较小；站在低处，我们不能看得很远，远处的东西也会变得模糊。尼采将此现象描述为"前景评估"（foreground evaluations）。我们常常用离我们近的、处于前景的东西，作为学习和解释世界的标准。

因此，"视角主义"是基于以下观点形成的理论：

- **知识**。人们对某一学科的学习，不可避免地会受到个人视角的局限。
- **判断**。人们对真理和价值的评估，取决于个人观点。
- **解释**。人们看到了什么、思考了什么以及感受到了什么，取决于他们个人的解读，凭借的是他们对什么是好的、什么是正确的直觉。

尼采相信，教育主要是清除"杂草、垃圾和害虫"。他觉得这些"杂草、垃圾和害虫"会攻击和掩盖个人发展的真正基础。他认为，如果教育机构痴迷于通过考试、成绩和资格评定体系来促进学生进步，真正的教育就不会发生。

尼采对道德、种族主义、无神论和意识等问题都提出了大量的看法。他以打破常规、颇具争议的主张而闻名，例如，他声称"上帝已死"，提出了"超人"的概念。纳粹集团盗用这些理论来支持反犹太主义、种族主义和民族主义，其实这些都是尼采最强烈反对的。

如何使用

尼采认为，学习的重点应该从教师转移到学生身上。学生不是一个等待被填充的容器，而是一团等待被点燃的火焰。教室不应该是教师把知识灌输给学生的地方，而要成为学生渴望积极参与自己学习进程的地方。

如果你想采用尼采的哲学思想，请考虑以下观点：

视角主义
Perspectivism

▼

- 学生目前的想法，无论正确与否，都是很重要的。
- 尽管学生有相同的学习经历，但每个学生都是按照自己的个性化理解、自己认同的意义进行学习的。
- 理解或构建意义是一个积极而持续的过程。
- 学习可能会使学生对一门学科的思考方式做出一些概念上的改变。
- 学生在建构一个新的意义时，也许持怀疑态度，但可能会暂时接受甚至拒绝。
- 学习是主动而非被动的过程，这取决于学生是否承担了学习的责任。
- 提供必要的资源，有助于学生的探索发现。
- 学生通过积极主动的探究过程，来建构自己的知识结构。

由以上观点可知，课堂应该围绕解决问题展开活动。学生可以自由地使用探究的方法提出问题，研究主题，与他人讨论自己的发现，并使用各种资源寻找解决问题的方案。当学生从不同的角度探究主题时，教师应该鼓励他们得出新的结论，并在持续探究的过程中，重新审视前面所得结论的正确性。

在课堂上

- 在课堂上鼓励合作而非竞争。
- 创造让学生感到安全的环境，以便他们能够质疑和反思自己的经验。
- 鼓励学生勇敢面对生活中的挑战。

批判性视角

尼采认为，与其把学生看作等待被填充的容器，不如把他们视为等待被点燃的火焰。如果你同意他的观点，这将对你的教学产生怎样的影响？

约翰·杜威
John Dewey

▼

杜威虽然主要是一位行为主义心理学家，但是他对互动、经验和反思的研究奠定了实用主义哲学的基础，对教育思想和实践产生了深远的影响。杜威的基本观点是，传统教育过于关注传授预先规定好的知识，而忽视了学生的实际学习经验。1938 年，他首次出版了他的开创性著作《经验与教育》（*Experience and Education*），强调了经验与教育的重要性。

《经验与教育》一书涉及的主要原则可以概括为：

- 教师的任务不应是向学生传授知识和技能，而应是利用学生的经验进行教学。
- 经验式教育面临的挑战，是如何为学生提供高质量的学习经验，从而促进学生的成长和创造。
- 连续性和互动性对区分经验有无价值至关重要。
- 虽然管控是建立课堂秩序所必需的，但它应该建立在改变课堂面貌的基础上，而不是基于一个人的愿望或意志。
- 一个束缚学生思想和行动自由的教育体系，将抑制学生智力和道德的发展。
- 教师有责任指导学生运用观察和判断，也有责任为学生选择能够提升他们智力潜能的学习经验。
- 如果误解了什么是经验，什么是经验式教育，就可能有失败的风险。

杜威发起的这场运动，被戴维·科尔布（David Kolb）等学者发展为"体验式学习"（experiential learning）这一概念。时至今日，它仍然是许多教育方法和学习方案的基石。

如何使用

杜威有关进步教育的观点，即便是在当前依然是先进的，如同它在 20 世纪二三十年代刚被提出来时一样。可惜的是当杜威在 1952 年去世的时候，我只有 1 岁。而现在我已经步入老年，可以买优惠票看电影了。当然，我还没有老到赶上在电影院看原版电影《再见，奇普斯先生》（*Goodbye Mr. Chips*）的那个年代，那可是我最喜欢的电影之一。

这部电影讲述的是 19 世纪一所传统英语寄宿制学校里一位历史老师的故事，

实用主义
Pragmatism

▼

呈现了主人公完整的教师职业生涯。这位历史老师是一位非常内向、古板的教条主义者，以致在晋升中经常被忽略。他在工作了 20 年之后，也就是 40 多岁时，才与凯西结婚。是凯西让他看到了生活和教学中的乐趣，让他看到了自己的潜能，这些都是他以前从未意识到的。多年来，这位历史老师经历了人生的浮浮沉沉，但学生和同事对他的爱戴和钦佩始终如一。

杜威的思想对当代教师的意义是：

- 热心创建为每个人提供平等机会的教育体系，应是每位教师努力追求的核心目标。
- 教师应为学生提供高质量的学习体验，吸引他们参与其中，并在他们已有经验的基础上不断建构新的经验。教师的作用是帮助学生评估经验的价值。
- 每一个经验，不论是过去的还是现在的，都应该从塑造未来行动的角度出发。这是一个循环往复的过程：首先对发生的事情进行反思；然后思考如果换一种方式做这件事情，会发生什么；接下来通过实验，检验自己的新想法；最后根据实验结果，修改活动过程。
- 思考和反思应当成为教学实践的基石。鼓励学生分享各自的想法，将有利于教师更好地了解学生，并有益于课堂的整体学习体验。

巧合的是，1938 年杜威《经验与教育》一书首次出版的第二年，电影《再见，奇普斯先生》就上映了。

在课堂上

- 允许学生与他人分享经验。
- 鼓励学生反思自己的经验。
- 让学生思考：如果换一种方式去做这件事，将会发生什么。

批判性视角

杜威认为，传统教育过于关注传授预先规定好的知识，而忽视了学生的实际学习经验。如果你同意他的观点，这会对你的教学产生怎样的影响？

让－保罗·萨特
Jean-Paul Sartre
▼

萨特是 20 世纪法国哲学家、小说家和政治活动家，是发展"存在主义"概念的关键人物之一。存在主义是一种强调个体的存在、自由和选择的哲学，在这方面，萨特提倡"存在先于本质"的原则，与"事物的本质比存在更根本，更不可改变"的传统哲学观点相反。

萨特有关教育的一些关键问题及解答可概括如下：

- **教育的目的是什么？** 他认为，教育的目的是帮助学生接受自己的个性，以便他们能够成为独特的自己。

- **什么是知识？** 他认为知识来源于经验和反思。

- **哪些知识和技能值得学习？** 他强调，有关自我作为独立个体的知识以及解决问题和冲突的技能是重要的学习内容。

- **人类潜能的极限是什么？** 他相信，极限在于我们用什么来进行自我创造。在这方面，我们可能会受到他人的影响，从而束缚了自己。如果给予自己选择和行动的自由，人类的潜能可能是无限的。

- **什么是错误？** 他认为，一个人在将过错归咎于命运或决定论，而非个人意愿和做事能力时，就会犯错。

- **什么是学习？** 他将学习描述为一种状态。在这种状态中，人们拥有选择的自由和自由的意志，有能力与限制这种自由的人打交道。

- **教师的角色是什么？** 他认为，教师应该支持学生克服学习阻力（不论这种阻力是自我造成的，还是由其他人引起的），并为他们提供获得个人自由的工具。

- **课程的目的是什么？** 他认为，课程设计应能让学生尽可能多地体验世界。

萨特以裁纸刀为喻，从反面解释存在主义的原则。在这个反例中，本质先于存在。因为在设计裁纸刀之前，应先明确它要解决的问题，即如何更方便、更精确地裁纸。因此，裁纸刀的性质先于它本身存在。萨特进一步解释说，尽管裁纸刀等无生命的发明能够说明与存在主义相反的观点，但它们并不适用于人类。

如何使用

如果你遵循的哲学是"所有人类都拥有相同的学习能力，都遵循相同的基本价值观"，那么你就有可能错失萨特所认为的存在主义最根本的一面，即"选择

存在主义
Existentialism

▼

的自由"。

如果你想采用萨特的哲学思想，那么请帮助学生：

- 对自己的生活和自己的决定负责。
- 了解自己和他人的角色与责任。
- 与同伴进行有意义的对话，并有效化解冲突。
- 应对生活中的困难、矛盾和含混不清。
- 释放自己的创造力和表达力。
- 在选择学习内容和学习方式时不断克服困难。
- 承担犯错的责任。

萨特的哲学将"自由"与"学习和责任"联系起来，被贴上了悲观主义的标签。他驳斥了这一点，声称它可能是最乐观的哲学了，因为根据他的哲学思想，人们能够选择如何学习，并据此选择如何对待他人。因此，课堂上的主要活动应该围绕辩论和讨论展开，在这样的环境中，学生有信心针对各种主题自由表达自己的观点。

在课堂上

- 鼓励学生相互交流，尊重他人的想法。
- 营造能够激发学生创造力的环境。
- 允许学生对老师教授的内容和方式发表自己的看法。

批判性视角

哲学辩论的本质是，即使最合理的论点也常常存在悖论。你认为萨特理论中的悖论在哪里？

保罗·弗莱雷
Paulo Freire

▼

弗莱雷是一名巴西教育家。早在 20 世纪五六十年代，他就开始面向农民和城市贫民窟的居民，制订了全国范围的扫盲计划。弗莱雷认为，教育的功能是帮助学生掌握语言、获得经验和技能，而不是把教师的文化强加于他们。在弗莱雷的著作中，他使用了具有政治动机的说法，例如"对话解放—独白压迫"，以此来阐述他的观点。

弗莱雷思想的基石是"批判性意识"。他认为，要想进行最丰富的学习，就要从行动开始，然后通过反思来校准自己的行动，从而确定下一步的行动方案。弗莱雷的方法可以用下面五步模型来呈现：

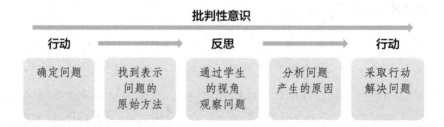

每个步骤可以概括如下：

- **确定问题**。教师和学生通过对话和研究，确定要解决的问题。
- **找到表示问题的原始方法**。让学生使用角色扮演、绘画、隐喻和类比的方法来呈现问题，然后比较不同的呈现方式，查看它们是否具有某种共性。
- **通过学生的视角观察问题**。要求学生描述观察到的情况，并把他们自己与问题联系起来。
- **分析问题产生的原因**。让每个人都参与讨论目前的进展，探讨要想从根本上解决问题，可以采取哪些措施。
- **采取行动解决问题**。制订短期和长期行动计划，以防问题再次发生。

弗莱雷始终强调，教学应当基于"对话"而非"独白"。在这方面，他认为教师必须允许学生自由交谈和表达自己，使他们感受到自己也是学习过程中的重要组成部分。

如何使用

小学老师简·埃利奥特（Jane Elliott）曾教过一个班，班里全是 9 岁的白人

批判性意识
Critical Consciousness

▼

学生。就在马丁·路德·金（Martin Luther King）被枪杀的第二天，她计划让学生体验被歧视的感觉。于是她把班上蓝眼睛的孩子和非蓝眼睛的孩子分开，并且告诉他们蓝眼睛的孩子更聪明、更优秀。结果，蓝眼睛的孩子开始变得傲慢起来，嘲笑那些非蓝眼睛的孩子，而非蓝眼睛的孩子则变得困惑和沉默寡言。第二天，她反转了两者的角色，结果发现非蓝眼睛的孩了开始变得傲慢自大起来。简·埃利奥特希望通过角色扮演，让学生体验到偏见对人们的影响，从而认识到包容的重要性。多年以后，这个实验中的很多学生承认，这件事对他们关于种族隔离的看法产生了深远的影响。

如果你想应用弗莱雷的方法，以下是一些提示：

- 尽可能多地了解你的学生，了解他们正在面临的问题。
- 尽可能让学生在这些问题上进行拓展。你可以使用多种方法，角色扮演、隐喻、类比和绘画都是可以使用的工具，最重要的是要充分了解学生的现状。
- 当问题的呈现越来越丰富，问题的根源越来越清晰时，你就可以开始思考如何解决这些问题了。思维导图或问题树都可以帮助你和学生就如何解决问题达成共识。
- 现在，为了实现预期的学习结果，你可以与学生一起制定合适的行动方案了，它可以包括短期计划和长期计划。

在课堂上

- 关注学生的课外生活。
- 尽可能使用不同的方式，让学生对可能影响他们学习的问题敞开心扉。
- 长期的学习计划很重要，但不要低估一些可以速赢的项目在塑造学生信心方面的价值。

批判性视角

简·埃利奥特在课堂上，让全班学生体验了由于身体差异而受到歧视的感觉。作为一名教师，你怎样看待她的做法？这样做会让你觉得舒服吗？

第 2 章
行为主义

行为主义的理论基础是刺激—反应原理。它认为教学活动是由教师主导的，由教师控制需要教什么、如何教，以及需要提供哪些行为变化的证据。行为主义的基本前提是人需要被引导。如果刺激是一个人想要的（如奖励），或者是一个人惧怕的（如惩罚），那么他就会做出相应的反应，其行为也就会发生明显的变化。

行为主义理论植根于 19 世纪后期人们对行为方式的研究，以及心理学这一学科的出现。许多支撑行为主义的原理，都源于心理学家对动物行为的研究，后来才被应用到人身上。

现在看来，可能有些理论的研究过程是违反伦理的，但是，行为主义仍然是整个 20 世纪教学方法的基础。尤其在与可能需要更多指导的学生合作，在面对那些需要精确遵守操作程序的学科，或身处需要避免的、有害健康的环境时，行为主义仍然是行之有效的。

当然，行为主义并非没有批评者。有人认为它是一种专制的、传授式的方法，没有尊重人的独立性和探究性。

下面我用一条时间轴，来呈现本章将介绍的理论。

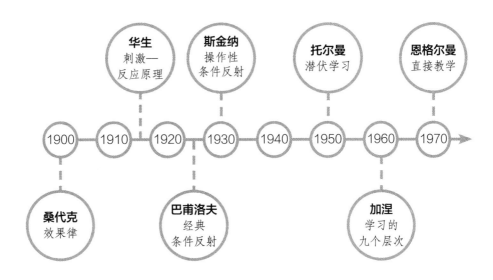

爱德华·桑代克
Edward Thorndike

▼

桑代克被认为是第一位纯粹的行为主义心理学家，在他的研究完成了很长一段时间之后，"行为主义"这个术语才被人们接受。桑代克最著名的实验，是研究猫如何通过反复试误，从锁着的笼子里逃出来。这种试误的过程被他称为"联结主义"的过程。

在桑代克的实验中，猫尝试用不同的方式逃离笼子，成功时可以得到食物奖励，失败时则一无所获。有了这些反馈，猫试误的次数越来越少，因为它知道了什么样的行为可以帮助它逃离笼子，从而得到食物奖励。通过这个实验，桑代克认为，获得奖励的反应会被打上印记，而无利可图的反应则会被剔除。

桑代克这一理论的基本原则是：

- 教师需要通过奖励成功实践来激励学生学习。
- 如果一系列"刺激—奖励"属于同一类行为，那么它们是可以联系在一起的。
- 智力体现了通过学习形成联结的数量。
- 联结会随着练习而加强，一旦练习停止，联结就会减弱。
- 学习的迁移之所以会发生，是因为以前遇到的情境。

桑代克后来又改进了自己的想法，考虑了其他变量，如行动和结果之间长时间延迟带来的影响，以及任务在没有被重复的情况下被遗忘的速度。

如何使用

下面是一个运用试误法的绝佳例子。

据说托马斯·爱迪生（Thomas Edison）经过了 2000 次尝试才发明了灯泡。在他那震惊世界的发明成功后不久，有人问他第 1999 次失败时的感受是什么。他回答说，其实他并没有失败过那么多次，他只不过是找到了 1999 种行不通的方法。

如果你要指导人们通过试误来解决问题，你需要知道，问题具有许多特质，需要反复试验。例如，我们期望的结果，有时候是找到一个特定问题的最佳解决方案（具体的），有时候则是找到在其他情境中也能使用的解决方案（普遍的）。

无论你采用哪种途径，你都需要：

联结主义（试误）
Connectionism (Trail and Error)

▼

- 让学生决定想要的结果。

- 与学生一起调查问题产生的根本原因。

- 列出可能的解决方案，同时说明理由，而不仅仅是呈现表象。

- 帮助学生筛选出不可行的解决方案。

- 通过试误逐一检测保留下来的解决方案是否可行。

- 支持学生自己得出结论，确定哪些解决方案最有效。

你可以用爱迪生的故事来说明毅力的价值，并采纳他对天才的描述：天才是1%的灵感加99%的汗水。

在课堂上

- 讨论你和学生希望解决的问题的本质。

- 与学生一起分析问题产生的原因。

- 列出可能的问题解决方案，通过反复试误检测每个方案是否有效。

批判性视角

桑代克认为，教师需要通过奖励成功实践来激励学生学习。考虑这一观点的含义，以及你会据此怎样调整你的教学策略。

▼

华生被很多人誉为行为主义运动的开创者。虽然他不是第一个研究如何通过中性刺激来改变行为的人，但他的研究工作通常被认为是行为学家中最引人注目，也最有争议的。

在影像资料中，华生和九个月大的婴儿艾伯特的一组镜头至今都会令人感到非常不安。在实验中，他让婴儿接触了一系列不同的动物（中性刺激），婴儿对任何动物都没有表现出恐惧。在另一个独立的实验中，华生制造出很大的噪声（一种无条件的刺激），令婴儿感觉很痛苦。然后，他把两个实验合并在一起，让婴儿同时接触动物和噪声，结果婴儿开始把对噪声的自然反应（恐惧和痛苦）与动物联系起来。即使华生消除了噪声，婴儿在看到那些动物时，依然会表现出恐惧和痛苦。这个调节过程可以表示为：

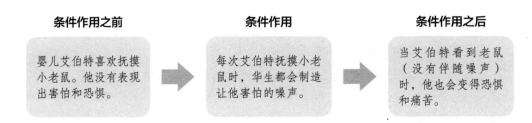

条件作用之前　婴儿艾伯特喜欢抚摸小老鼠。他没有表现出害怕和恐惧。

条件作用　每次艾伯特抚摸小老鼠时，华生都会制造让他害怕的噪声。

条件作用之后　当艾伯特看到老鼠（没有伴随噪声）时，他也会变得恐惧和痛苦。

在进一步的实验中，华生用一系列无生命的物体代替了动物，结果对婴儿产生了同样的效果。通过这种方式，华生证明了人可以通过条件作用对特定事物产生情感反应，并由此假设，任何人，无论其天性如何，都可以被训练，而学习就是条件作用的直接结果。

如何使用

我第一次写这篇文章，是在 2014 年 4 月 7 日星期一的下午。

精彩的电视剧《权力的游戏》（*Game of Thrones*）第四季马上就要开播了（准确地说还有 5 小时 35 分）。这部剧是根据乔治·R. R. 马丁（George R. R. Martin）的杰作《冰与火之歌》（*A Song of Ice & Fire*）改编的。电视剧播出的剧情比马丁最新完稿的剧情慢三本书的时间。其实我已经读过所有书了，我也是这部电视剧的忠实粉丝。可悲的是，每当激动人心的剧情上演时，我不得不咬紧嘴唇一言不发，因为我已经从书中知道了将会发生什么。丹麦有一位老师，他也读过这些书。他发现学生一天到晚只谈论这部电视剧而不学习，于是威胁说，如果

刺激—反应原理
The Principles of Stimulus-Response

他们不好好表现，他就要告诉他们后面的剧情。这么做的效果特别好，学生开始变乖了，因为他们不想因为老师的剧透而失去观看电视剧的乐趣。

现实中，如果你想让人们以某种方式做出回应，你只需说清楚与之相关的规章制度以及违反后的处罚即可。

你可以这样做：

- 在一开始就向人们解释清楚，他们将要了解什么，以及能够做什么。
- 告诉他们，如果他们做得好，可以获得什么奖励（例如"你将能答出测试问题"或"我不会破坏你看这部电影的兴致"）。
- 警告他们，如果他们做得不好，可能会受到什么惩罚（例如"你将回答不出测试问题"或"我要破坏你看电影的乐趣"）。

还有一点需要注意：华生理论的批评者认为，如果不重复施加刺激，刺激—反应的结果可能会很短暂。

在课堂上

- 告诉你的学生，这节课的预期结果是什么。
- 解释清楚成功的奖励和失败的惩罚分别是什么。
- 更多地强调成功的奖励。

批判性视角

华生曾经说过一句名言："给我一打健康的婴儿，让他们在我创造的世界里成长，我保证能够把他们训练成任何类型的专家——医生、律师、艺术家、商人，甚至是乞丐和小偷。"考虑一下，作为一名教师，你是否可以这么做。

伊万·巴甫洛夫
Ivan Pavlov
▼

巴甫洛夫是一位生理学家。1904年，他因为对狗消化道分泌物的研究而获得了诺贝尔奖。他的研究表明，给狗提供一种无条件刺激，比如食物，会引起狗分泌唾液，这是一种非条件反应或反射行为。如果在食物刺激的基础上，再加上铃声刺激，那么经过一段时间后，即便去除原来的食物刺激，狗依旧会一听到铃声就分泌唾液，这是因为狗已经习惯于把食物和铃声联系起来了。他把这种现象称为"经典条件反射"。

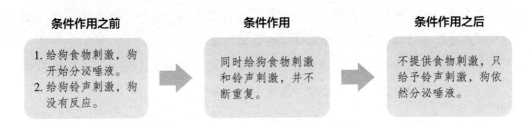

条件作用之前

1. 给狗食物刺激，狗开始分泌唾液。
2. 给狗铃声刺激，狗没有反应。

条件作用

同时给狗食物刺激和铃声刺激，并不断重复。

条件作用之后

不提供食物刺激，只给予铃声刺激，狗依然分泌唾液。

经典条件反射原理的诞生，标志着心理学作为一门科学学科在建立过程中迈出了开创性的一步，对其他行为主义心理学家的研究也产生了深远影响。

如何使用

卡伦是一名实习助教。该岗位要求实习生必须具备一定的读写和计算能力，并通过一个简单的单选测试来评估这两项能力。当卡伦坐下来进行计算测试时，她开始惊慌失措起来，然后哭着逃离了房间。我问她发生了什么事，她解释说，当时她脑子里一片空白，无法集中精力去答题。在我和卡伦面对面讨论那些算术题时，很明显她是知道答案的，而且她在读写测试中取得了优异的成绩，这表明她不惧怕考试。如此看来，卡伦是对计算测试心存恐惧。

我们可以通过消除学生对某一学科的负面反应，来消除他对该学科的害怕或恐惧心理。实现上述目标的方法有：

• 让学生调查他们对某个学科产生负面情绪的根本原因。

• 让学生意识到学科与自身的关联。

• 提供一些简单的任务，使每个学生都能够取得一些成功，以此来渐渐消除学生因担心考试不及格而产生的压力。

• 逐步提高任务强度。

经典条件反射
Classical Conditioning

▼

- 每当学生完成一项任务时，你都要毫不吝啬地表扬他们。

这样，学生就会慢慢对这个学科产生期待。需要说明的是，你不可能一夜之间就把一个害怕数学的学生变成斯蒂芬·霍金（Stephen Hawking）[1] 或卡萝尔·沃德曼（Carol Vorderman）[2]，但至少你可以与他们一起努力，帮助他们克服恐惧。

在课堂上

- 让学生讨论在学科学习中遇到的问题。
- 让学生意识到学科内容与自身的关联。
- 先给学生一些简单的任务，然后逐渐增加难度，直到学生感觉能够掌握它。

批判性视角

回想一个你经历过的经典条件反射的例子（你做教师时或做学生时发生的事都可以），当时你哪些方面做得比较好，哪些方面做得不太好？

---

[1] 英国著名理论物理学家、宇宙学家、数学家，1979—2009 年为剑桥大学卢卡斯数学教授，著有《时间简史》《果壳中的宇宙》等。——译者注

[2] 英国媒体人，以 1982—2008 年主持英国第四频道游戏节目《倒计时》而闻名。在该节目的数字游戏中，她能够进行快速、准确的运算，展现了惊人的智力。——译者注

伯勒斯·弗雷德里克·斯金纳
Burrhus Frederick Skinner

▼

斯金纳利用动物和人进行了一系列严格的实验，发展了巴甫洛夫和华生等许多前辈的理论，提出了"激进行为主义"的概念。

斯金纳为他的实验设计了许多巧妙的装置，其中最著名的是"斯金纳箱"。他在箱子里装了一个杠杆，如果按下杠杆，水或食物颗粒就会落入箱中。然后，他把老鼠放进箱子里面。起初，老鼠偶然触碰到了杠杆，结果水和食物出现了，渐渐地，老鼠就会有意识地去按压杠杆来获取食物。他将这种现象称为"正强化"。在后来的实验中，他在箱子中安装了电网，这些电网被触发时可以产生电流。通过这个实验，他又研究了"负强化"对动物行为的影响。

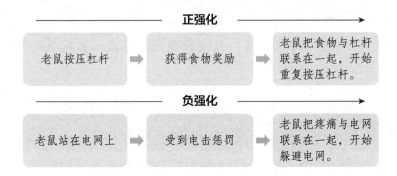

斯金纳认为，正强化对行为产生的影响比负强化更持久，而且负强化实际上有可能会起到适得其反的作用。

乍一看，斯金纳似乎只是证实了巴甫洛夫关于条件反射的观点。然而，斯金纳却认为，在巴甫洛夫的实验中，狗做出的反应是一种反射行为，是对环境刺激的反应。而在他的实验中，老鼠的行为并不是出于反射，而是对环境采取的主动行为。这就是后来所谓的"操作性条件反射"。

如何使用

英国教育标准局[①]来学校检查，让教职工压力倍增。我工作的一所大学在接受检查的过程中，一位同事未经批准休了一天假。当他回来的时候，院长召见了

---

① 即 Office for Standards in Education, Children's Services and Skills，简称 Ofsted，是英国国家教育、儿童服务和技能培训机构的官方监管机构，旨在不断规范教育机构的教学，并提高其教学水平。它直接向议会报告，具有权威性和独立性。——译者注

他，告诉他不要参加检查了。想象一下，当他满心欢喜逃过了检查，满面春风地走进员工休息室时，其他同事有多么羡慕他。

在行为主义理论中，要牢记的一个重要原则是：关注行为本身，而非表现行为的个体。如果你要改变一个人的行为，那么请记住正强化和负强化两种方法：

- 正强化是通过提供奖励来鼓励好的行为。
- 负强化是通过引发令人不快的后果，来抑制不良行为发生的可能。

如果你要使用"强化"作为改变行为的工具，那么以下几点提示非常重要：

- 只有当一个人希望得到奖励而惧怕惩罚时，奖励和惩罚才会起作用。
- 你可以通过一系列循序渐进的步骤来改变行为，先奖励简单的行为改变，然后逐步提高复杂性。

了解你所在的学校有哪些与学生的不端行为有关的政策和规定。实践中应该按照这些政策和规定去实施奖励和惩罚。

在课堂上

- 只有奖励是学生珍视的，才能用奖励来鼓励良好的行为。
- 只有惩罚是学生害怕的，才能用惩罚来抑制不良的行为。
- 请记住正强化比负强化具有更持久的效果。

批判性视角

斯金纳认为，正强化对行为产生的影响比负强化更持久，而且负强化有可能会起到适得其反的作用。你怎么看待他的观点？

爱德华·托尔曼
Edward Tolman

▼

托尔曼虽然被视为行为主义运动的代表人物之一，但是他的观点与同时代的行为主义学家的观点有所不同。他的理论可以说是跨越了行为主义和认知主义的鸿沟。

托尔曼和斯金纳（见理论13）一样，也用老鼠做研究对象。但他质疑斯金纳的"操作性条件反射"，认为老鼠在没有持续奖励的情况下，也可以了解环境。他通过观察三组老鼠的行为差异证明了这一点。实验中的三组老鼠都会因为成功穿过迷宫而获得食物奖励，只不过奖励的间隔时间不同，分别是一天、两天和六天。实验结果证明，每组老鼠逃离迷宫的能力并没有因奖励而产生显著差异。

在这些实验的基础上，托尔曼放弃了"刺激—反应"——对应的观点，提出了"潜伏学习"这一理论。该理论认为，人们可以根据过去的经验建立起对环境的认知地图。其主要原则是：

- 学习是潜能的表现，而实际的表现正是这种潜能的体现。
- 学习总是有目的的，是以目标为导向的。除非有足够的理由，否则人们是不会学习的。
- 潜伏学习是指人们已经从过去的经验中学到了很多东西，只不过它们处于潜伏状态。这种状态的维持可能是潜意识的，要想唤醒它，需要一些外部提示。

托尔曼对早期行为主义的巩固和发展，激发了这一领域的大量研究，之前很多排斥早期行为主义，认为它枯燥、机械的人，被重新吸引了回来。

如何使用

我一直后悔上学时没有花力气去学习一门外语。几年前，在一次去土耳其以弗所遗址的旅途中，我遇到了一位年轻的法国女士。她的儿子走丢了，自己又不会说英语，心焦得不知该怎么办。我不假思索地问道："Quel âge a votre fils?" "De quelle couleur sont les vêtements de votre fils?"（即"你儿子多大了？""你儿子的衣服是什么颜色？"）可能我的法语不够标准，但它帮我获得了孩子年龄和衣服颜色的信息。至今我都不知道自己是从哪儿学来的那些句子。遗憾的是，我还记得在一次学校假期中，我和家人一起到法国旅行，为了展示出色的法语水

潜伏学习
Latent Learning

▼

平，我自告奋勇打电话到旅店预订当晚的两个房间，但是我们到了才发现，我预订的是 10 月的 10 间房。

假设潜伏学习是一段熟悉的旅程，你是一名经常需要乘车从 A 地到 B 地的乘客。在你需要找到某个地标之前，你可能并没有意识到它的存在。此时我们可以说，你对地标的记忆处于潜意识中，或处于潜伏状态。

同样的原则也适用于那些可能有潜在经验的学生。请按照以下简单的步骤进一步探查：

- 询问学生对研究主题有什么经验。
- 如果你没有立即得到学生的回应，不要担心——给他们时间去思考。
- 如果经过一段时间后，你依然没有得到学生的回应，那么就要试着找出他们在与手头的事情密切相关的主题方面是否有经验。
- 如果你始终没有得到学生的任何回应，请与他们分享一些你事先准备好的经验，这可能会引发他们的一些回应。

你需要四处寻找，或像侦探一样侦查，才能发现何种类型的回应能够促进学习。一定要坚持寻找，因为潜在经验无论是对班级还是对个体来说，都是一个非常有力的发展工具，值得我们深入挖掘。

在课堂上

- 在教学开始时，测试学生已经具备的知识或技能水平。
- 根据学生的已有学习水平，调整你的教学计划。
- 充分发挥已经具有相关知识或技能的学生的作用，让他们与知识或技能不足的学生组成小组，进行小组合作学习。

批判性视角

托尔曼认为，人们可以根据过去的经验建立起对环境的认知地图。考虑一下，你如何根据托尔曼的观点来调整你的教学风格。

罗伯特·加涅
Robert Gagné
▼

加涅是新行为主义浪潮的一员，是学习科学的先驱，提出了有效学习必须具备的心理条件。加涅认为，学习过程包括期望（动机）、了解、获得、保持、回忆、概括、操作和反馈几个阶段。教师是整个学习过程的设计者和管理者，是学习结果的评估者。

加涅认为，学习可以分为九个层次，在进行下一个较高层次的学习之前，教师必须保证每一个学生已经掌握了较低层次的学习内容，如下图所示：

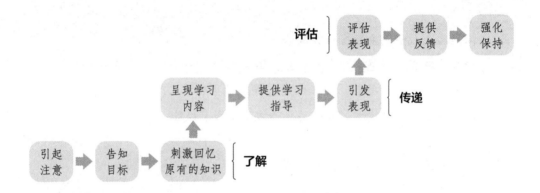

对加涅的研究持批评态度的学者认为，他的理论不过是对一系列教学技巧的兼收并蓄和机械组合。然而，加涅的支持者却很欣赏他提出的学习层次理论，认为它为理解学习行为做出了重大贡献。

如何使用

使用加涅的学习层次理论非常容易，九个简单的步骤就可以帮助你掌握整个学习过程。以下是一些帮助你使用该工具的实用提示：

- **第1步**。通过提供一些新奇之事吸引学生的注意力。记得很久之前我做数学老师的时候，有一次要讲如何解方程，我就告诉学生，我将用代数的方法来证明上帝的存在！这样一下子就把学生吸引住了。
- **第2步**。不要告诉学生你将做什么，而要告诉他们，在学习结束时他们能够做什么。
- **第3步**。测试学生之前的知识和理解。为了避免班门弄斧，不妨让学生在小组合作中运用个人的已有经验。
- **第4步**。以合乎逻辑和易于理解的方式组织学习内容。

学习的九个层次
Nine Levels of Learning

▼

- **第 5 步**。利用示例、趣闻、首字母缩略词或比喻等方法帮助学生记忆信息。

- **第 6 步**。让学生证明他们已经理解了学习内容，不要等到结束时再做评估，在整个学习过程中都要这样做。

- **第 7 步**。在整个学习过程中都要为学生提供反馈。不要只是告诉他们做对了什么或做错了什么，而要向他们解释为什么对或为什么错。反馈要有建设性。

- **第 8 步**。如果你在整个教学过程中坚持使用评估，经常向学生提供反馈，那么你最终对学生技能或知识的评价就是形成性的。我们希望学生能够利用评估改进学习，如果他们没能做到，就帮助他们一起去完成。

- **第 9 步**。这就是我所说的"要么使用它，要么失去它"。让学生理解他们所学的东西固然重要，但如果学生能够在不同环境中运用所学内容，那就更好了。

是不是很简单？现在就尝试去应用吧！

在课堂上

- 从学生在学习结束时将知道什么或能够做什么的角度介绍教学目标。
- 在教学开始的时候，寻找各种新方法吸引学生的注意力。
- 在整个教学过程中，要不断向学生反馈他们的表现。

批判性视角

想一想你教的科目，如果使用加涅的"学习的九个层次"来制订教学计划，你认为会改进你的课堂教学吗？

恩格尔曼的"直接教学"模型强调精心设计教学计划的必要性。他指出，教学设计需要逐步增加学习量，需要明确地规划和设定教学任务。他相信，明确的教学设计可以消除误解，能够极大地改善学生的学业成绩和情感行为。"直接教学"模型就是以此为基础而设计的一种行为主义模型，它遵循五大哲学原则：

1. 所有孩子都是可以教的。
2. 所有孩子都可以在学业和自我认知方面有所进步。
3. 如果接受了足够的培训和资源，所有教师都可以成功。
4. 成绩不佳和学习困难的学生要想赶上成绩较好的同伴，就要用比通常更快的速度学习。
5. 必须关注所有教学细节，最大限度地减少学生对所学内容的误解，并最大限度地提升教学的强化效果。

为了使这一模型更有效地发挥作用，恩格尔曼提出了以下建议：

• 测试每个学生，找出他们已经掌握的技能和还需要学习的技能。基于此将学生分组，让需要学习同一类技能的学生在同一个组里一起学习。

• 课程结构要确保技能是逐步引入的，而且要确保学生在学习并应用这些技能之后，再学习新的技能。

• 教师应该根据每个学生的学习进度调整自己的教学。如果有些学生需要就某项特定的技能进行更多的练习，教师就要在课程中提供额外的指导，以确保他们最终掌握了这项技能。相反，如果学生很容易就掌握了一项新技能，需要提升到下一个层次，那么教师就需要帮助他们进入更高层次，继续升级他们的技能。

恩格尔曼认为，实施"直接教学"模型，应用五大哲学原则，对教师的教学行为提出了不同以往的要求。人们通常认为教师的创造力和自主性是非常重要的，但是根据恩格尔曼的观点，教师开展精心设计的教学实践更重要。

如何使用

恩格尔曼最喜欢的一句话是："没有教不会的学生，只有不会教的老师。"

直接教学
Direct Instruction

▼

以下是有关如何使用"直接教学"模型的一些提示：

- 根据学生的能力和学习进度，将学生分成不同的小组。
- 将注意力集中在教学计划上，目的是让学生尽快掌握学习内容。
- 教学应该基于精心设计的教学计划进行，应该是高效而清晰的。
- 确保在教学过程中经常评估，以判断学生的不同能力水平，甄别出需要额外干预的学生。
- 在每节课或一节课的某个阶段后提供反馈。
- 将教学计划分为一个个小步骤，并按照逻辑顺序排列。
- 确保学习目标明确，并以学生的学习结果或表现为依据。
- 为学生提供机会，以便他们将新知识与旧知识联系起来。
- 尽可能为学生提供将所学内容应用于实践的机会。

在课堂上

- 区分学生的不同能力水平。
- 精心制订教学计划，清晰地说明学习结果。
- 给学生提供大量反馈，让他们了解自己的进步。

批判性视角

　　恩格尔曼认为，"没有教不会的学生，只有不会教的老师"。你认为这一说法有什么根据？

第 3 章
认知主义

认知主义的基本原理是：人的大脑会积极处理信息，而行为的改变是通过寻找各种信息之间的联系来实现的。

认知主义的基本前提是：学习是一个不断收集相关信息的过程，直至搜集到的信息能够形成一幅完整的画面。我们可以用拼图来做类比。在完成全部拼图之前，每一小片拼图都没有什么意义，直到它与其他部分连接起来，一幅图画才慢慢显现。

从历史上来看，认知主义理论源自人们对行为主义方法的不满。那些坚定的批评者认为，行为主义的方法过于关注实现特定的结果，而不重视发掘个体的潜能。认知主义有许多理论分支，如建构主义和联通主义（connectivism）。有人认为它们本身就是各自独立的理论，但我认为它们都是从认知主义衍生出来的。

随着时代的发展，人们对更深入理解和更理性思考的实践需求不断增加，认知主义便逐渐成为一种新的思维方式。当然，持批评态度的人认为，认知主义过于关注个人的发展过程，忽略了学习结果，而且不是所有人都有能力或愿望花费大量的时间去处理信息。

下面我用一条时间轴，来呈现本章将介绍的理论。

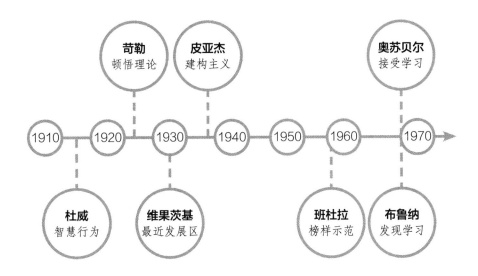

杜威认为，教育不应与生活分离，当个体能够将行为与他们的经验联系起来时，行为才会发生改变。在这方面他还主张，行为的改变会受到个体及其环境的影响，是不能分开来看的。

他创造了"智慧行为"这一概念，并将其视为教育的基础，认为它可使人们对社会关系和控制产生兴趣，并获得改变自身行为的能力。他还描述了形成"智慧行为"的三种相互关联的态度，具体可以表示为：

每一种态度的主要内涵是：

- **开放的思维**。不受偏见或先入之见的影响。
- **专注的兴趣**。能够全神贯注地学习。
- **成熟的方法**。在学习的应用过程中，能对行为的后果承担责任。

杜威进一步主张，行为改变应以学生为中心，并提出了"智慧行为"的几个原则：

- 培养学生对课程内容的个人兴趣。
- 设计有助于独立学习的体验。
- 尊重每个学生的想法。
- 为学生创造参与社会的机会。

如何使用

多年来，我有幸旁听过一些非常棒的课堂教学。能够观察到新教师在教学上的进步，对我来说是很好的学习经历。苏米亚就是一个例子。她是一位英语（非

智慧行为
Intelligent Action

▼

母语）老师，学生大部分来自东欧。她的教学给我留下了深刻的印象。在课堂上，她总能利用最近发生的事件来引发学生的讨论，她用的材料总能不断更新、引人注目。因为她事先研究了学生的兴趣点，所以讨论的材料总是学生感兴趣的事情，而且她总是倾听学生的看法，从不试图将自己的观点强加给学生。在苏米亚的课堂上，我从没见过哪个学生不被她吸引。

如果你想成为苏米亚这样的老师，这里有一些建议：

- 通过强调讨论的主题与现实世界的相关性，来激发学生的学习动机。可以尝试将研究内容与新闻话题联系起来。
- 支持学生自己发现新信息，不要害怕与学生进行直接、积极的互动，也不要害怕承认从学生那儿学到了新东西。
- 不要强迫学生接受你的观点。认可文化、宗教信仰和价值观的多样性。让每个与你共事的人都能够自由表达自己的观点，受到他人的尊重。
- 鼓励学生通过讨论和积极参与，来了解当前的问题。

请记住，要将讨论的话题与学生的兴趣关联起来，而不仅仅是与你的兴趣关联起来。还请记住，最终的学习结果不仅仅是让学生理解讨论的话题，还要让他们学会应用。正如在苏米亚的课堂上，学生需要用英语展开讨论。

在课堂上

- 让学生知道他们与学习内容的相关性。
- 在课堂上做好成为学习者的准备，并相信自己可以从学生那儿学到很多。
- 鼓励学生积极与同伴讨论自己对某一主题的感受。

批判性视角

杜威认为，教育不应与生活分离，只有将学习与个人经验联系起来时，真正的学习才会发生。这将如何影响你的教学方式？

沃尔夫冈·苛勒
Wolfgang Köhler

▼

沃尔夫冈·苛勒、库尔特·考夫卡（Kurt Koffka）、马克斯·韦特海默（Max Wertheimer）三人，被认为是20世纪20年代德国格式塔运动的发起者。"格式塔"一词，有"模式"的含义，即"有组织的整体"。格式塔理论的基本原理是：感知、学习、理解和思考等概念不是毫无关系的独立存在，而是相互关联、相互影响的。苛勒认为，正是通过这种交互作用，人们在为解决问题寻找方案时，才会有灵感闪现的那一刻。

苛勒研究了黑猩猩如何解决与任务相关的问题。他观察到，黑猩猩在通过顿悟找到答案之前，会尝试很多种可能的解决办法。他认为，人们有能力在头脑中将问题的各个部分组织起来，进而产生顿悟，形成解决问题的方案。他将此过程描述如下：

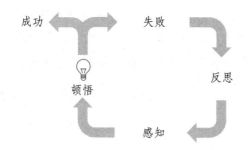

- **失败**。没有得到正确的结果。
- **反思**。停下来思考为什么结果不对。
- **感知**。思考可能产生正确结果的方法。
- **顿悟**。灵感闪现。
- **成功**。得到正确的结果。

如果你的第一次顿悟没有导向正确的结果，那么就继续重复这个过程，直到获得正确的结果。但是，请记住一句格言："疯子才会一次又一次地做同样的事情，还期待结果会不同。"因此，不要害怕尝试不同的东西，谁能想到，在马路中间放置彩色玻璃片，就可以让发明者赚得盆满钵满，还能避免许多夜间的交通事故呢？

顿悟理论
Insight Theory

▼

如何使用

令人难以置信的是，我们在学校里学到的一些东西会一直烙印在脑海中。当阿基米德这个名字出现在我正在阅读的一篇文章中时，我的脑海里会马上闪过这段话："一个人将身体完全或部分浸入液体时，会受到一个向上的浮力，因此体重会明显减轻，而减少的体重等于排出液体的重量。"这是我 50 年前学过的东西，没想到时至今日还能用到。

故事是这样的。国王召见阿基米德，让他判断制作皇冠的金匠是否欺骗了自己，因为国王怀疑金匠在金冠中掺入了银。一天，阿基米德边思考如何在不损坏皇冠的情况下完成这项任务，边跳进浴缸洗澡。他在看到水从浴缸中溢出的时候，突然意识到可以将金冠和金匠声称的等量黄金分别浸入水中，通过比较溢出的水的重量是否相同，来检查皇冠是否由纯金制成。据说，他在想到这个办法时兴奋异常，以至于赤裸着身子跑到大街上高喊："我找到了！"

正如你不可能教会别人如何顿悟一样，我也无法告诉你如何使用这个理论。作为一名教师，你的目标应该是创造条件，让更多的顿悟产生。或许通过"EUREKA"，我们可以做到这一点。

- **鼓励**（Encourage，缩写为 E）学生尝试新的想法。
- **使用**（Use，缩写为 U）诸如佩蒂 ICEDIP 模型（见理论 38）之类的技术，能促进学生创造性思维的发展。
- 向学生**保证**（Reassure，缩写为 R），一次任务失败并不代表他们就失败了，只要他们……
- **评估**（Evaluate，缩写为 E）哪里出了问题，并……
- **继续**（Keep，缩写为 K）努力寻找解决方案。
- 不要因过于强调内容而束缚学生，**允许**（Allow，缩写为 A）他们有一定的自由。

如果你的学生中有谁质疑自己获得顿悟的能力，不妨告诉他们：专业人士基于研发建造了泰坦尼克号，而外行也能凭借直觉和顿悟建造出挪亚方舟。

沃尔夫冈·苛勒
Wolfgang Köhler
▼

在课堂上

- 鼓励学生冒险，尝试新的想法。
- 让学生知道，只要能够吸取教训，犯错误也没关系。
- 让学生反思所学，并记录下他们的想法。

批判性视角

想一想顿悟理论的局限性以及格式塔理论批评者的观点：解决问题的方法源于过去处理问题的经验，而不是一时的顿悟。

维果茨基认为，知识和思想是人们在与家人、朋友、老师及同伴的社会交往中构建起来的。他认为，通过向更有见识的他者（More Knowledgeable Others，简称 MKO）学习和从社会交往中学习，我们可以进入最近发展区（Zone of Proximal Development，简称 ZPD）。而当学生处于最近发展区时，他们对一个主题的理解可能已经跨越了他们之前的理解水平。为了描述教师的作用，他还提出了脚手架的概念。当学生处于最近发展区时，教师应该使用脚手架，帮助学生与他人交往，支持他们的发展。

这三个概念可以用下图联系起来。

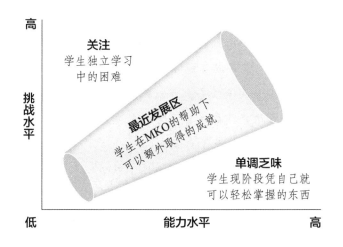

搭建脚手架的原则是：

- 培养学生对主题的兴趣，并使其与他人互动。
- 将给定的任务分解为较小的子任务。
- 让个体或团队专注于完成子任务，但不要让他们忽视总任务。
- 支持学生向"更有见识的他者"学习。
- 模拟完成任务的可能方式。个体可以先模仿，最终将其内化。

维果茨基坚持认为，脚手架要由专业人士使用，以帮助人们安全地冒险。通过这种方式达到的理解水平，要比仅凭个人努力达到的理解水平更高。

如何使用

在这里，我用建房子进行类比，以帮助大家更好地理解。在建房子早期，脚

脚手架—最近发展区
Scaffolding-The Zone of Proximal Development

▼

手架对于支持建筑物是至关重要的，但当建筑物骨架完工后，脚手架就可以撤走了。同样的道理，学生学习时也需要在适当的时机，以适当的程度，得到适当的人的帮助和支持，因此我们特别强调社会交往在学习过程中的重要性。

不要被"最近发展区"这个术语难倒，它实际上就是指，如果一个人对某个特定主题没有直接经验，那么就可以利用他人的经验来帮助自己完成任务。最近发展区是脚手架的一个方面，可以通过以下几种方式实现：

- 测试学生对该主题已掌握了哪些知识或有怎样的理解，并在活动挂图板上记录下学生的每项贡献，这样做可以证明你重视他们的付出。
- 让学生与小组的其他成员分享经验。如果你觉得某些学生可能会因为在一大群人面前分享经验而感到害羞，就将群组分得更小些。但是，要确保每个组中至少有一个人能帮助其他学生。
- 将总任务分解为较小的子任务，可以化解一项艰巨任务带来的压力。让学生通过完成子任务尽早获得成功，可以激发学生的学习动力，但注意要让学生始终关注总任务而不至于自满。
- 鼓励学生挑战自我，走出自己的舒适区，倾听他人的经验，审视可能与自己相关的内容，并根据对主题的理解来调整和采纳这些信息。
- 向学生强调，虽然他们可以通过倾听别人的经验而受益，但他们也可以对别人的学习做出贡献。

在这一过程中，重点在于教师作为促进者（见理论 25），要为每一位学生提供脚手架，为他们的进一步学习打下良好的基础。要主动为学生提供各种有可能解决问题的方法，但要尽量避免填鸭式地给学生灌输答案。

在课堂上

- 测试学生对该主题已掌握了哪些知识。
- 让知识更丰富的学生与知识不足的学生在一起合作学习。
- 让学生走出自己的舒适区。

列夫·维果茨基
Lev Vygotsky

▼

批判性视角

　　维果茨基非常重视社群和文化在学习过程中的作用。但是他的批评者认为，该理论没有认识到个人即便在不受社会规范影响的情况下，凭借自身的能力也能获得个人的理解。对此你怎么看？

让·皮亚杰
Jean Piaget

▼

皮亚杰可以说是最具影响力的认知理论家，他提出的"人们建构知识，而非接受知识"，成为大多数认知理论的核心。他认为，知识的建构是以个人经验为基础的，而个人的经验又受其情感、生理和心理发展阶段的影响。

皮亚杰认为认知发展有以下四个阶段：

- **感知运动阶段（出生到 2 岁）**。人们通过触摸和感觉进行学习。
- **前运算阶段（2 岁到 7 岁）**。有逻辑地组织感知对象的能力开始发展。
- **具体运算阶段（7 岁到 11 岁）**。有逻辑地思考感知对象和事件的能力开始变得更加结构化。
- **形式运算阶段（11 岁以上）**。抽象思维和语言推理能力开始发展。

虽然皮亚杰的理论是从他对儿童的研究中发展起来的，但我认为可以将其扩展到所有年龄段的人，概括如下：

- 人们所处的认知发展阶段不同，对学习的反应也不同。
- 教师应该对学生起到积极的指导作用。
- 教师应当鼓励学生向同伴学习。
- 教师应该让学生从他们所犯的错误中学习。
- 除了重视结果，还要重视学习过程。
- 教师应尊重每个学生的兴趣、能力和局限。

皮亚杰的理论并非没有批评者，特别是他认为儿童可以自主建构知识和理解，对此很多人持不同意见。尽管如此，皮亚杰的理论对人类认知发展的研究依旧具有重大的影响。

如何使用

我曾用踢足球的方法帮有行为问题的年轻人参与学习过程。其中一个做法是举行六人制的足球比赛，获胜队的球员将进行点球大战，进球者可得到奖品。下面我们来探讨合作与竞争的问题。丹尼是一名球队队员，患有阿斯伯格综合征[①]。

[①] 这是一种神经系统发育障碍性疾病，主要特征是社交困难，有局限而异常的兴趣和行为。——译者注

▼

他的认知发展水平低于同龄人，很难与其他孩子正常交往，但是他很喜欢足球，于是我安排他加入了一支实力很强的球队。有一次，他的球队赢得了六人制比赛的胜利。当他们排队进行点球大战时，最强的那位队员轻声告诉我，他们已经安排好了，会故意让丹尼赢球。当丹尼赢得点球时，我至今没有忘记他脸上露出的那种喜悦，也没有忘记他妈妈激动的话语："以前从来没有朋友为丹尼做过这种事。"

下面是如何应用皮亚杰理论的一些提示：

- 人们之所以对学习有不同的反应，可能不是因为他们年龄不同，而是因为他们处于不同的认知发展阶段。
- 有些学生在团队合作中发展得比较好，而有些学生可能需要更多的一对一支持。教师要尽量平衡好时间，以满足所有学生的需求。
- 鼓励学生彼此学习，强调每个人都有值得学习的地方。
- 要让学生相信，失败一次并不意味着他们就此变成失败者，重要的是能够从失误中吸取教训。
- 既要表扬学生取得的成绩，也要表扬他们付出的努力。

我承认，当丹尼错失他的第一个点球时，我有点儿慌了。多亏守门员举起手来，承认他在点球之前就已经移动了，裁判命令重新罚点球。其实一些职业足球运动员也可以从这个故事中学到很多东西。

在课堂上

- 尝试了解学生的认知发展阶段。
- 调整教学策略，使之与学生的认知发展水平相适应。
- 除了认可学生的成绩，还要认可他们的努力。

批判性视角

皮亚杰认为，人们之所以对学习有不同的反应，不是因为他们年龄不同，而是因为他们处于不同的认知发展阶段。你能想出一些例子来证明或反驳这个论点吗？

▼

班杜拉的理论基于两组儿童的对照实验：他让一组儿童看到成年人对充气人偶进行肢体和言语攻击，让另一组儿童看到成年人爱抚人偶，并亲切地与人偶交谈。实验结果发现，当孩子们与人偶独处时，他们就会模仿观察到的成人行为。

班杜拉认为，行为的改变可以通过这样的过程来实现：观察他人的行为，在心理上预演这些行为是否适当，然后启动自认为合适的行为。

榜样示范

观察 ➡ 评估适当性 ➡ 启动行为

为了能成功地模仿榜样的行为，班杜拉建议应该鼓励每个人：

- 注意行为举止。
- 记住所见所闻。
- 培养重现观察到的行为的能力。
- 寻找效仿观察到的行为的动机。

班杜拉认为，如果人们相信自己有能力做出良好的行为，那么他们将更愿意去模仿。他用"自我效能"（self-efficacy）这个词来描述这一点。

如何使用

马尔科姆是一名平面设计师，他曾参加研究生的教师培训课程。2002 年，我是他的导师。就在课程开始之前我了解到，马尔科姆的妹妹去世了。即便如此，马尔科姆总是第一个到班里，并且很乐于讨论我们上一节课学习过的内容。通常他也是最后一个离开班级的，还经常在陪我走到停车场的路上，与我讨论刚刚课上的话题。虽然他的热情很有感染力，但是书面作业却非常糟糕。

就在马尔科姆参加期中辅导的前一天，我收到了一封来自部门主管的电子邮件，得知马尔科姆的哥哥在一场帮派斗争中被刺身亡了。你可以想象，当看到马尔科姆依旧来参加辅导的时候，我有多么惊讶。他告诉我，对他来说，接受培训

榜样示范
Role Modelling

▼

成为教师不仅仅是一种职业选择，更是他远离帮派习气的一种途径。

第二学期，我去听了马尔科姆的三次课。他是个不错的老师。在课堂上，他更多地依靠激情而非对主题的精确理解来感染学生。培训期间，他的书面作业完成得太差了，如果我不把他的大部分作业重写一遍，他很可能无法通过这门课。

如果你和马尔科姆这样的人一起工作，你会怎么做呢？我当时面临着这样的困境：如果我选择为他重写作业，我为他当老师树立了一个好榜样吗？从道德上讲，我要对我教的其他学员负责，也要对我的职业操守负责。如果我选择重写他的作业，是否就是在允许情感影响我的行为？这对马尔科姆与学生的合作方式又将产生什么样的影响？在过去的 15 年中，我一直在不停反问自己这些问题。从某种程度上说，做一个好榜样也肩负着巨大的责任！要想了解当时的情况，你可以给我发电子邮件，不过不知道马尔科姆现在是否还会记得我。

在课堂上

- 你在课堂上的行为方式将对你的学生产生积极或消极的影响。
- 不要选择刻板印象去强化好行为。比如在为结束种族隔离而进行的斗争中，既有优秀的白人活动家，也有糟糕的黑人活动家。
- 如果你选择某人作为榜样，要确保你的学生有能力模仿他们的行为。

批判性视角

在这篇文章中，我使用了马尔科姆的例子。在这种情况下，你会怎么做？请思考，作为一名教师或培训师，我的行为是否恰当。

奥苏贝尔提出了"接受学习"的概念。他认为，行为的改变是通过演绎的过程来实现的，即将新的概念与已有的理解和知识联系起来，从而同化以前拥有的知识。

为了帮助学生理解复杂的概念，奥苏贝尔建议，教师应先向学生提供一系列不那么复杂的、更普通的、与该主题有关的信息材料，然后逐步拓展，增加难度，但是任何拓展的内容都必须与前面介绍的内容相关。这个过程可表示为：

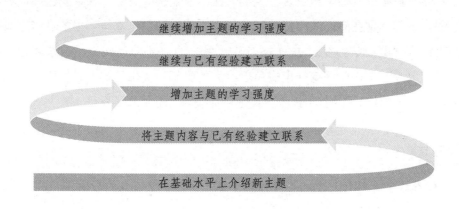

奥苏贝尔认为，如果无法将新的内容整合到学生已有的旧知识中，就不要引入。

如何使用

如果你曾经读过类似的内容，那也没关系。奥苏贝尔和布鲁纳（见理论 23）都是认知主义学派的代表人物，都相信认知主义的基本原则。特别是，他们都认为理解和意义对学习的发生至关重要，也都认可学习是要有组织、结构化的。但是，他们在学习的结构化程度，以及由谁来负责组织建构上存在分歧。

你如果赞同奥苏贝尔以教师为中心的方法，那么就可以这样做：首先告诉学生你要教的主题，然后教授这个主题，最后告诉学生你已经教给了他们什么内容。如果你处理得当，这种方法就不会出问题。你可以这样做：

• **简要回顾**上一节课的内容，以开启新内容。
• **解释**你将如何拓展已学过的内容。
• 组织并**教授**新内容，以便与已有知识建立联系。

接受学习（同化理论）
Reception Learning (Subsumption Theory)

▼

- **测试**新知识是否已被理解和掌握。
- **概括**讲过的内容。
- **描述**下一节课将要学习的内容。

现在再浏览一下每一个步骤，找出每一步中黑体动词的共同点，并将你的回答与理论 23 中的内容进行比较。

在课堂上

- 简要回顾上节课的学习。
- 解释在此基础之上你打算如何建构新的学习内容。
- 评估学生是否理解了新知识。

批判性视角

奥苏贝尔提出的教学方法是：首先告诉学生你要教的主题，然后教授这个主题，最后告诉学生你已经教给了他们什么内容。你认为这个方法会对你的教学产生影响吗？

杰罗姆·布鲁纳
Jerome Bruner

▼

布鲁纳提出了"发现学习"的概念。他认为，行为的改变不是依靠被动接收信息实现的，而是通过积极参与学习过程实现的，这样才能发现知识的价值。

为了培养学生解决问题的能力，布鲁纳建议，教师的角色不是机械地传递信息，而是通过教学设计帮助学生发现信息之间的联系，从而促进学生学习。这个过程可以表示为：

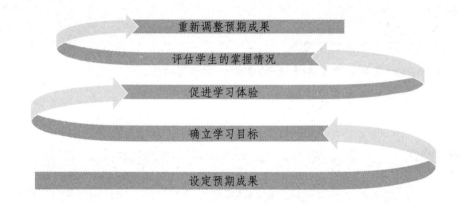

重新调整预期成果

评估学生的掌握情况

促进学习体验

确立学习目标

设定预期成果

布鲁纳认为，教师应该向学生提供解决问题的基本信息，但不要代替学生去整理这些信息，这是"发现学习"的一个关键方面。

如何使用

如果你曾经读过类似的内容，那也没关系。布鲁纳和奥苏贝尔（见理论22）都是认知主义学派的代表人物，都相信认知主义的基本原则。特别是，他们都认为理解和意义对学习的发生至关重要，也都认可学习是要有组织、结构化的。但是，他们在学习的结构化程度，以及由谁来负责组织建构上存在分歧。

你如果赞同布鲁纳以学生为中心的方法，那么就可以这样做：首先搞清楚学生对主题已经了解了哪些内容，然后帮助他们对这个主题进行更深入的探索，最后询问他们学到了什么。如果你处理得当，这种方法就不会出问题。你可以这样做：

· 在**评估**每位学生对该主题的已有知识的基础上开启新内容。
· **询问**学生对本节课的期望是什么。

发现学习
Discovery Learning

▼

- 组织并允许学生去**发现**将要学习的新材料，以便他们能够将其与自己的理解建立连接。
- **确定**学生目前对这个主题的理解情况。
- **找出**学生想在下一节课上学习的内容。

现在再浏览一下上面的每一个步骤，找出每一步中黑体动词的共同点，并将你的回答与理论 22 中的内容进行比较。

在课堂上

- 测试学生关于这个主题的已有知识。
- 询问学生希望如何拓展这个主题。
- 评估学生是否已经掌握了新知识。

批判性视角

布鲁纳提出的教学方法是：首先搞清楚学生对主题已经了解了哪些内容，然后帮助他们对这个主题进行更深入的探索，最后询问他们学到了什么。你认为这个方法会对你的教学产生影响吗？

第 4 章
人本主义

人本主义的基本理念是，每个人都是自主的，都可以自由做出自己的选择。它强调以人为中心的活动，认为在这样的活动中，每个人都应当在学习内容的选择上发挥积极作用。

人本主义的基本前提是，人具有天生的学习潜能，当人们认为某个主题与自己相关时，有意义的学习就会发生。在这种情况下，教师应当扮演促进者的角色，鼓励学生去学习，而不是只关心自己的教学方法或技能。

虽然人本主义运动的雏形在 20 世纪初就已经出现，比如蒙台梭利教学法和夏山学校，但一直到 20 世纪 40 年代初，人本主义理论才发展起来。进入 20 世纪六七十年代，人本主义开始变得流行起来。也就是在那个时代，心理学家们开始提出质疑，认为行为主义方法轻视了人的自主能力，而认知主义方法又过于痴迷对意义和理解的追求。

随着人本主义运动的发展，更多的人能够对影响他们自身生活的问题做出自己的决定。因此，教学的重点也从以教师为中心，转向了以学生为中心。人本主义的支持者认为，学生不喜欢被评价或评判，他们更希望自己的想法被理解；批评者则声称，并不是每个人都想自己做决定，也并非每个人在被赋予这种权利时都会感到舒适，有些人很明显希望在别人的指导下做事。

在本章中，我将介绍 20 世纪人本主义运动的两个关键阶段：第二次世界大战前和第二次世界大战后。下面我用一条时间轴，来呈现本章将介绍的理论（蒙台梭利和尼尔的相关介绍请阅读第 16 章）。

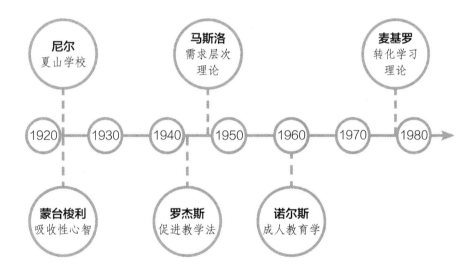

诺尔斯认为，大多数成人学习者都希望能够掌控自己的学习。他认为成人学习者应：

- 对自己和自己的需求有独特的看法，并以满足这些需求为目标。
- 视丰富的生活经验和知识为宝贵的学习资源。
- 更关注完成任务或解决问题的学习，而不仅仅是学习科目内容。
- 被重视和尊重。

诺尔斯认为，随着个体的成熟，学习更多是由内在动力（内在渴望）驱动，而不是由外在动力（外部刺激）引发。诺尔斯还强调，基于问题的学习和协作学习比说教式、强行灌输式学习更有价值。在这方面，他主张在选择教学内容和教学方式上，教师和学生要更加平等。

如何使用

尽管诺尔斯承认，并非所有人都处于成人学习阶段，但是他认为，成人学习者所具备的特点对所有年龄段的学习者来说都是非常重要的。

我第一次见到戴维是在近 40 年前，当时他才 17 岁，我给了他一些职业建议。他患有脑积水，在学校中被归为"智力低下者"（20 世纪 70 年代用来形容智商低于 40 者的可怕术语）。戴维想当一名园丁，可令人羞愧的是，当时我觉得他并不适合有技能要求的工作。于是，我问戴维有没有做园丁的经验。至今我仍然记得他的回答："我对幼苗移植很有信心，但我需要更多繁殖技术方面的培训。"几年前我遇到了戴维，他已经在一个园艺中心做了 30 多年的助理园丁。这既打破了医学对他命不久矣的预判，也打破了我对他不能接受培训的预言。

不要犯和我一样的错误：低估别人的学习潜力，没有支持他们去实现梦想。

- 让学生参与设定学习目标，但也要接受这样的事实，即并非所有人都会抓住这样的机会参与进来。
- 了解学生的兴趣和以前的经验，不论他们是单独工作还是团队合作，都要支持他们利用这些经验。大多数人都希望有机会分享他们的知识和经验。
- 要认识到，当学生看到要想解决现实生活中的问题，就需要掌握某些知识和技能时，他们就会产生学习动力。
- 将现实生活的案例研究作为学习理论的基础。
- 即使你不同意学生的观点，也要表现出对他们的兴趣，承认他们的贡献，鼓励他们抓住每一次机会表达自己的想法，以此表明你对他们的尊重。

有一次我遇见了戴维，当时他正准备走进一家博彩店，去享受人生中的另外一大爱好——赌马。在他的提示下，我赌了一匹马，结果那匹马输了。对这件事，我想我是有心理准备的。

在课堂上

- 让学生参与设定学习目标。
- 将学习主题与学生联系起来。
- 让学生抓住每一次机会表达自己的想法。

批判性视角

诺尔斯认为，大多数成人学习者希望自己能够掌控学习，而大多数儿童则更希望别人来掌控自己的学习。你同意掌控的偏好与学习者的年龄有关这种观点吗？

卡尔·罗杰斯
Carl Rogers

▼

罗杰斯是人本主义运动的推动者，他主张将学习过程的重心从教师转向学生。在人本主义的方法中，教师的角色从提供解决方案的权威或专家，转变为帮助每一位学生找到自己解决方案的促进者。

罗杰斯提出了影响促进教学法的三个重要因素：

这些因素可以概括为：

- **一致性**。忠于自己，不害怕表达自己的感受，努力与他人建立融洽的关系。
- **同理心**。愿意站在他人的角度思考问题。
- **尊重**。以非批评和非评判的方式接受他人的本来面目。

罗杰斯相信"他没有能力教会任何人任何东西，只不过是提供一个有利于有效学习的环境而已"，这种信念正是他理论背后的指导原则。

如何使用

"促进教学法"关注更多的是教学的方式，而非教学的内容，目的是让人们能够更容易地学习。因此，作为教师，你必须坚定地让自己成为学生学习的促进者，而不是班级的控制者或管理员。千万不要三心二意，否则你就无法采用人本主义的方法。毕竟，考虑好促进学生学习所必需的行动非常重要。

- 为课堂教学营造气氛。在教学的开场环节你如何与学生互动交流，将对他们在后续学习中的表现产生重要影响。
- 了解学生对这节课的期望。与学生就学习结果达成完全一致的意见，并把它们写在活动挂板上（这在课程进行时是有用的参考）。

促进教学法
Facilitation

▼

- 准备一系列可用的学习资源（练习、任务等）。
- 让自己成为一个灵活的学习资源，随时为学生提供帮助。
- 让自己成为学习的参与者。你常常会感到惊讶，自己竟能从学生那里学到如此多的东西。
- 找出学生在这节课中收获了什么。走近每个学生，询问他们的学习收获。
- 不要害怕与学生分享自己的学习感受。
- 接受别人的批评，不害怕承认并接受自己的局限。

你在课堂上的行为和行动，往往会激发学生想要学习更多内容的渴望，这是你在教授实际内容以外的收获。

在课堂上

- 对学生要真实和坦诚。
- 试着理解学生对学习主题的感受。
- 从积极的角度思考学生实现学习目标的潜力。

批判性视角

罗杰斯认为，教师的作用应该是促进每个学生找到自己的解决方案，而不是直接提供问题的答案。在你的教学中应用这种方法的优势和局限是什么？

马斯洛最著名的研究就是需求层次理论。他认为在任何时候，一个人的学习动机都是由个人最迫切的需求主导的。

需求层次可以分为两个阶段。较低层次的需求主要体现在生理和安全两个方面，也就是生理和心理需求。马斯洛认为，只有先满足较低层次的需求，才可能向更高层次的需求发展。

需求的不同层次可以概括为：

马斯洛认为，外在或内在的力量驱动着人们向更高层次进阶，而满足人的内在需求才是人本主义的基石。

如何使用

不是每个人都有机会经历真正意义上的自我实现，但许多人在掌握了一项技能而获得成就感时，就会体验到那种自我实现时的巅峰感受。尽管人们能够而且也确实在很多情况下获得了需求的满足，但也不要认为，你有责任让每个人的需求都得到充分满足。学生可能希望你能满足他们的所有需求，尽管有时候条件不允许，但至少你应该尽力去做。下面是一些满足学生需要的尝试，即便不能充分满足，至少可以部分满足。

· 学生希望在课堂上感觉舒适，因此要确保供暖和通风系统正常工作，给足他们喝水和去卫生间的休息时间，根据他们的需要安排座位。

· 学生希望感受到身心安全，因此要确保做好详尽的教学计划，掌控好课堂秩序，并以恰当的方式处理课堂上的不当行为。

- 学生希望得到老师的尊重，因此要花时间了解学生的兴趣，向学生展示你对他们的关心。
- 学生也希望融入同伴，被同伴接受，因此可以在实践活动中，将小组成员混合在一起，鼓励学生交流互动。
- 学生希望通过自己的成就获得自豪感，因此当他们提出新想法，拿出解决问题的方案时，要及时表扬他们。如果学生能得到同伴的赞赏，效果会更好，所以要鼓励他们多与同伴分享自己的想法。
- 学生希望感受到自己充分发挥了潜力，因此你尽管必须实事求是地看待学生目前的成就，但永远要积极地看待他们未来可能取得的成就。

在课堂上

- 确保学生感到舒适。
- 让学生多在一起合作学习。
- 为学生创造实现他们学习愿望的各种机会。

批判性视角

马斯洛认为，除非人们有内在的学习欲望，否则就不会有学习的动力。你同意这个观点吗？如果你同意的话，请考虑它将如何影响你的教学。

麦基罗提出了"意义视角"（meaning perspectives）和"意义图式"（meaning schemes）的概念。"意义视角"是指个人对世界的总体看法，而"意义图式"则指与个人经历有关的更小的知识和价值观。他认为，"意义视角"会随着生活经验的改变而改变，并为学生在"转化学习"中发生改变提供原材料。麦基罗的这个理论主要基于以下三个主题：

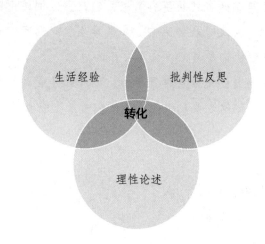

这些内容可以概括为：

- **生活经验**。是任何学习活动的基本出发点。
- **批判性反思**。是成人学习的显著特征，也是学生用来质疑自我信仰和价值观是否有效的机制。
- **理性论述**。可以引导学生探索自我信仰和价值观的深度和意义，并与教师和同伴分享。

麦基罗认为，与其他类型的学习相比，"转化学习"会在学生身上引起更显著的行为变化，产生更深远的影响或更重要的范式转换。他认为，批判性反思和理性论述相结合的方式，可以鼓励学生转变对生活的看法，使他们变得更加包容，进而对他人更富同情心，更能与之建立彼此依存的关系。

如何使用

事实上，并非所有教师都倾向于开展"转化学习"，也不是所有学习情境都适合这种学习体验，更不是所有学生都愿意挑战自己的价值观和信仰。但无论如何，在课堂上的某些时候，你会觉得自己有责任去挑战那些不可接受的行为，例如学生的种族歧视或性别歧视行为。

下面的一些要点可以帮助你处理这种情况：

- 不要把你的观点强加于人。如果你觉得有责任去挑战某些学生不可接受的行为，你要鼓励他们进行批判性的反思，并公开讨论他们的信仰。
- 努力让学生接受不同的观点。
- 寻找不同的方式来激发"转化学习"，如比喻、角色扮演、案例研究和经验分享。
- 一旦学生意识到他们的旧思维模式正在被新思维模式取代，就要支持他们将这些新模式融入他们的价值观和信仰。

经常问一问自己："我有什么权利进行转化学习？"如果你找到了满意的答案，那么就做好准备，力争让学生的态度和行为发生重要转变。在这方面，理论9中简·埃利奥特的故事非常值得一读。

在课堂上

- 不要试图把你的信仰强加给学生。
- 如果学生的行为是不可接受的，那就让他们对此进行反思。
- 如果学生意识到他们必须改变自己的思维方式，那就支持他们这样做。

批判性视角

麦基罗认为，作为一名教师，你没有责任根据自己的观点和价值观，对你认为不可接受的行为提出挑战。你在多大程度上相信这一观点？

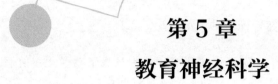

第 5 章
教育神经科学

　　教育神经科学包括那些被称为"基于脑的学习"（Brain-based Learning）或"信息处理理论"（Information Processing Theory）的现象。因此，本章的基础是对大脑的解剖，以及大脑处理诸如智力、思考和学习这些复杂人类反应的能力。

　　为了便于理解后面的内容，我们可以将大脑想象成一台计算机，它需要接收、处理和存储信息。如果你认同这个比喻，那么你就能理解信息的输入实际上是由一系列处理系统完成的，每个系统都会以某种方式来接受、拒绝或者转换信息，进而引发某种形式的反应。

　　当然，计算机和大脑之间也存在不少差异。比如，它们处理信息的能力是不同的：计算机在进入下一个处理步骤之前，一次只能处理一定量的信息；而通常大脑可以同时处理大量信息。再比如，两者在可预测性上也存在差异：输入相同的信息时，计算机总是以完全相同的方式做出反应；而由于受到情绪或环境压力的影响，输入相同的信息时，大脑可能做出千差万别的反应。虽然存在着这些差异，但是在如何接收和存储信息方面，它们也有不少相似之处，本章将对此进行探讨。

　　下面我用一条时间轴，来呈现本章将介绍的理论。

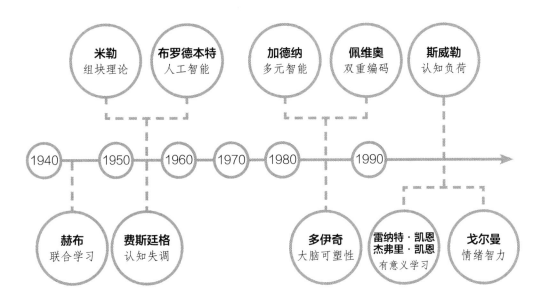

28

唐纳德·赫布
Donald Hebb

▼

赫 布的老师——卡尔·拉什利（Karl Lashley）是一位神经连接研究领域的先驱，但是赫布提出的"联合学习"理论真正解释了大脑中的神经细胞是如何反复协同工作的。赫布认为，神经细胞之间通过神经突触连接，并借此形成彼此联系的细胞群。

赫布用婴儿听到脚步声的例子，来描述这个过程是如何发生的。当婴儿听到脚步声后，某个细胞群就会被激活，于是婴儿对脚步声就会做出反应。这一反应究竟是积极的还是消极的，取决于脚步声源于婴儿喜爱的人还是害怕的人。整个过程可用下图展示：

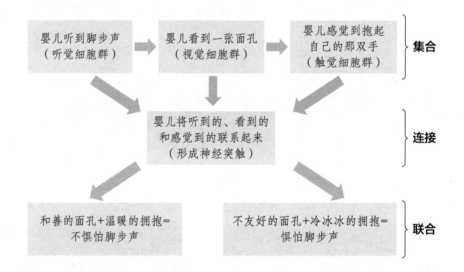

赫布的理论奠定了现代神经科学的基础，他对"联合学习"的解释，也常常被称为"赫布型学习"。迄今为止，它仍然是一种被广泛接受的理论模型。

如何使用

应用赫布的理论，要首先理解这样一个原理，即学习是以两种不同的方式影响大脑的：一种是创建全新的突触或连接（在年轻人中最常见），另一种是重新排列已有的突触或连接（在成年人中更常见）。无论哪种方式，大脑都将重塑，以接收新的信息。如果这种调整有用，大脑就会将其保存下来。

以下是一些建议，可以帮助你更有效地应用赫布理论：

• 承认人的学习方式是不同的。有些人对输入的知识具有较强的组织能力，因此他们的大脑比其他人更容易形成连接。

- 制定的教学策略，要与课堂上学生的不同能力水平相匹配。有些学生已经形成良好的大脑神经连接，当你鼓励他们将新知识与已有知识进行联系时，他们很容易便能将新知识纳入已有的网络，从而使学习得以发生。而有些学生的大脑神经连接还不够发达，因此在学习新知识的时候就会有些困难，因为大脑在产生新的突触连接时需要消耗很多的能量。在这种情况下，教师可以把学习任务分成若干组块，帮助他们建立连接（见理论29）。

- 要注意的是，神经连接水平和智力水平之间，还没有被证实存在直接的联系。为帮助你理解，我们可以用计算机做类比。比如，系统配置较高的计算机通常会比系统配置较低的计算机运行更快，效率更高。但是这并不意味着系统配置低的计算机不能正常工作。只不过你需要花费更多的时间和精力，才能让它达到同样的效果。

- 使用诸如打比方、讲故事、做类比等有效的工具，来帮助人们建立有意义的联系，了解信息的传送模式，理解新的信息。比如，赫布的理论就常常被比喻为"同时激发的细胞之间更容易连接"。

在课堂上

- 承认学生有不同的学习方法。
- 依据学生不同的学习能力制订教学计划。
- 尽可能使用能刺激学生多种感官的学习材料。

批判性视角

"同时激发的细胞之间更容易连接"是什么意思？这将如何影响你的教学方式？

29

乔治·阿米蒂奇·米勒
George Armitage Miller

▼

米勒专注于研究思维过程，比如记忆力和注意力的持续时间。他认为，人类处理信息的能力是有限的。在研究人是如何精确区分大量信息的不同刺激时，他发现数字7（±2）重复出现的频率非常高，并为此而着迷。

米勒的理论可以通过以下过程来解释：

• 信息在被储存为长时记忆之前，通常需要经过一个被称为"工作记忆"（working memory）的过滤器的加工处理。
• 在特定时间内，工作记忆只能保留7（±2）个单位的信息量。
• 这7（±2）个单位的信息被组织成有意义的信息模式时更容易存储。

后来的研究认为，工作记忆的容量可能小于7，这主要取决于信息的长度和复杂性。即便如此，米勒引发的关于记忆过程的争论，对于我们理解大脑如何处理信息做出了重要贡献。

如何使用

一个威尔士小村庄拥有全英国最长的地名：*Llanfairpwllgwyngyllgogerychwyrndrobwllllantysiliogogogoch*。我怀疑即便是当地居民，也很难记住他们村子的名字。如果我们应用米勒7（±2）的理论来记忆，就可以先把这个村庄的名字拆分成几部分，然后再将每部分进一步拆分为更小的组块，如下所示：

• Llanfairpwll (*clan-fair-pwill*)
• Gwyngyll (*gwyn-gill*)
• Gogery (*go-gery*)
• Cwyyrn (*kwern*)

▼

- Drobwyillanti (*drob-will-aunty*)
- Silio (*silly-o*)
- Gogogoch (*go-go-gock*)

我要为自己的发音向所有威尔士的朋友道歉，尤其是那些玩儿英式橄榄球的朋友。我想如果借用电影《欢乐满人间》（*Mary Poppins*）里的台词 ① 做例子，可能会更容易一些。

现在尝试一个更复杂的例子。试着将下面这段话拆解为 6 个较短的陈述（组块），看看能否理解它的意思。

As the derivative referred to as the implied subject, having a predisposition for eternal abstinence from the impartation of knowledge to one's maternal predecessor is essential, relative to the vacuum induction of avian induced ovum.

如果你在这里没有学到新东西，我感到很抱歉。如果你还没弄明白它的意思，也可以通过阅读理论 31 来寻找线索。

在课堂上

- 不要给学生提供太复杂的材料，以免其负担过重。
- 可以将材料分为 5—9 个方便记忆的组块。
- 承认学生注意力的持续时间有很大差异。

批判性视角

米勒认为，在特定时间内，工作记忆只能保留 7（±2）个单位的信息量。你是否同意他的观点？想想你要教的一些复杂的东西，看看能否把它们分成便于记忆的 7（±2）个小组块。

_____

① 这部电影中有一个长词 "supercalifragilisticexpialidocious"，意即超级无敌快乐得不得了。——译者注

斯威勒将认知过程描述为三个主要部分：感觉记忆、工作记忆和长时记忆。下面的模型说明了它们彼此的关系：

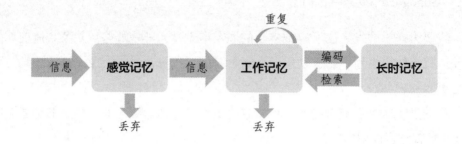

上述模型的基本原理是：每天你都会受到大量感官信息的轰炸，感觉记忆会将大量信息过滤掉，对最重要的信息保留足够的注意，以便让它们进入工作记忆；筛选出的信息进入工作记忆后，要么继续被加工，要么被丢弃。

认知负荷理论的核心思想就是米勒提出的观点（详见理论29），即工作记忆一次只能容纳5—9个组块的信息。工作记忆处理信息时，会将信息分类，把必要的信息编码到长时记忆中，把不必要的信息丢弃。在长时记忆阶段，信息被存储在称为"图式"的知识框架中。图式不是由死记硬背的知识组成的，而是由一组精细复杂的结构组成的，是它们赋予我们感知、思考和解决问题的能力。

在认知负荷理论中，斯威勒将认知负荷分为三种类型：

- **内部认知负荷**。是指学习者努力与特定主题建立联系。
- **外部认知负荷**。是指信息或任务呈现给学习者的方式。
- **相关认知负荷**。是指为建立永久性知识储备而做的工作。

斯威勒认为，每个人处理信息的能力是不同的，这与其年龄、技能水平、知识水平或社会经济地位有关。他指出，识别个体的信息处理能力，对教师调整教学策略以适应不同个体，是非常有帮助的。

如何使用

在教学过程中，教师传递的信息在经过处理进入长时记忆前，按理说都应该保留在工作记忆中。但是，人的工作记忆能力是非常有限的，所以若过多的信息同时呈现，大脑就会变得不堪重负，很多信息就会丢失。下面的提示可以帮助你

认知负荷理论
Cognitive Load Theory
▼

避免让学生信息负荷过重：

- 识别学生处理信息的能力，并据此调整教学策略。
- 改进问题解决方法，例如，可以将一个问题分解为多个小问题，也可以用已经解决的问题做例子。
- 尽可能将多个视觉信息源合并在一起。
- 同时使用视觉和听觉两个渠道，整合多个信息源，降低工作记忆的负荷。
- 清除没必要处理的重复信息，降低工作记忆的负荷。
- 只有在技术能改善学习体验时，才使用它们。
- 尽可能利用小组合作的方式解决问题。

应用以上提示时，有一点很重要，即每个人处理信息和掌握学习的能力是不同的。理论 114 中阿扬·奎雷希和佩姬·格威尔特的故事值得大家一读。尽管他们的年龄和背景有很大的差异，但在老师提供的专业支持下，两个人最终都学有所成。

在课堂上

- 合理摆放桌椅，尽量不让学生因为外部干扰而分心。
- 只有在技术设备能促进学生理解或者帮助学生完成规定任务时，才使用它们。
- 鼓励学生在一个不受干扰的环境中做作业。

批判性视角

人们似乎一致认为，沉重的认知负荷会对完成任务产生负面的影响。即便如此，我们也要清醒地认识到，每个人的认知承载力是不同的。从认知负荷的角度，考虑学生的年龄和社会经济地位，以及这对你的教学方法会产生怎样的影响。

艾伦·佩维奥
Allan Paivio
▼

佩维奥提出，人的认知涉及两个独立的心理编码系统：语言编码（语义代码）处理所有形式的语言，非语言编码（表象代码）处理心理表象。这两者既相互独立又相互联系，可以通过独立、并行、相互连接等多种方式处理信息。

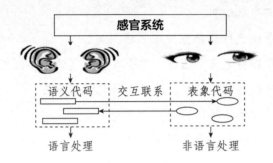

佩维奥认为存在以下三种认知加工类型：

- **表征的**。直接激活语言或非语言的表征。
- **参照性的**。利用非语言系统激活语言系统，反之亦然。
- **联想性的**。在同一个语言或非语言系统内部激活的表征。

佩维奥认为，大脑在处理一项特定的任务时，可能会用到上述方式中的一种或多种。因此，教师在设计教学时，如果能运用到两种不同类型的编码系统，学生的大脑就可以用语言和非语言两种方式存储信息，以便以后提取。如此一来，学生记住所学知识的可能性就会增加。

如何使用

双重编码理论指出，在学习中将语言和视觉材料结合在一起，将会增加词语激活大脑中相应图像的可能性，反之亦然。下面介绍如何在实践中应用双重编码理论，很可能你在本书其他地方也看过类似的例子。

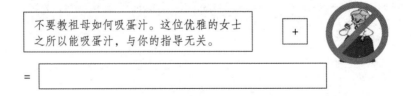

请花一两分钟想一下上面的例子：如果没有右边图片的提示，理解左边的文

双重编码理论
Dual Coding Theory

▼

字内容是否很困难？同样，如果没有左边的文字提示，理解右边的图像含义是否也不容易？所以，当你为学生准备学习材料时，可以找一些与所学内容匹配的视觉素材一起提供给学生，这会更利于学生学习，但是要仔细筛选。

- 在绘制视觉素材时要有创意，要了解哪类视觉素材对哪些主题的学习最有效。例如，时间轴可能有利于历史事件的识记，而图表则对地理知识的学习最有帮助。
- 不要给学生提供过于复杂的文本信息，也不要提供过多的视觉信息，否则会导致学生的认知负荷过重（见理论30）。
- 如果学习材料不那么抽象，学生更容易理解。
- 因为表象代码比语义代码在记忆上更有优势，所以比起文字来，学生更容易唤起图像记忆。

如果你还没有弄明白如何解决视觉材料的问题，或是理论29中的练习，那么答案就是"不要教祖母如何吸蛋汁"。这是一句18世纪的谚语，意思是不要试图教那些已经对某主题有足够知识或经验的人。

在课堂上

- 确保使用的视觉素材能够改善学习体验。
- 不要使用太多复杂的视觉素材。
- 提供给学生的术语不要太抽象。

批判性视角

佩维奥的批评者认为，双重编码理论没有考虑到认知可能是由文字和图像以外的因素来调节的。你是否同意这种观点？

费斯廷格的老师库尔特·勒温（Kurt Lewin）是美国社会心理学运动的先锋。费斯廷格提出，人们常常通过不同的方式，不断地给学习寻求秩序和意义，比如，制定或做出可能会导致非理性，有时甚至是不恰当行为的常规和评价。他进一步指出，当这些常规被打乱，或者评价被反驳时，人们就会感到不舒服。费斯廷格将这种状态称为"认知失调"。

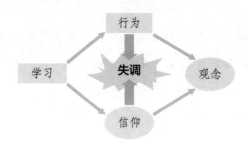

费斯廷格的认知失调理论基于以下三个基本假设：

• 人们对行为和信仰之间的不一致很敏感。
• 认识到这些不一致，会促使个体产生解决这些不协调或不和谐的动机。
• 这些不协调可以通过改变他们的信仰、改变他们的行为或改变他们对行为的看法来解决。

费斯廷格认为，认知上的不协调使那些具有强烈信念的人很难改变自己的观点，即使他们面对的是一个合理的相反论证。

费斯廷格曾读到过一篇关于邪教组织的文章，他从中受到了启发，开始研究人们对信仰所持的不可动摇的信念。该组织宣称，地球即将被洪水摧毁，那些虔诚的信徒因此放弃了自己的家园和工作。但是预言的世界末日并没有出现，他们就说服自己，正是由于他们的奉献，世界才得以幸免。

如何使用

最近我从新闻中得知，英国地方当局每年收缴的违章停车罚款高达 8.2 亿英镑。假设你正在培训交通管理员，如果你告诉那些性格敏感的人，交通管理员的职责就是惩罚非法停车，那么他们在实际履行职责（特别是面对残疾人）时，就会遇到一些左右为难、认知不和谐的情况。此时，你要向他们说明，交通管理员

认知失调
Cognitive Dissonance

的首要职责是确保所有车辆尤其是应急车辆的正常通行，不能让违法停车影响到火灾救援和事故处理。这样他们就知道什么是最重要的，进而减少执法中认知失调的出现。

你可能很少会遇到费斯廷格研究中的那种思想激进的邪教徒，但你仍要小心以下 些情况：

- 有些人的信念非常坚定，以至于会抵制你的教导。一旦你让他们采取的行为方式与其信仰或信念不一致，他们可能就会出现认知失调。
- 强迫某人改变信仰可能是行不通的，甚至是不可接受的。让他们对自己的行为感到难过或内疚，也不是教育他们的好方法，而且可能会导致更严重的认知失调。
- 有一种值得考虑的方法，就是尝试变换不同的方式或场景，让他们重新思考自己的行为。这样做会使他们的行为不再与信念冲突，从而减少认知失调的发生。

即使你认为有些人的观点是不恰当的，也不要通过让他们质疑自己坚定的信念的这种方式来让他们学习。

在课堂上

- 承认有些学生永远不会改变他们的想法或做事的方式。
- 质疑你自己是否有权利改变他们的生活方式。
- 如果有必要改变，也要让学生反思他们的信仰，调和是非。

批判性视角

请举一个你对某一问题的信念非常坚定，以至于拒绝接受任何一种非常合理的不同观点的例子。你的感受是什么？这会对你的教学方式产生什么影响？

唐纳德·布罗德本特
Donald Broadbent

▼

布罗德本特曾在英国皇家空军服役，他对运用心理学以更好地了解飞行员失误的原因很感兴趣。他观察到，飞行员经常要处理大量输入信息，而且必须从中选择出有用的信息，以帮助他们做出正确的判断。布罗德本特认为，人在收到过多信息时，很容易出现失误。因为据他观察研究发现，当同时出现多个刺激时，大脑的处理能力就会达到极限。此时，大部分刺激将被过滤掉，只有少数经过筛选的信息才能进入大脑的记忆库，被进一步加工。该过程可以表示为：

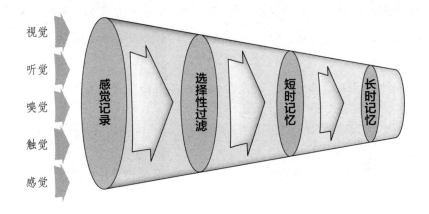

这个过程的各个阶段可以概括为：

- **感觉记录**。将视觉、听觉或触觉刺激存储足够长的时间，以决定其是否应该进入下一阶段。
- **选择性过滤**。判定哪些感官刺激应该进入短时记忆。
- **短时记忆**。保存刺激，直到它被允许进入长时记忆，或被完全从记忆中抹去。

布罗德本特的理论认为，一个刺激能否进入短时记忆，取决于它物理特性的强度；并不是所有进入短时记忆的刺激都能进入长时记忆。

如何使用

你是否遇到过类似的情况：在参加一个小组讨论时，大家七嘴八舌、各抒己见，你都不知道该听谁的了。你有没有想过，为什么有些人的想法比其他人的想法更受欢迎？你是否也曾希望自己能更好地控制大家的注意力？

你也许会惊讶地发现，人们选择参与哪个讨论话题，不完全取决于内容，更多取决于音量、清晰度或音调，即内容表达的方式。同样令人惊讶的是，虽然这些音量、音调的信息存储在短时记忆数据库中，但只有经过筛选，才会真正得到处理，进而让我们获得意义和理解。

从前我有一个同事名叫比尔，他身材魁梧（以前是冷溪近卫团的警卫），说话声音洪亮，在很多会议中经常左右大家的观点。另一位同事名叫吉姆，他和比尔完全相反，身材没有比尔那么魁梧，说话语气平静、从容，但带有令人难以置信的威慑力，所有人都不敢挑战他。如果你也见过比尔或吉姆这样的人，听过他们的发言，你就会问自己："他们究竟讲的是什么呀？"并开始意识到，他们就是在胡说八道。在我的职业生涯中，这两种人我都遇到过。可惜他们从未出现在同一场会议上，否则那种竞争一定很有趣！

请留意你身边的"比尔"和"吉姆"们。他们的天性中可能会有一些博人眼球、盛气凌人的倾向，但千万不要去满足他们对关注的渴望。请记住那句谚语："如果你输入的是垃圾，那么输出的也一定是垃圾。"实际上，在一个群体中，并不是每个人都能快速过滤掉来自"比尔"或"吉姆"的垃圾信息，有些人可能根本就不具备这种能力。所以你要让"比尔"或"吉姆"解释自己所说内容的合理性，支持他们去质疑自己说的话。当然，要以一种友善的方式去处理，如果让他们觉得你在故意刁难，可能会起到相反的效果，甚至会让群体中的其他人对你产生反感。

在课堂上

- 不要害怕挑战那些专横的学生。
- 请他们给别人发言的机会。
- 如果他们滔滔不绝，就让他们停下来解释自己所说的内容。

批判性视角

布罗德本特认为，在一个嘈杂的房间里，能够吸引你注意的往往不是别人说话的内容，而是他们说话的方式。如果你认同这个观点，这会对你的教学方式产生什么影响？

加 德纳提出，人类有多种智能，它们赋予了人们在不同情境中处理信息的潜力。加德纳在他的理论中提出了两个基本主张：第一，多元智能理论适用于人类认知的全部范畴；第二，每个人的各种智能都有独特的组合，因此才能成为独特的自己。他认为人类共有九种智能，分别是：

- **语言智能**。理解和使用口头和书面语言的能力。
- **逻辑—数理智能**。合乎逻辑地分析问题的能力。
- **音乐智能**。创作、表演和欣赏音乐的能力。
- **身体—运动智能**。使用和解释富有表现力的动作的能力。
- **视觉—空间智能**。识别模式和维度的能力。
- **人际智能**。理解他人意图和愿望的能力。
- **内省智能**。理解自己的感受、恐惧和需求的能力。
- **自然智能**。识别和分类自然物体的能力。
- **存在智能**。处理关于生命意义的深层次问题的能力。

加德纳认为，一个人的特定智能，将直接影响他们的学习方式。

如何使用

如果你认真对待加德纳的理论，识别不同学生的个体差异将有助于你更好地理解学习进程，使你更愿意与学生合作。下面让我们来做一个有趣的实验。

假设你是一位生存专家，主持了一档《我是一个传奇，让我离开这里》的逃生节目。参加节目的传奇嘉宾有：埃米莉·勃朗特（Emily Bronte，作家）、阿尔伯特·爱因斯坦（Albert Einstein，物理学家）、玛戈·方丹（Margot Fontaine，芭蕾舞演员）、萨尔瓦多·达利（Salvador Dali，画家）、莫扎特（Mozart，作曲家）、亚历山大大帝（Alexander the Great，军事天才）、亚历山大·格雷厄姆·贝尔（Alexander Graham Bell，发明家）、安妮塔·罗迪克（Anita Roddick，"美体小铺"创始人）和苏格拉底（Socrates，哲学家）。在节目中，你要教授这些享有盛誉的嘉宾如何逃离困境，那么你可以这样做：

- 让埃米莉·勃朗特记录岛上发生的事，帮助其他可能被困在岛上的人。
- 让阿尔伯特·爱因斯坦研究逻辑问题和复杂运算，寻找逃生途径。

多元智能理论
Multiple Intelligences

▼

- 让玛戈·方丹与团队一起组织一些运动和身体接触类活动，帮每个人保持健康。

- 让萨尔瓦多·达利尝试用形状和颜色绘制岛上的地图。

- 让莫扎特创作一首鼓舞人心的曲子，提振人们的精神。

- 让亚历山大大帝在团队中指导他人。

- 让亚历山大·格雷厄姆·贝尔独立完成具有挑战性的任务，为大家创造光明、能量和温暖。

- 让安妮塔·罗迪克研发食物和药品。

- 让苏格拉底去寻找幸存者之所以存在的深层意义。

你只需在谷歌上搜索"多元智能测试"，就可以在数十个网站上找到相关的调查问卷，你可以利用这些问卷了解自己的优势智能是什么。当然，这些测试结果不可能百分之百准确，只是一个参考，所以要客观地看待。

在课堂上

- 要意识到，每个人都有不同的优势，并且会根据任务的性质做出不同的反应。

- 允许学生以不同的方式完成作业。

- 让学生走出舒适区，用他们不太有优势的智能处理一些问题。

批判性视角

加德纳认为，仅凭学业成绩和心理测试衡量一个人的智力水平，未免太狭隘了。你怎么看待这种观点？

丹尼尔·戈尔曼
Daniel Goleman

▼

戈尔曼认为，人不仅要发展较高的智商和熟练的技能，还要发展情绪智力。他认为，情绪智力有五个关键要素可以为教师所用，总结如下：

- **自我意识**。教师需要意识到自己的思想、感觉和行为之间的关系，以及什么样的想法会引发什么样的情绪，而这些情绪又会对自己和周围的人产生什么样的影响。
- **情绪管理**。教师需要分析这些情绪背后的原因，并能够以积极的方式处理。
- **同理心**。教师需要以积极的方式回应周围人的情绪，这要求教师能够更多地理解人们对教学的反馈及其意义。
- **社交技能**。教师需要培养良好的人际关系，这将对所有相关人员都产生积极的影响。知道怎样、何时"挺身而出"，也知道何时"随遇而安"，是重要的社交技能。
- **动机**。教师不能总是依靠外部奖励来激励学生，要发展学生的内在动力，鼓励学生关注他们能做的事情，而非做不了的事情。

戈尔曼认为，具有高度的自我意识并善解人意，不仅会使我们成为更好的人，也会使我们成为更优秀的教师。他还认为，大脑不是在衰老过程中失去脑细胞，而是根据我们的经历不断进行自我重塑。戈尔曼提出，我们在坚持积极的想法和行动时，更新的大脑能确保我们对教师这项工作产生积极的看法，并自然而然地引导我们以正确的方式对待学生。虽然戈尔曼的理论只是推测，但是听起来还是很棒的，非常值得我们借鉴。

如何使用

这一天，约翰过得很不顺利。他刚刚得知，英国教育标准局要来他们学校访问，他们要向该机构进行一个简短的情况汇报，这样原本计划好的关于协同教学的教师培训不得不推迟。不凑巧的是，当地政府在他家附近进行道路改造，导致他在汇报会那天迟到了30分钟，这让他的压力更大了。像其他到场的老师一样，他希望汇报会不要那么无聊，最好能学到一些有价值的东西，也希望自己不会被选中参加那些令人尴尬的活动，比如角色扮演等。可是，在汇报会开始不久，他就发现自己被选中了，将会有人去听他的课。在后续的会议过程中，约翰除了冥思苦想如何准备那节课以外，什么都听不进去了。"没错！"他不停地问自己，

▼

"我已经设计了一个不错的教学计划，也坚信自己可以很好地实施，但是学生会有收获吗？"

如果你也曾有过约翰的经历，戈尔曼提出的情绪智力理论或许能够给你一些提示。

- 要意识到，不管你的压力源于什么，你每天进入学校时的情绪状态，很可能奠定了你一天的情绪基调。要学会自我放松。比如，在去学校的路上，试着找到一个地方（如一棵树下或一幅画前），把引起你压力的东西全部丢在那里。
- 如果你担心自己的教学计划无法达到应有的效果，那么你可以试着站在学生的立场，通过问自己一些问题进行换位思考。比如，如何通过提问、个人和小组活动、共同讨论和小测验等形式，将课程内容与学生的生活结合在一起？
- 尝试把"下节课预告"变得激动人心、趣味盎然。比如，我曾经告诉数学班的学生："下节课我要用代数的方法证明上帝的存在。"显然，这比直接告诉学生"下节课我们要学习解方程"的效果好得多。
- 不要总是依靠外部奖惩来激励学生。

在课堂上

要持续反思自己这一天过得怎么样：

- 今天我最顺利的两件事是什么？
- 下节课我还能做哪两件事情让学生更喜欢、收获更大？
- 在今后的日子里，要想让我和学生都能感受到兴奋、愉快、有价值，我需要做哪两件事情？

批判性视角

戈尔曼提出，坚持积极的想法和行动，将使你对教师这项工作产生积极的看法，并自然而然地引导你以正确的方式对待学生。你对此有什么看法？

尽管我在这篇文章里介绍的是多伊奇,但是关于大脑可塑性的研究可追溯到 19 世纪末,当时心理学家威廉·詹姆斯(William James)就已经提出,神经系统具有很强的可塑性。由于缺乏足够的证据,这个理论沉默了 60 多年。之后,唐纳德·赫布和迈克尔·梅泽尼奇(Michael Merzenich)等人为大脑可塑性提出了更具说服力的证据,使人们重新认识了它。更重要的是,这个理论还被用于脑部疾病的治疗。而我之所以选择多伊奇作为大脑可塑性理论的代表人物,是因为他不仅把这个理论向前推进了一大步,而且对如何应用此理论应对脑部疾病和脑损伤提出了独到的见解。

据多伊奇的研究,可塑性是指大脑通过对世界、生活经历和想象的感知来改变其自身结构和功能的特性。多伊奇认为,这种可塑性有以下三个基本特点:

- **年龄差异性**。虽然可塑性伴随人的终生,但某些类型的变化在生命的早期阶段更容易发生。因此,随着年龄的增长,可塑性是在下降的,学习就会变得越来越困难。
- **过程多样性**。可塑性是一个持续不断的过程,需要多种细胞参与其中。除了神经元这样的神经细胞,还涉及其他细胞,比如视觉细胞和血管细胞。这些细胞相互联系,相互作用,就像多伊奇所说:"细胞之间如果不能协同工作,也就无法进行连接了。"
- **先天和后天**。除了大脑损伤可以让人丧失学习或记忆的能力以外,遗传因素也会产生重要的影响。

虽然大脑可塑性的概念有些宽泛和模糊,而且很早就被提出来了,但多伊奇依然认为,这是关于人类大脑最重要的发现之一。

如何使用

亚当(化名)是我妻子所教的特殊教育需求班级里的一个学生,他患有自闭症,社交能力非常有限,与他人沟通交流的能力也非常有限,但拥有超凡的 IT 技能。如果在课堂上电脑出了问题,大家首先想到的是求助于他。电脑就是他的生活。无论是在学校还是在家里,亚当将大部分时间都花在了电脑上。这也带来了不利的一面:他在说话的时候,用的全是"美式的计算机语言"。这就产生了一些值得思考的伦理问题,比如,亚当的大脑是否将受损部分(导致自闭症的部分）的功能转移到了未受损部分（成就其 IT 天赋的逻辑推理部分）？我们是否应阻断这种功能的转移，鼓励他发展社交能力？

我无法回答这个两难的问题。忽视亚当社交能力的发展是不妥的，但是如果让亚当抛弃他的电脑，抑制他在 IT 方面的发展，就会像砍掉他的右臂一样令他痛苦。

当你遇到像亚当这样因缺陷而无法正常发展的学生时，你可以参考下面的提示来应用该理论：

- 确保你的教学在"挑战学生"和"支持学生"之间做好平衡。挑战不要太难，否则学生会丧失信心；也不要太容易，否则他们就会骄傲自满。
- 鼓励每位学生积极参与学习过程。支持并鼓励学生反思学过的内容，挑战他们对所学内容的理解。
- 使用不同的教学方法，鼓励每位学生参与，让他们感受到学习的意义。讨论某个主题时，要让学生发展自己对主题意义的理解。

在课堂上

- 在挑战学生的同时，也要关注他们的感受。
- 将学习与学生的需求联系起来。
- 让学生反思他们的所作所为。

批判性视角

在本篇中，我举了自闭症孩子亚当的例子。如果你是亚当的老师，你将如何解决这个两难的问题？

雷纳特·凯恩和杰弗里·凯恩
Renate Caine & Geoffrey Caine

▼

雷纳特·凯恩和杰弗里·凯恩提出了作为大脑学习理论基础的一套原理。他们认为，这些原理将会导致教学和评估方法的范式转变——从记忆信息转向有意义的学习。

雷纳特·凯恩和杰弗里·凯恩提出的原理有：

- 大脑是一个生命系统。在这里，思想、情感、想象力与健康、幸福、社交等系统相互作用。
- 学习涉及整个生理机能，就像呼吸一样自然。
- 对意义的探索是与生俱来的，我们无法将其停下，只能加以引导和聚焦。
- 大脑对意义的探索是通过心理图式来实现的。大脑只接受相关的图式，拒绝无意义的图式。
- 情绪对心理图式的形成至关重要，对保持记忆和唤起长时记忆也很关键。
- 每个大脑都会同时进行局部和整体的感知和创造。
- 学习涉及集中注意力和对外界的感知，是对学习发生的整个感官环境做出的反应。
- 学习包括有意识和无意识的过程。
- 我们至少有两种记忆组织方式。
- 体验会改变大脑的生理结构和运行方式。
- 挑战可以强化学习，威胁则会抑制学习。
- 每个大脑都有独特的组织结构。

雷纳特·凯恩和杰弗里·凯恩认为，了解大脑是如何学习的，对课程设计、教学方法和一系列教育改革的重要议题都有重要影响。

如何使用

这一理论的优点在于，其原理简洁、直接，在神经学上也站得住脚。我认为，其困难之处在于如何应用。在进一步研读雷纳特·凯恩和杰弗里·凯恩的著作后我发现，应用这些原理需要三个相互关联的要素。下面我将以这三个要素为基础，介绍如何应用该理论。

- 在向学生提出重大挑战的同时，也要理解学生的感受和态度，力争取得两者的平衡，以营造**放松警惕**的氛围。不要将挑战设置得过于困难或具有威胁性，否则会损害学生的信心或自尊心。

- 使用不同的教学方法，并与学生的需求相关联，让学生**沉浸**到当前主题的学习中。尽管学生学习的大部分内容都是你来选择的，你也应该尽量确保学习内容的呈现方式有利于学生解读学习主题，发展他们自己有意义的心理图式。

- 让学生以一种有意义的方式管理自己的学习过程，并在此过程中，通过提出具有挑战性的问题和鼓励反思来支持学生的学习。鼓励学生用这种方式**主动处理**信息，将有助于他们认识和面对自己的偏见和态度。

在课堂上

- 确保你的教学具有适当的挑战性。
- 改变你的教学方法，使学习内容与学生的需求相关联。
- 在学习过程中，给予学生发言权。

批判性视角

雷纳特·凯恩和杰弗里·凯恩认为，我们的大脑只有采用了最佳的学习方式，有意义的学习才能发生。考虑一下，你是否认为我们对大脑的工作方式足够了解，能够将我们的教学建立在这一原理的基础之上。

第一部分
小结

在第一部分中，我试图展示不同年龄、不同层次和不同观点的人思考和学习的不同方式，每一种理论都反映了人类对学习活动的不同认识程度。

- 教育哲学关注理性主义与经验主义之间的争论。
- 行为主义理论与反应性学习（reactive learning）有关，并以条件作用和强化为基础。
- 认知主义理论与响应式学习（responsive learning）有关，以心理活动作为主要目标。
- 人本主义理论关注反思性学习（reflective learning），依赖经验和自我效能。
- 教育神经科学强调接受性学习（receptive learning）的重要性，关注信息处理和记忆。

第一部分的要点有：

- 未经检验的生活毫无价值。
- 如果告诉学生他们注定会失败，学生就会认为失败不可避免。
- 告诉学生他们有潜力获得成功，并关注他们的成长。
- 当学生将学习与自己的学习目标、知识或经验联系起来时，学习效果最好。

- 错误不可避免，要接受这一事实，并把它当作学习的机会。
- 不要让自己成为"责备文化"的发起者或受害者。
- 不要填鸭式地给学生灌输答案。
- 在学习内容和学习方式的选择上，赋予学生发言权。
- 向学生说清楚成功的奖励和失败的惩罚分别是什么。
- 在每节课开始时，检测学生已有的知识或技能。
- 在学习某一主题时，让有相关经验的学生与缺乏相关经验的学生在一起学习。
- 从学生在学习结束时将知道什么或能做什么的角度介绍教学目标。
- 在整个教学过程中，对学生的表现给予持续的反馈。
- 如果你在某件事情上失败了，不要放弃，再试一次，直到得到正确的结果。
- 利用学生的已有经验是一个非常强大的学习工具。
- 一个人在感受到与所学内容息息相关时，会学得最好。
- 人们永远不应该害怕尝试新事物。
- 如果你支持某人，就应该考虑他的感受和信仰，避免评头论足，也不要试图将你的价值观和信仰强加于人。
- 帮助别人理解复杂内容时，要将其分解为便于理解的小组块。
- 对某个问题深信不疑的人是很难改变的。

- 大多数刺激会被过滤掉，只有少数经过筛选的信息能够进入大脑的记忆库。
- 学生的工作记忆容量非常有限，因此，如果一次性给予太多信息，学生的大脑就会不堪重负，很多信息就会丢失。
- 在学习中将语言材料和视觉材料结合起来，可以增加文字激活相应图像记忆的可能性，反之亦然。
- 人类具有多种类型的智能，正是这些智能赋予了人们在各种不同环境中处理信息的潜能。
- 坚持积极的想法和行动，会促使你对教师工作保持积极的态度。
- 大脑拥有通过感知世界、体验生活和想象来改变自身结构和功能的能力。
- 创造合适的环境和挑战水平，将有助于刺激大脑，使学生更乐于接受学习。

第二部分

当代教学思想

CONTEMPORARY
THINKING ON
TEACHING AND
LEARNING

第二部分
简介

　　本书的第一部分简述了在过去的 2500 年间，人类对自己思维方式和学习方式的理解及其发展过程；追溯了从早期哲学辩论到理性和革命时代的主要思想，以及进入 20 世纪以后，基于心理学和科学发展的主要观点。

　　第二部分将探讨当代人的思考和学习，以及影响我们看法的一些学者。这一主题的相关资料很多，以至于每当我向同事和学生提及本书想要收录哪些学者时，都免不了受到他们的质疑："为什么漏掉了某某呢？"不要误解我的意思，我很喜欢人们这么说，因为这会鼓励我多读一些学者的著作。也许我会把他们收录到本书的新版中，不过这也非常有限。如果我错过了你特别喜欢的学者及其观点，请给我发邮件，如果本书可以再版的话，我看看能不能把他们加进来。

　　我收集了许多学者的不同观点，并试图平衡它们，而不表现出对任何特定思想的偏爱。我想强调的是，本部分对他人思想的解释和应用，均为我的个人观点。与第一部分不同的是，第二部分的当代学者大多数仍然健在。如果他们能够读到这本书，我将深感荣幸。如果我的陈述有失公允，请与我联系，以便及时纠正。

　　第二部分由六章组成，涵盖了我认为能够支撑良好教学的态度、技能和知识的几个关键方面：专业化、认知学习理论、动机、行为管理、教练与导师、团队合作。

第 6 章
专业化

区分职业人士和专业人士是很重要的。前者是指那些遵守标准，按照许可机构提出的要求工作的人，他们依据要求和标准"正确地做事"。后者是指那些让学习经验发挥更大价值的人，他们按照自己的经验和理解"做正确的事"。不可避免的是，两者必须在效率和效果之间取得平衡。组织如果出于财务需要而打破了这种平衡，就会陷入两难的境地。

- 如果不能满足许可机构的要求，组织就可能关闭或被迫采取特别措施。
- 如果不能满足学习者的需求和期望，学习者就可能用脚投票，组织也可能破产。

无论陷入何种境地，组织都会变得脆弱，甚至可能无法生存。

本章不是从机构的角度来编写的，而是利用了一组实习教师的知识和经验。我曾给这组教师布置了一个任务，让他们说出自己心目中专业教师应具备的价值和能力。他们想出了七种品质，并称之为"高效教师的七个习惯"或"了不起的七个习惯"。不过他们有些担心这样命名会侵犯版权。[1]

---

① 这里的两个表达，一个化用了《高效能人士的七个习惯》(*The 7 Habits of Highly Effective People*)的书名，一个直接采用了 2016 年上映的影片《豪勇七蛟龙》(*The Magnificent Seven*)的片名。——译者注

该小组认为，教师需要具备的七个专业素质是：

- 创造性地使用材料。
- 能够胜任所教学科的教学。
- 关心学生。
- 让学生自信地交流。
- 自信，并且对自己和他人有很高的价值感。
- 体贴地对待学生。
- 能够冷静地理解和处理困难的情况。

接下来的内容将依次涵盖上述每一个特性。在决定选择哪些理论，以及忽略哪些理论时，我做了大量的自我反省。希望本章选择的理论和模型，能为你提供一个有趣且有力的视角，帮你了解成为一名优秀教师应该具备的素质。

佩蒂认为，创造性的工作在任何学科的教学中都很重要，它有助于开发学生的创造性思维，提高其解决问题的能力，使其有效而有意义地应用知识，同时还能提升学生学习的热情和动力，为学生提供探索情感和发展自我表达技能的机会。

为便于记忆，佩蒂用六个关键词的首字母缩写 ICEDIP 来表示他的创造力模型：

- **灵感**（Inspiration）。不拘一格、不设边界地探索新想法，具有自发、直觉、想象与即兴的特征。
- **澄清**（Clarification）。清晰地认识自己的目标和学习的目的。
- **提炼**（Distillation）。评估自己的想法，并决定是深入研究还是舍弃。
- **孵育**（Incubation）。后退一步重新审视该想法，判断其是否切实可行。
- **努力**（Perspiration）。尽全力把想法往前推进。
- **评估**（Evaluation）。考查想法的优势和劣势，寻找进一步发展的领域。

佩蒂认为，在以上环节中，"评估"环节应该贯穿全过程，而且由于个体思维方式的差异，以及具体任务的不同，关键词的顺序可以根据实际情况有多种变化。

如何使用

我观察到，卡勒姆的学生大多 12 岁，都有学习困难。当他带着他们学习容量和测量时，他先从《哈利·波特》（*Harry Potter*）里摘录了一段哈利和朋友们混合魔药的内容，念给学生听，又拿来一些装有彩色墨水的瓶子和一套塑料烧杯。然后，他发给每个学生一根"魔法棒"（实际上就是一个大吸管），又给了他们"魔药"的配方。接着，他让学生按照配方的剂量进行测量并配置，比如，蓝色、绿色、红色墨水各三分之一，同时还要喊出一个"魔法词语"。出于好奇，他问学生打算用这种"魔药"来做什么，学生的回答特别有趣。有的学生说想用它成为一个伟大的橄榄球运动员，有的学生说想用它成为伟大的歌手，还有的学生说想用它"将老师变成青蛙"。

当学生要完成一项任务时，你可以这样使用 ICEDIP 方法：

▼

- 发给学生一张白纸，让他们通过头脑风暴来集思广益。要让他们知道：在这个阶段，他们不能拒绝任何想法，而且脑子里蹦出来的第一个想法不一定是最好的。
- 让他们系统地研究每一个想法，舍弃那些与目标不一致的想法。
- 让他们检视保留下来的想法，选出值得进一步研究的想法。提醒他们：选择时需要理性思考，不能凭感觉来判断，更不能因为某个想法看起来不错或容易实现而选择。
- 让他们有机会后退一步来重新审视这个想法，确保在付诸努力实现想法前保持头脑清醒。
- 向他们强调评估的重要性。让他们寻找想法中的优缺点。人们之所以舍弃许多好的想法，是因为他们没有认识到这些想法的优点。

你觉得卡勒姆已经当老师多久了？到我观课的那时，他还有六个月才能结束教学实习。我希望他不会变成青蛙。当然并不是说青蛙不好，其实我很喜欢青蛙，我只是希望卡勒姆老师永远不要失去课堂上的活力。

在课堂上

- 鼓励你的学生广泛地思考。
- 让他们选择能实现学习目标的最适宜的方案。
- 向他们强调，要想将想法变成现实，需要付出努力。

批判性视角

运用佩蒂的 ICEDIP 模型，你可以让你的教学设计更富创造力吗？

诺埃尔·伯奇
Noel Burch

▼

在 《学习新技能的四个阶段》(*The Four Stages for Learning Any New Skill*) 这篇文章中，伯奇指出，每个人在学习新事物时都会经历以下几个阶段：

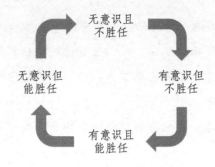

这几个阶段可以概括为：

· **阶段一：无意识且不胜任。**没有把事情做对，也没有察觉到做错了。
· **阶段二：有意识但不胜任。**没有把事情做对，但是察觉到做错了。
· **阶段三：有意识且能胜任。**能将事情做对，但需要持续思考如何去做。
· **阶段四：无意识但能胜任。**不用思考就能将事情做对。

伯奇认为，阶段四是危险的。此时，人们可能自满于掌握了新技能，进而滑到无意识且不胜任的阶段。

伯奇指出，不论是自己学习新技能，还是给学生传授新技能，教师都需要关注这四个阶段，这是非常重要的。无论你属于哪种情况，都要接受这样一个事实：学习有时是一个缓慢的，而且常常是不太舒服的过程。

几句阿拉伯谚语似乎能体现这个理论的内容：

如果一个人不知道，且不知道自己不知道，那他就是一个傻瓜，我们要避开他。
如果一个人不知道，但知道自己不知道，那他就是一名学生，我们要教导他。
如果一个人知道，但不知道自己知道，那他就是一个昏睡的人，我们要唤醒他。
如果一个人知道，且知道自己知道，那他就是一位老师，我们要向他学习。

如何使用

下面以我最近喜欢玩儿的健步足球为例，介绍一下各阶段的要点：

胜任与有意识—无意识模型
Competency and the Conscious-Unconscious Model
▼

- **无意识且不胜任阶段**。我第一次尝试健步足球时，不经意间就跑了起来。多年的运动已经使我养成了这种习惯，用不太自然的方式运动，我会感到很不舒服。作为一名教师，你在教学中也会碰到感觉不太舒服的地方，要听听其他人对这件事怎么说。

- **有意识但不胜任阶段**。在玩儿过二场之后，我已经学会了用走的方式踢球。但与此同时，我在这项运动的其他方面（比如控球、过人、射门），做得就没有平时那么有效到位。作为一名教师，你要反思自己的每一节课，承认你的教学可以不断改进。

- **有意识且能胜任阶段**。到第五场时，我已经掌握了一些基本技能，比如快步走向球、控球、过人和射门，但仍然感觉很困难，因为我需要努力想着怎样做，才能将动作做对。作为教师，如果你到了这个阶段，那么你的表现是不错的，但仍然需要努力才能让教学更加得心应手。

- **无意识但能胜任阶段**。在完成了十场后，我感觉这项运动对我来说容易多了，我可以像玩儿常规足球那样，自然而优雅地做更多的动作了。作为一名教师，你如果达到了这个水平，不要自满，以免滑回"无意识且不胜任"的阶段。

作为一名教师，你要永远记住，要达到"无意识但能胜任"的阶段有多么困难，这样你才能理解那些正为此而努力的学生。

在课堂上

- 不要害怕承认你有需要更正的错误。
- 邀请别人对你的表现给予反馈。
- 永远不要得意忘形，认为自己不需要再提升了，否则后患无穷。

批判性视角

思考一下，如何将胜任模型与你遇到的任何学习情境联系起来？这将如何影响你的教学？

安东尼·布里克和芭芭拉·施奈德
Anthony Bryk & Barbara Schneider

▼

布里克和施奈德所描述的"关系信任"是指学校社区里发生的社交关系。它不仅包括在教室和教师办公室中建立的关系，也包括所有利益相关者发展的关系，以及他们为实现预期结果而建立起来的相互依存的关系。

布里克和施奈德认为，这种相互依存的关系以人与人之间的相互责任和期待为基础，可以按照以下关键词进行分类：

- **尊重**。愿意倾听别人的意见，并真诚地考虑别人的观点。
- **关注**。愿意不断超越自己，在工作的基本要求之外不断拓展。
- **胜任**。对自己的能力充满信心。
- **诚信**。遵守道德，信守承诺。

布里克和施奈德认为，关系信任是在日复一日地交流中建立起来的，是不可教授的。即使最简单的互动，都有可能对建立组织中的信任产生重要影响。两人还认为，教育领导者和教师在关系信任的建立和维护中扮演了关键角色，他们的行为举止以及他们对组织所持的愿景，决定了尊重和诚信的标准。

如何使用

孩子刚上中学，许多父母不知道自己是否为孩子选对了学校，我也如此，担心我们给女儿埃米选择的学校并不合适。但是，在第一学期结束后，我的所有疑虑都消除了。埃米不仅学业顺利，还参加了学校的无挡板篮球队、圆场棒球队以及管弦乐队。更锦上添花的是，有一次我观看了学校教职工在圣诞节表演的哑剧，当时校长扮演了一个大魔头的反面角色。后来，在他退休三年后，我又一次见到他，我说："你应该不记得我了，我是——"他打断了我的话，说："我当

关爱与关系信任
Caring and Relational Trust

▼

然记得你，你是埃米的父亲，她现在在大学怎么样了？"

以下是我女儿学校里一些值得学习的做法：

- 在办课后俱乐部的过程中，教职工向我们展现了他们对学生、家长以及彼此的责任心。通过排演哑剧，教职工之间有了互动，家长看到了教师在排练中付出的努力，学生也看到了老师的另一面。
- 校长的行为体现出了关系信任中的所有关键点。我见过许多校长说得多、做得少，或者只说不做。我女儿的校长之所以受学校里每个人的爱戴和尊敬，是因为他一直在做。他认为行动比说辞更重要。
- 就像学生和家长都期待你的职业道德和教学技能应达到良好标准一样，你也应该认识到，他们也可以为实现学习目标做出贡献。
- 如果你做出了承诺，但是又无法实现，那么要马上采取行动，解释为什么会这样，出了什么问题，然后看看怎样才能改变这种状况。

当然，我承认不是所有教职工都愿意花三个月私人时间来排练一个一次性的节目，也不是所有校长都有我女儿校长那样的愿景和奉献精神。我想，这就是一所优秀学校和一所普通学校之间的区别。

在课堂上

- 通过表现出你对每一位学生的兴趣来赢得他们的尊重。
- 不要担心在课外活动中付出额外的努力。
- 一定要对学生信守承诺。

批判性视角

我在文中提到的那位校长是非常杰出的。你能想到哪位教师的关爱和诚信给你留下了深刻印象？这将如何影响你的教学方法？

41

威廉·布尔基
William Purkey

▼

布尔基认为，参与是学习的一个重要前提，教师需要与学生进行有效的沟通，并邀请学生参与学习。他认为，这一邀请表达了教师对学生的尊重、关爱、信任、乐观和用心。他认为教师的行为及其结果可分为四个主要维度：

每个维度可归纳为：

1. **有意识不邀请**。这是人类互动中最负面的一个层次，教师故意贬低、阻拦、打击学生。
2. **无意识不邀请**。在这个层次上，教师虽然不想伤害学生，但可能漠不关心、居高临下、粗心大意。
3. **无意识邀请**。这个层次是指教师偶然发现了一些被证明是有效的教学方式。
4. **有意识邀请**。这是人类互动中最积极的一个层次，教师表现出积极的品质，并鼓励学生同样积极地面对学习。

随后，布尔基在他与约翰·诺瓦克（John Novak）一起完成的著作中再次指出，邀请教育提供了一种教育方法，这种方法可以接受各种资质的学生，使学生得以始终如一、充满热情、富有创造力地发挥自己的全部潜能。

如何使用

要想邀请对主流教育颇感失望的年轻人重新接受教育，简单地重建已被拒绝的教学模式肯定是行不通的。此时非常重要的一点是，要为年轻人创造一种安全的、提供支持的、培养创造力的环境。

沟通与邀请教育
Communication and Invitational Education

▼

伦敦有一所独立学校，它的价值观是"完全教育"，适用于那些对主流学校失望，且拒绝参与主流教育的年轻人。这所学校为自己制定的目标是，与每一位来到学校的年轻人接触，找到能激发他们学习兴趣的创意火花。学校从每一个学生的角度出发，为他们量身定制学习计划。学习计划可能是一对一的教学，也可能是小组合作学习，或两者兼而有之。学校自 1999 年成立以来，已经支持了数千名年轻人重新接受教育。

以下是一些关于如何模拟"完全教育"的提示：

• 摆脱那些容易造成焦虑和盲目接受的策略，使用能够鼓励学生树立责任心和积极参与的策略。

• 关注每一个学生个体，并制订满足其个性化需求的计划。

• 摒弃"我们和他们"的态度，鼓励所有教职工和学生一起进行团队合作。

• 在学习的过程中，培养每个人相互信任和尊重的意识。

在课堂上

• 始终将学生视为有能力、有价值和负责任的个体。

• 确保在学习过程中，所有教学活动都能引导学生进行合作。

• 向学生传递一个信息：他们在学习上拥有尚未开发的巨大潜力。

批判性视角

"完全教育"的理念在于，用鼓励学生负责任和积极参与的政策，来取代必须遵守和服从的学校政策。考虑一下，如果你试图采用这种方法，结果会是什么？

42

伯 恩模型的基本原理是：我们对自己和他人的信任和尊重程度，将影响我们与他人互动的方式。他的模型通常被描述为一个 2×2 矩阵，其中一个轴从低到高显示的是自信程度，另一个轴从低到高显示的是对他人的信任程度。

在教学方面，每个象限的特点和互动模式是：

1. **低自信且对学生低信任。** 这种情况会使课堂陷入绝望，不论是你自己，还是你的学生都可能失去兴趣，甚至陷入抑郁和厌恶。
2. **高自信但对学生低信任。** 这种情况会使学生感到他们永远都达不到你的期望，从而感到沮丧和愤怒。
3. **低自信但对学生高信任。** 这种情况会导致学生缺乏自我价值感，有可能使他们放弃自我追求。
4. **高自信且对学生高信任。** 这种情况会形成建设性与合作性的关系，从而使课堂其乐融融。

伯恩认为，这个模型可能会挑战甚至取代你现有的信念和价值观，带来更多有关自我和他人的建设性思考。

如何使用

是时候做一番自我剖白了。

说实话，我必须承认，20 世纪 90 年代中期在监狱和保释管理所当教师或培训师并非我所愿，我教的很多学员都犯下了暴力或性侵的罪行。导师团队的一位老师安排我做这个工作，并告诉我："在这里，我们不要评判他们，其他人已经

信任和价值观模型
Confidence and the Values Model

▼

这样做了，我们要教育他们。"从那一刻起，我开始挑战自己的信仰和价值观。很快我便制定了一个"如果我可以，我的学生也可以"的策略。从此，我不再仅仅走个过场，而是让我的课堂变成师生都更能受益的地方。

可以按照以下方式使用伯恩的模型：

- 明确你对自己和对学生的信任度。

- 如果你不太自信，那就接受自己并不完美的现实。既然你有缺点，那就给自己一个机会，别再设定自己无法实现的目标。

- 如果你对学生信任度不高，请找出原因，看看你是否对学生不够公平。如果是，那就采取行动改变你对他们的看法。

- 尝试用积极的想法，取代你对自己和学生的负面想法。你会发现，你对自己的看法越自信乐观，你对学生的信任度就越高；你对学生越信任乐观，你的自信心就会越强。

- 假设你不够自信，也不太信任学生，导致你的教学处于绝境。想想看，要想达到"如果我可以，我的学生也可以"的状态，该怎样做？

这个模型可以说是本书非常有力的理论之一，因为它要求你对自己完全诚实，愿意与他人分享任何弱点。很多关于不同类型反思型实践的理论，可能都会帮到你（见理论 126—128）。如果效果都不太好的话，那就看看莎士比亚本人吧。他在《哈姆雷特》里竭力主张"做真实的自己"。

在课堂上

- 接受这样一个事实：你和你的学生都不完美，都是有缺点的。
- 永远不要因你对学生的个人感受而影响教学。
- 如果你对自己的教学能力缺乏信心，请与可以帮助你提高的人们聊一聊。

批判性视角

考虑一下，你是否曾因自己对学生的个人感受而影响教学？面对这种情况，你如何用不同的方式来处理？

科维用在银行账户上存款和取款，来类比我们与他人之间的互动关系。存款是指我们为他人做了好事，而取款是指我们对他人做了坏事。他认为，虽然在现实中我们通常只能开通有限的银行账户，但我们与接触的每个人都可以建立一个"情感银行账户"。

他强调了构建"情感银行账户"的五个存款方式：

- 了解他人。
- 关注小事。
- 信守承诺。
- 阐明期待。
- 诚实正直。

科维认为，如果不按照上述任何一条行事，就构成取款了。当然，有时取款可能不可避免，但如果发生了这种事，科维建议，你可以解释你为什么这么做，如果有必要，要真诚地道歉，这可以成为你的第六个存款方式。

如何使用

下面记录的是一个真实的故事，为了保护当事人我虚构了他们的名字。

沃尔特、莫莉和乔治三人在同一时间成为同一所大学的老师，还成了朋友。负责他们的任职和后续指导的老师名叫莱斯，他平易近人、智慧又幽默，沃尔特、莫莉和乔治三人非常珍视莱斯的这些品质，把他当作一个英雄。然而过了一段时间，莱斯开始破坏三人的关系，并试图离间他们原本亲密的友谊，让他们互相猜疑、互不信任。之前，莱斯在这三家"银行"都存了很多"情感存款"，现在却开始大笔提款，以致他和三个人的"情感银行"都破产了，最终他们把莱斯的行为报告给了院长。

莱斯的经历，可以概括为我前几天听到的"英雄归零"的说法。如果你不想这样，可以参考科维的理论，然后简单地问自己，我是否：

- 认真倾听以理解学生说的话，而不是走走过场，听听而已？
- 认真对待学生的小事情，以满足他们的学习需求？
- 信守承诺，按照自己说的去做？

体谅与情感银行账户
Consideration and the Emotional Bank Account

▼

- 阐明期待，让彼此都了解各自的期待？
- 诚实正直地对待每个人？

作为一名教师，你在与他人合作时难免要取款。比如，你的同事即使在你的支持下仍没能完成既定任务，你只能对他提出警告。但如果你的"情感银行账户"中有足够多的存款，并且你能解释取款的理由，那么此时的取款甚至可以变成存款。不过，不要尝试对真正的银行这么做。

在课堂上

- 经常倾听学生说的话。
- 按照科维的建议，确保你说的话能被理解，而不仅仅是被听到。
- 为人正直，永远不要挑拨学生或同事之间的关系。

批判性视角

科维的"情感银行账户"，是建立在人们进行"情感存款"和"情感取款"基础上的。想象一下，如果上面所说的故事发生在你身上，你会怎么想？

肯尼思·托马斯和拉尔夫·基尔曼
Kenneth Thomas & Ralph Kilmann

▼

关于如何解决双方（A 和 B）的冲突，托马斯和基尔曼提出了五种方法。在他们的模型中，他们按照竞争与合作的程度对每种方法进行了分类。你如果与学生发生了冲突，每种方法的结果是：

- **回避**：低自信——低合作。这会导致你和学生对结果都不满意。
- **迁就**：低自信——高合作。这会导致你牺牲自己的需求来满足学生的需求。
- **妥协**：中自信——中合作。这会导致你和学生对结果都部分满意。
- **竞争**：高自信——低合作。这会导致你以牺牲学生的利益为代价赢得冲突。
- **合作**：高自信——高合作。这会使你和学生对结果完全满意。

托马斯和基尔曼认为，当你与学生发生冲突时，理解每种方法的可能结果可以帮助你做选择。你如何处理冲突，将大大有助于你证明自己作为一名教师的效能，并确保课堂顺利运行。

如何使用

我想告诉你，课堂冲突有时是很难避免的。处理这个问题，你可能采用对抗的方式，也可能采用逃避的方式。我想提醒你的是，如果你采用对抗的方式，你要留意那些受害者；如果你采用逃避的方式，你要意识到，你只是在拖延冲突。

我在中小学、学院、大学、培训机构，甚至监狱和保释管理所教过各个年龄段的学生，很少见到冲突导致暴力的情况。但是，有一次在教师培训课上，两名中年女性确实发生了冲突。我不得不果断采取行动，禁止肇事者参加后面的培训课程。这是唯一公平的做法！你觉得我做得对吗？

大约 20 年后，我意识到我的行为是出自本能的。我的默认立场是：暴力是不可接受的，会对他人的健康和安全构成威胁，因此驱逐是唯一的解决办法。那个肇事者只完成了培训课程的三分之一，我的决定几乎意味着她教学生涯的结束。我承认我不喜欢这个女人，她有点儿古怪，也不受其他学员的欢迎。除了她之外，我和其他学员相处得都很好。我当时对自己的处理很满意，因为我避免了冲突。你觉得我这样做是否公平呢？

为了公平，你需要：

- *确定你的默认立场——战还是逃。*

冲突解决模型
The Conflict Resolution Model

- 尽可能多地收集导致冲突的环境信息。
- 冷静、自信地应对局势。
- 听听冲突中各方的看法，包括参与者和围观者的看法。
- 评估你要采用的方法。
- 列出事实并解释你为什么采用这样的方法。
- 尽量不要对抗，做到对事不对人。

我对上述冲突的处理是否公平？你不必寄明信片告诉我你的答案。实际上，我自己也不确定最终的结果会怎样。但是，如果我当时能够按照上面列出的要点去做，或许 20 年后的今天我就不会再质疑自己了。

在课堂上

- 永远平等地对待每一个人。
- 如果冲突真的发生了，尽可能多地收集关于事件的信息，以一种平和的方式处理。
- 对事不对人。

批判性视角

在上述案例中，你怎么看待我对班上学生暴力行为的处理？在这种情况下，你觉得你会这么做吗？

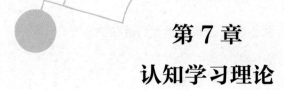

第 7 章
认知学习理论

　　在第 1 版和第 2 版中，第 7 章专门介绍了不同的学习风格。关于将学习风格作为一种课堂上开展差异化教学手段的价值，有一场值得参与的辩论。虽然我选择用更现代的认知学习理论来取代这一章的篇目，但我不打算详细说明我在这场辩论中的立场，我只是建议你读一读弗兰克·科菲尔德（Frank Coffield）等人所著的《我们应该使用学习风格吗？》（*Should We Be Using Learning Styles*?）、彼得·霍尼（Peter Honey）和阿伦·茫福德（Alan Mumford）所著的《学习风格手册》（*Manual of Learning Styles*）这两本书，以便对这场辩论形成一个平衡的看法。

　　认知学习理论是一种学习方法，鼓励学习者更有效地利用自己的大脑。这种方法鼓励学生充分参与学习过程，使学习、思考和记忆变得越来越容易。因此，它不是倡导死记硬背或机械重复，而是探讨学会如何学习。

　　认知学习理论关注的是有关信息和记忆的内部过程。它适用于从襁褓到耄耋的学习者。理解认知学习理论的原则有助于教师和培训师开发和实施有效的教学计划。

　　认知学习理论的基本原则深植于"认知"这一概念。认知是指通过感官、思维和经验获取知识并形成理解的心理过程。它鼓励学习者"思考自己的思维"，以此帮助他们揭示正在努力理解的概念或主题。认知学习理论的倡导者认为，这样一种思考方式有助于提高学习者的参与度和积极性，因为它提供了一种认识自己和大脑的新方式。

支撑认知学习理论的原则可以追溯到柏拉图和笛卡儿，他们是最早深入研究认知行为和知识理论的两位哲学家。杜威和华生等研究人员和心理学家进一步探索了心智和思维在学习环境中是如何运作的，但皮亚杰提出了按年龄和理解能力来划分阶段的发展水平概念——皮亚杰因其对内部结构、知识和环境的研究与洞见而受到高度评价。随着时间的推移，越来越多的心理学家紧随其后，其他一些事情，比如电脑的发明，也对我们如何理解大脑产生了重大影响。本章的七篇将更深入地探讨这一理论，从更现代的视角审视认知学习理论，这将帮助你更多地了解这一理论以及如何将其应用于课堂。

菲 奥雷拉和梅耶将生成学习理论描述为一个过程，这一过程涉及学习者在心理层面对"在学知识"与"已学知识"的组织与整合。在生成学习理论中，他们提出了促进生成学习的八种学习策略：

- **善做总结**。是指用自己的语言概括一节课的主要观点。
- **结构映射**。是指将书面或口头文本转换为语词或图示的空间排列。
- **绘制图示**。是指通过画图的形式描述上课内容。
- **联想要义**。是指创建能够描述上课内容的心理图像。
- **自我检查**。是指向自己提问上节课的相关内容，并尝试作答。
- **自我解释**。是指在学习过程中向自己阐明上课内容。
- **乐于教人**。是指在课堂上为其他同学讲解学习材料，帮助他人学习。
- **具身表现**。是指在学习过程中做出与任务相关的动作，如动手操控具体的物品或根据上课内容做手势。

如何使用

菲奥雷拉和梅耶认为，善做总结、结构映射和自我解释等学习策略往往对技能水平较低或原有知识较弱的学生效果更佳。他们认为，这很可能因为技能水平更高或者拥有较多原有知识的学生，已经自觉运用了有效学习策略，或者已经获得了足够的背景知识，以至于无法从材料的外部表征中获益。生成学习理论的教学方法可概括如下：

- 与其让学生仅仅逐字逐句地重复课上的单词或短语，不如让他们选择密切相关的信息，将其组成一个简明一致的框架结构，并与原有知识整合起来。
- 提示学生从文本中选择相关信息，用画图的方式描绘这些信息，并运用原有知识阐明文本相对于图示的含义。
- 鼓励学生从文本中提取相关信息，在脑中呈现文本的结构映像，并运用原有知识阐明文本相对于图像的含义。
- 让学生有选择性地激活和检索关系最密切的知识信息，通过强化先前学习内容各要素之间的现有联系来组织材料，并通过在先前学习内容与其他相关的原有知识之间建立联系来整合材料。

生成学习理论
Generative Learning Theory

- 鼓励学生不断发现新材料与现有思维模式之间的异同之处。
- 让学生从课上选取最密切相关的知识，并展示给学习小组中的其他成员。
- 鼓励学生运用原有知识将抽象概念与具体事物、动作联系起来，使他们能够对学习材料建构起更有意义的心理表征。

在课堂上

- 鼓励学生对学习材料做书面或口头总结。让他们用不超过30字作答，确保其精准掌握内容要点。
- 指导学生开展各种结构映射活动，使他们能够有效地将口头或书面材料转换为概念图或思维导图。
- 让学生以画图的形式描述学习材料，但要确保他们聚焦于所学信息，而非绘画本身。

批判性视角

菲奥雷拉和梅耶认为，善做总结、结构映射和自我解释等学习策略往往对技能水平较低或原有知识较弱的学生效果更佳。请结合你学生的情况对此进行思考。

约翰·弗拉维尔
John Flavell

▼

20 世纪 70 年代，弗拉维尔对元认知和儿童相关的心智理论进行了持续而广泛的研究。在这一领域，他最重要的贡献之一是对儿童如何区分表象与现实（appearance and reality）所做的研究——评估幼儿的认知能力，看他们是否能理解"物体本身是一种东西，而在他们看来却是另一种东西"这一现象。他讲述了一个小孩在洗澡时玩儿木船的故事。孩子在浴缸里发现了一块铅笔碎片，并立即把它当成船队中的一艘船。原因在于，它的形状很像船，像船一样漂浮在水面上，并且它是用和船相同的材料制成的，因此，在孩子的心目中，它就是一艘船。

弗拉维尔指出，尽管大多数 3 岁的孩子可能无法理解表象与现实之间的区别，但当他们的年龄稍大一点儿，如 4 岁和 5 岁时，这种能力就开始发展。弗拉维尔将这种发展差异解释为，儿童获得了"对现实的心理表征未必是现实本身"的概念。

当前，教育工作者和心理学家较为广泛地使用弗拉维尔的元认知理论，帮助人们调控自己的思维与行动，在学习领域尤为显著。弗拉维尔认为，通过在教育领域使用嵌入元认知的思维策略，学习者能够充分意识到自己成功把控学习任务的能力，在执行任务时，他们还可以调整思维策略，确保获得最好的学习效果。

弗拉维尔提出了幼儿元认知的三个阶段：

- **信息存储阶段**。幼儿开始有意识地在脑海里储存信息以备将来使用，通过使用"重复"和"注意"等基本策略，确保信息能够有效地存储。
- **记忆提取阶段**。通过使用将信息存储在工作记忆中的策略，孩子们可以在预判信息有用的时候提取这些信息。
- **系统化策略阶段**。孩子们运用主动回忆的策略，如自我提问、有声思维和助记符号等，以便从长时记忆中提取信息。

我最小的孙子山姆现在 5 岁了，他和父母常年住在海外。我一年能见到他两三次，每次我们在一起都特别快乐。然而，当山姆拿出他自 3 岁起就一直在收集的数百块乐高积木时，事情就变得有所不同了。我承认我并不热衷于乐高，光着脚踩到一块积木常给我疼得龇牙咧嘴，这可让我没法喜欢上它。山姆 3 岁时，会声称自己收集的多色方块是一条龙或星球大战中的 X 翼战斗机，这时我不得不配合性地礼貌微笑（当然也会赞赏地点点头）。在我撰写这篇文章的时候，山姆

元认知与心智理论
Metacognition and the Theory of Mind

又来看我，我吃惊地看到，他制作的模型与他的描述竟然如此相似。直到今天，我还坚持认为拼装玩具是更好的儿童玩具。

如何使用

你可以与学生一起使用以下策略，帮助他们实现认知目标。

- **自问自答（内心自语）**。鼓励学生在学习过程中培养自我提问的能力，确保竭尽全力。
- **沉思冥想**。让学生偶尔停下脚步，理清思绪，以便更加专注于任务本身。
- **反思自我**。让学生反思自己在做什么，并思考如何做得更好。
- **感知优劣**。让学生找出自己擅长的任务和难以完成的任务，这样做能帮助他们增强优势、消除劣势。
- **善用辅具**。向学生展示如何使用押韵诗、抽认卡和视觉联想来帮助记忆。

在课堂上

- 鼓励学生反思自我、常思常悟，并探索如何做得更好。
- 让学生分析自己对当下任务的优势和劣势。看看你能做些什么来帮助他们克服困难。
- 使用各种各样的辅助教具帮助学生记忆课程的关键内容。

批判性视角

在教育心理学中，尽管元认知理论被普遍接受，但批判者认为，元思维是很难测量的，而且从本质来看，元思维是一个内在过程，而非从外部可以观察到的事物。你是否同意这种观点？

邓 洛斯基是美国肯特州立大学（Kent State University）心理系教授。2013 年，他与同事对他认为的最常用的学习策略展开研究，并按有效程度由低到高的顺序将这些策略进行了排序。

10. **文本意象**。是指在阅读或倾听时，尝试形成文本材料的心理意象，对材料进行细致入微的解读。邓洛斯基的研究表明，运用心理意象的效果持续度并不高。

9. **关键词助记**。是指使用关键词和心理意象来关联言语材料。尽管邓洛斯基认为这种策略在学习新词或短语时十分有用，但他的研究并未证明它对其他科目的有效性。

8. **善用总结**。是指根据文本材料撰写概要。尽管邓洛斯基的研究表明，转述文本中的重要观点能够促进学生的学习，但他认为，只有学生接受了"如何写好总结"的适当训练，这种学习策略才能奏效。

7. **善做标记**。是指在阅读时对学习材料的潜在重点进行标记。邓洛斯基指出，尽管这种学习策略相当普遍，但边阅读边标记与只阅读不标记的学习效果相差不大。

6. **重复阅读**。是指在初次阅读后再次阅读文本材料。邓洛斯基指出，尽管这是另一种相对普遍的学习策略，但他认为重复阅读似乎只有助于学生记忆文本主题，而非深入理解文本。

5. **自我阐释**。是指解释新信息与已知信息之间的关联，或说明解决问题时采取的步骤。邓洛斯基认为，学生在解读新信息与已知信息的相关性时，这种学习策略是有用的。

4. **精细询问**。是指对陈述的事实或概念是否真实做出解释。这种学习策略要求学习者更深入、更详尽地思考主题内容，询问和回答"为什么"和"如何做"的问题。

3. **交错练习**。是指在一个学习过程中，采用混合不同类型问题的练习计划，或者混合不同类型材料的学习计划。邓洛斯基的研究表明，当学生学习数学或科学类课程时，这种学习策略的效果更为显著。

2. **分散练习**。是指制定一个练习时间表，分散安排各个学习活动的时间。邓洛斯基的研究认为，在一段时间内将一门学科分成小块逐步学习比一次学习大块内容更有效。

有效学习方法
Effective Learning Techniques

▼

1. **练习测试**。也称为提取练习，是指在学习一个主题后，通过对所学内容进行练习测试，尝试唤起学习者对新内容的记忆。邓洛斯基的研究显示，这是最为有效的学习策略。下面我们将重点关注这一内容。

如何使用

学生对任何形式的测试都会望而却步。尽管我已竭力消除学生在入职前对英国教师培训课程所要求的读写或算术考试的担心，但仍有一名学生在参加读写考试时泪流满面地逃离了考场。这位学生在 20 多岁的时候，面对任何需要以书面形式完成的材料都会表现出强烈的不安，虽然她从未被诊断为阅读障碍者，但一想到自己可能无法完成课业，她就惊慌失措。经过多番尝试，我们发现，只要在苹果绿的纸张和幻灯片上以黑色的字体呈现材料，她就能够顺利完成课程任务，最终她成为一名优秀的手工老师。

练习测试是通过回答问题和主动回忆，实现对学科内容的学习和复习。邓洛斯基指出，这种学习策略能够促进信息的重新整合，建立新的联系，增强记忆和理解。为了有效使用这一学习策略，邓洛斯基提议教师在课前对上一节课的内容进行低风险小测验，并在下课时对该节课的内容也进行这样的测验。

在课堂上

- 开展练习测试和低风险小测验，并将测试内容与核心课程概念保持一致，能够有效促进学生掌握课程中最重要的概念与观点，为学生提供了在不关注评分的情况下练习、试错的机会。
- 向学生提供参考答案，让他们将自己的答案与参考答案进行比较。
- 不要急于对测试进行反馈。应当先让学生尝试回答问题再提供反馈，通常这样做效果最佳。

批判性视角

邓洛斯基等人认为，在其团队研究的十种学习策略中，练习测试是最重要的一种。请思考，这对你的教学有什么启示？

48

艾利森·戈普尼克
Alison Gopnik

▼

戈普尼克是美国加州大学心理系教授和哲学系挂名教授。她在人类进化和儿童学习方面享有较高的声望。她认为，儿童天生就是毫无章法、出人意料、顽皮和富有想象力的，他们千差万别，并且与那些影响他们发展的成人也有很大差异。成人往往认为，教育的成功就是让孩子学得更多、更好、更快，戈普尼克在研究中讨论了这种影响的负面作用。她认为，这种教育模式的形成基于一种错误认识，即教师的作用就是教孩子应该知道的东西，教他们如何思考和行动。戈普尼克提到了关于学习的以下两个关键悖论及其对儿童的影响。

第一个是游戏与课业之间的悖论。她并没有质疑儿童可以从游戏中学习这一观点，她质疑的是"如何"以及"为什么"的问题。她认为，尽管游戏是一种充满活力的自发性活动，不为完成任何特别的学习任务而存在，但"童年时期游戏的无处不在表明，它一定具有某些特殊功能"。儿童逐渐从高度依赖看护人和老师，成长为独立自主的个体，而他们对课业的渴望也开始取代对游戏的渴望。戈普尼克认为，教师有责任"兼顾课业与游戏的优势"，助力学生从游戏向课业平稳过渡。

第二个是传统与创新之间的悖论。她认为，人类总是在保留传统与接受变革之间进退两难，而儿童始终站在这场战斗的最前线。尽管戈普尼克认为，看护人向儿童传递他们的信仰与传统是一个自然的过程，但她也相信，年幼的孩子总是在好奇心的驱使下逐步发展自己对世界的因果认知。然而，最近她指出"好奇心和因果律均被排除在标准化的机器学习工具之外"。

戈普尼克认为，在面对这两个悖论时，师生关系呈现出一定的独特性，值得每个人进行科学的思考。在《园丁与木匠》（*The Gardener and the Carpenter*）一书中，她借此比喻来阐释儿童"如何学习"以及"向谁学习"这两个饶有兴味且错综复杂的问题。戈普尼克用书名中的"木匠"来称呼当今给予孩子过度保护的父母——他们为孩子做好了人生规划，旨在将孩子塑造成他们心目中的样子。相比之下，"园丁"更注重的是建造花园，提供肥沃的土壤和稳定的环境，让百花都能竞相绽放。

如何使用

米切尔（化名）是一个无忧无虑的 9 岁男孩。他在当地一部青年戏剧《龙蛇小霸王》（*Bugsy Malone*）中因出演黑帮的一员而大出风头，在学校的演出中也

学习的悖论
The Paradoxes of Learning

表现不俗。不幸的是，并不是每个人都欣赏米切尔的天赋，甚至从 9 岁到 11 岁，他在学校长期受到另一个男孩的霸凌。当米切尔的父母发现这名霸凌者和米切尔上的是同一所中学，且霸凌行为还在继续时，他们非常惊恐。尽管他们已向学校提出控诉，但霸凌仍未终止。米切尔因此变得孤僻。由于胃病，他耽误了很多功课，也不再参加他热爱的剧团。他唯一的社交圈就是来自德国、加拿大人和美国的三位网友，因此他不得不在晚上熬夜与朋友聊天，而在白天睡觉。后来米切尔的父母发现他有自残行为，于是威胁他退学。

米切尔迫切需要一名"园丁"。2021 年，米切尔 16 岁时，他的祖父走进了他的生活。戈普尼克认为，祖父母在孩子的成长过程中扮演着独特的角色，这是人类所特有的。米切尔的祖父教他下棋，鼓励他上吉他课，还跟他一起散步。米切尔的父母看到，他的自信心大大提高，也不再任由自残行为控制自己的生活。米切尔离开了让他深感失望的学校，并在当地一所工作室学校（studio school）学习技术课程。他目前正在申请大学，经常在下棋时打败祖父，还受邀加入学校的乐队，并与祖父一直保持着稳定的联系，每周都会一起散步。

如果你想成为学生生活中的"园丁"，应当：

- 为学生营造一个充满安全感的学习环境，让他们摆脱过度期待带来的压力，敢于尝试与探索。
- 在课上优先开展探索和游戏，而非按部就班的活动。
- 让学生自由开展学习活动，不断适应新环境，并充满想象力地改变社会结构。

批判性视角

戈普尼克认为教师应当扮演的角色是园丁而非木匠。作为一名教师，你扮演的是园丁还是木匠呢？在教学过程中，你是否能够平衡好两种角色之间的关系？

49

亚瑟·岛村
Arthur Shimamura
▼

岛村曾是美国加州大学的心理系教授。他的研究重点是人类记忆与认知的神经基础。他将人类描述为"学习机器",他们能够感知周围环境,记录新体验并逐步适应新环境。他认为,人们不会主动进行新的学习。岛村开发了一种更有意义的终身学习方法,即基于激励(motivate)、参与(attend)、联结(relate)、生成(generate)和评估(evaluate)五个关键原则的全脑学习法,用缩略词 MARGE 表示。

- **激励**。岛村认为,对于感兴趣的事情,比如热爱的音乐、电影,或其他爱好,我们就会很有动力去寻找相关信息。他认为,提高激励效果的诀窍就是,扩大兴趣范围,并积极投身于新的环境与情境。

- **参与**。岛村解释了我们如何度过"五味杂陈"(包括视觉、听觉、嗅觉、味觉和触觉)的日常生活。他认为,一旦我们内心有了波动,如产生感觉或随想,就会惊喜地发现我们能够理解周围的世界。岛村认为,信息过载是高效学习的主要障碍,因此也会削弱我们关注具体想法和感知外部世界的能力。

- **联结**。岛村从生物学的角度对人类如何存储和关联信息提出了许多真知灼见,并解释了在整个学习过程中,为新信息建立有意义的组块并将其与原有知识联系起来的重要性。

- **生成**。岛村以"想—说—教"作为第四个原则的基础,他认为这是提高记忆力的最简单办法。他指出,先形成自己的看法,再与其他人分享,我们对这件事的记忆效果就会提高 30%—50%。

- **评估**。评估我们"知道什么"是第五个原则,这是全脑学习法的关键部分。岛村认为,我们通常会出现一种错觉,即我们虽然熟知一个概念,却很难回忆起关于这一概念的全部要点。

如何使用

- 要想激励学生成为高效的学习者,就应当鼓励他们走出舒适区,不断探索新的环境。但一开始不要走得太远,避免出现反作用。在开始行动之前,先让他们熟悉一下新环境。让他们就新的学习体验进行提问或讨论自己的感受,是一种保持动力的好办法。

- 告诉学生在下课时能学到何种知识或技能,以此吸引他们的注意力,而非告诉他们你的课堂教学安排。一旦你吸引了他们的注意力,不要马上抛出过多信息。在进入下一单元的学习前，让学生先充分吸收新信息。

- 将新信息与学生现有的知识或技能关联起来，以此向学生表明你对他们掌握的知识与技能的欣赏。运用3C原则——分类、比较和对照（categorise，compare & contrast）保持学生在课堂上的注意力。
- 运用"想 说 教"的原则，通过分享轶事或讲述自身经历的方式，让学生了解你的经历和感受。不要因顾及他人对于某个经历的看法而怯于说出自己的新想法。
- 鼓励学生随时随地对所学的内容进行评估，避免因评估的延迟产生"已经学会"的错觉。让他们不断测试自己的理解情况，并勇于分享给他人。

岛村解释说，有时我们需要运用一些随性的联想，尽管它们可能毫无内在的意义。比如，用这样一句话来记住彩虹的颜色：约克郡的理查德徒劳地投入战斗（**Richard of York gave battle in vain**）①。他承认，玛格·辛普森（Marge Simpson）②的外形（蓝色蜂窝状发型）和嗓音（沙哑的声音）给了他用MARGE作为全脑学习法首字母缩写的灵感。

在课堂上

- 组织一系列实地考察，鼓励学生走出舒适区，开阔眼界。
- 告诉学生在下课时他们会学到何种知识或技能，而非告诉他们你的课堂教学安排。
- 让学生不断测试自己的理解情况，并勇于向他人分享。

批判性视角

岛村将人类描述为能够感知周围环境、记录新体验并逐步适应新环境的"学习机器"。他指出，我们现时的快乐已变得"过于被动，因为我们不能主动地参与新的学习体验"。你如何看待这一说法？它对你的教学又会产生何种影响？

---

① 这句话的首字母R、O、Y、G、B、I、V分别代表彩虹的七种颜色：red（红）、orange（橙）、yellow（黄）、green（绿）、blue（蓝）、indigo（靛）、violet（紫）。——译者注
② 美国动画情景喜剧《辛普森一家》中的人物。——译者注

50

巴拉克·罗森海因
Barak Rosenshine

▼

基于人们对大脑如何获取和使用新信息的研究，以及对优秀教师的课堂实践所做的观察，罗森海因提出了 10 条教学原则。它们在课堂上遵循以下顺序：

1. **开始上课时，简要回顾之前所学的内容。** 每天分配 5—8 分钟的时间，最好是在刚上课的时候，来回顾之前的学习内容。

2. **学生做练习时，循序渐进地展示新材料。** 不要一次给学生灌输太多信息，这样会使大脑的认知超负荷（见理论 30）。

3. **提出大量问题并检查每位学生的答案。** 使用有效的提问技巧让学生积极参与，是促进学生学习、激励他们更深入地探索课堂内容的最有力工具之一。

4. **提供清晰简洁的示范。** 避免用抽象的推理来解释概念，为学生提供了一个在学习过程中建立联系与纽带的方法，这不仅可以增强记忆，还可以让他们快速理解新信息（见理论 21）。

5. **指导学生练习。** 尽管教学的长期目标是培养学习者独立学习的能力，但学生在学习的过程中，特别是在早期阶段，需要得到一定支持，否则容易走弯路。

6. **检查学生的理解情况。** 在课程实施过程中定期检查学生的理解情况，不仅能更好地了解学生"掌握了什么"，还能了解他们"掌握了多少"和"掌握得多好"。

7. **对学生充满期待。** 应不断跟踪学生获得成就的情况，掌握学生对课程内容的参与程度。罗森海因建议，教师应争取的最佳成功率为 80%。

8. **为困难任务提供学习脚手架。** 学习脚手架是指为学生提供临时的支持，使其能够在技能的获取和知识的理解上达到更高水平，这在没有帮助的情况下是很难实现的（见理论 19）。

9. **要求并监督独立练习。** 培养能够独立完成任务并对自己学习负责的学生非常重要，因为这有助于保持学生的动力和提高他们的学业成绩。

10. **让学生参与每周和每月的复习。** 最后一个原则是第一个原则的延伸，即在一周和一个月的时间范围内，对以前的学习内容进行间隔回顾。

如何使用

罗森海因首次提出的教学原则涉及 17 步，后来他将其提炼为 10 条教学原则。

汤姆·谢林顿（Tom Sherrington）将这些原则划分为 4 个部分，每个部分包含两三条原则。谢林顿认为，这四个部分贯穿罗森海因的所有原则，具体如下：

- **第一部分**：排序与示范（原则 2、4、8）——分小步骤呈现新材料，让学生每走一步都有实践操练的机会。在引入新概念或新技术的早期阶段，为学生提供大量指导，但不要忽视放手的重要性。随着学生信心的不断增强，甚至可以不再提供支持。
- **第二部分**：设疑问难（原则 3 和 6）——有效提问占据优质教学的核心地位，这也是教学原则最强有力的一个方面。简单来说就是，"提更多问题、问更多学生、达更深程度"。在这一过程中，优质教学不仅关注学生是否获得了问题的正确答案，还关注他们获得问题答案的具体过程。
- **第三部分**：回顾学习材料（原则 1 和 10）——学生难免会遗忘上节课的学习材料。大脑处理信息的能力有限，会自动过滤掉它认为不重要的部分（见理论 33）。每日回顾对于检查上节课的哪些方面已进入短时记忆库非常重要，而每周或每月复习对于确保基本知识或理解嵌入长时记忆库非常重要。
- **第四部分**：练习阶段（原则 5、7、9）——在学生学习新概念或新技术的早期阶段进行密切的监督和指导，对于帮助他们树立自信和减少失误非常重要。同样重要的是，定期给学生反馈并让学生进行自我反馈。优质教学就是知道何时让学生独立实践所学内容。

在课堂上

- 确保教学具有良好的互动性、活力和响应度，但不要一次给出过多信息以防学生认知过载。
- 在教学过程中为学生提供有效的学习脚手架。
- 及时检查并确保所有学生都能够理解你说的话。

批判性视角

请回忆之前未能调动学生积极参与的一次教学，反思是哪些因素阻碍了这节课的互动性、活力与响应度，以及你本可以做些什么来应对这些挑战。

51

戴维·乔纳森
David Jonassen

▼

戴维·乔纳森曾任美国密苏里大学学习技术和教育心理学教授，他的思想对教学设计和教育技术领域产生了较大影响，强调在教学和问题解决研究中运用技术。从本质上来看，乔纳森是一个建构主义者，他将建构主义原理与现代教育技术相结合，提出"思维工具"的概念，并将其描述为能够帮助学习者进行分析、评估、综合、解决问题和反思的"知识建构工具"。他将这些工具分为以下几类：

- **知识工具**。这类工具的核心功能是探索新观点和发展更深层次的理解，而不是完成一些毫不相关的活动。在这个过程中，新信息得到共享，新知识得以创造。乔纳森认为，这种持续的探究过程能够促进学生的互动。
- **可视化工具**。这类工具可以将概念及其相互关系用可视化的形式加以呈现，模拟学习者在脑海中储存的知识结构。它能将抽象观点形象地描述出来，使学生能够充分利用他们最发达的感官系统。乔纳森认为，这些工具能够帮助学生理解和表达在不使用工具时可能无法理解和表达的观点。
- **专家系统工具**。这类工具是基于计算机的工具，它能够模拟人类解决问题的思维，充当人工决策者。
- **语义组织工具**。这类工具包括支持有序存储和提取信息的数据库。乔纳森认为，它有助于为学习者学习概念较多的内容提供补充，例如社会和科学研究中存在的问题。
- **动态建模工具**。这类工具是一种计算机化的数字记录保存系统，其主要功能为存储、计算和呈现信息。乔纳森将其描述为质变的教育过程，这一过程需要用易于修正的数字进行操作或推断。他认为，这类工具是在解决量化问题方面最有效的多功能工具。
- **社会共享认知工具**。这类工具包括一系列促进知识和观点共享的工具，如线上会议论坛、公告板和共享电子邮件等。

乔纳森声称，在教育领域，计算机能够支持而非取代有意义的学习与知识建构，应被用作反映学生所学和所知的认知放大工具。他认为，与其仅仅用计算机技术组织和传播信息，还不如在所有科目中使用计算机技术，将其作为学习者对所学内容进行反思性和批判性思考的工具。乔纳森指出，在学习中使用思维工具，需要学习者与技术建立起智力伙伴关系，这种关系基于这一原则：学习者用技术来学习而非学习技术。

如何使用

6岁的乌克兰人丹尼斯（化名）移民到英国，他只会说自己的母语。因此，他很难与班上其他孩子沟通，也很难进行任何社交互动。丹尼斯的老师清楚地看到，由于其他孩子都听不懂他在说什么，他变得越来越沮丧、孤单甚至孤僻。为了让他顺利融入集体生活，老师帮助丹尼斯创建了一个数字生活故事册，以便他与其他孩子分享自己的生活。老师借给他一台iPad，让他用它来给自己的家人、居所和玩具拍照，并下载他在乌克兰的学校和朋友的照片。这样一来，他渐渐能够分享同学都感兴趣的话题，并与他们建立有意义的联系。在这一过程中，他逐渐提升了自己的英语语言技能。

在思维工具的使用上，乔纳森这样总结："让学习者做他们最擅长的认知任务，让技术做它最擅长的信息处理工作。"他敦促教师接受这样的理念：学习者是基于已有经验、信念和心理模型来建构自己知识的个体；计算机应被视为非智能工具，智能是由学习者本身而非计算机提供的。

在课堂上

- 教师应成为学习的促进者，而非信息的传播者。
- 充分利用游戏、模拟和待解决的问题，使学习环境变得丰富多彩。
- 选择那些经过调整和开发的计算机技术，使其成为学习者的智力伙伴。

批判性视角

乔纳森认为，计算机系统最恰当的角色不是教师或专家，而是思维延展的认知工具。对此持批判态度的人认为，计算器等工具的使用实际上会缩减思维。你对此有何看法？

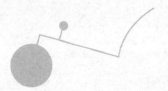

第 8 章
动机

　　"动机"是一个需要我们认真对待的复杂问题。其定义多种多样，既有从外在行为（被要求做某事）定义的，也有从内部力量（自发做某事）定义的。

　　你如果想成为一名好教师，就要认识到，学生只有做到以下三点，才可能有学习的动力：

- 承认自己有学习的需要。
- 相信自己有学习的潜力。
- 把学习放在第一位。

　　以上三点有任何一点出现了阻碍，你都要赶紧解决，否则接下来的任何教学尝试都可能是徒劳的。

　　本章包括三个著名的动机理论，它们将有助于你指导学生形成良好的学习动机，使他们更渴望学习。当然，实现这一切的前提是，你要做到以下几点：

- 拥有良好的教学设施和设备。
- 赋予学生对教学设计和教学实施的发言权。
- 对所教主题有足够的知识和热情。
- 以平易近人但又专业的方式行事。
- 设定有挑战性且现实的学习目标。

• 提供及时、积极、有帮助的反馈。

缺乏动机不仅会影响学生的学习能力，还可能导致学生做出破坏性的行为，而良好的动机则可以避免这些破坏性行为的发生。

奥尔德弗认为，人类的动机可以分为三种类型：生存需求（Existence）、关系需求（Relatedness）和成长需求（Growth），简称为 ERG 模型。他认为：若较低层次的需求得到满足，则会引发人们对更高层次需求的渴望；若较高层次的需求受到挫折，则会导致人们回归较低层次的需求。

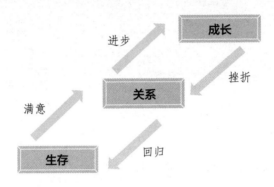

在教与学方面，这三种动机类型可以总结为：

- **生存需求**。在生存或生理健康方面让学生感到满足，例如满足舒适、供暖和照明等基本需求。
- **关系需求**。通过维系课堂上良好的人际关系和社会关系让学生感到满足，特别是心理健康和归属感。
- **成长需求**。通过尊重和自我实现让学生感到满足，重点在于个人发展。

奥尔德弗认为，尽管动机可以从生存需求一直发展到成长需求，也就是说从较低层次发展到较高层次，但回归的可能性也不应被忽视。当然，在某些情况下，为了让学生获得每一次个人成长的机会，回归有时也是必要的。

如何使用

奥尔德弗的 ERG 模型与马斯洛的需求层次模型（见理论 26）的主要区别在于，奥尔德弗强调，同时满足生存、关系和成长这三种需求是非常重要的，并认为回归到较低水平的需求可能并不是一件坏事。

在我看来，乔治·贝斯特（George Best）是有史以来最伟大的足球运动员之一。他拥有很多，比如令人难以置信的球技、英俊的外表，以及名誉和财富，但不可避免的是，他有一个性格缺陷，即无法战胜酒瘾，以致 59 岁时就去世了。

ERG 模型
The ERG Model

相关报道在很多地方都能查到。当他需要回归生理上的健康状态时，身边没有人支持他，这可能是导致他早逝的一个主要因素。

以下是如何使用 ERG 模型的一些提示：

- 确保学生的基本需求得到满足。这些需求有时被认为是理所当然的，例如教室的供暖和通风、舒适的座椅、为有听觉或视觉障碍的学生提供的学习辅助设备，以及舒适的休息环境。
- 鼓励课堂上的社交互动。可以用破冰活动开启新的学习项目。确保任何小组活动都能融合不同类型的学生，给他们提供相互合作的机会。
- 与前面两个阶段不同，你在帮助学生自我实现方面所能发挥的作用是有限的。但不可否认的是，你的努力和取得的成就对学生实现自我有很大帮助。
- 当你的学生需要返回或倒退到一个较低的水平时，请与他们合作，确保他们不会倒退到无法回头的地步。这时候你需要理解他们，还要做一些事来支持他们。

在课堂上

- 确保学生基本的生理和心理需求得到满足。
- 承认学生的努力以及他们取得的成就。
- 接受这样一个事实：某些学生可能不得不回到较低的需求层次，才能向自我实现的较高层次迈进。

批判性视角

奥尔德弗认为，在课堂上，破冰活动是促进人际关系和社交关系的好方法。如果你同意这个观点，请列出有用的破冰活动及其优缺点。

53

维克托·弗鲁姆
Victor Vroom

▼

弗鲁姆的"期望理论"认为，人们是根据他们的信念、期望来行事的，这种信念和期望（期望值）一旦圆满实现，就会产生期望的回报（目标效价）。弗鲁姆用一个数学方程来表达他的理论：

动机 = 期望值 × 目标效价 × 工具性

方程的各部分可以概括为：

- **期望值**。学生对自己以及实现预期结果所持信心的主观判断。
- **目标效价**。学生对回报价值的估量。
- **工具性**。学生在多大程度上相信老师会兑现奖励的承诺。

弗鲁姆认为，等式右边任何一个因素的值越低，动机水平就越低。如果等式右边任何一个因素为零，那么最终的动机也就为零。

如何使用

你的学生可能不会有意识地为弗鲁姆方程式右边的每个因素打分，但是他们会考虑"这个我能做到吗？""我想得到多少回报？"以及"如果我完成了，你会兑现承诺吗？"

达伦、莱奥尼、凯蒂是三位实习老师，他们都参加了我教的同一门课。

- 当我问达伦为什么想上这门课时，他反驳说，他并不想上这门课，他这么做是因为他需要资格认证才能继续工作。
- 莱奥尼非常想成为一名教师，但对自己站在人前的能力缺乏信心。
- 凯蒂在学校的经历非常糟糕，她的阅读障碍没有被诊断出来，因此她不信任教师。

以下是一些提示，可以帮助你让方程式右侧的因素发挥作用。

- 找出学生想要从你的课堂中得到什么，以此来加强"目标效价"的有效性。这将帮助你给出他们真正珍惜的奖励。准备好给予一些学生外部奖励，例如资格认证、职业发展等；给予另一些学生内部奖励，例如自尊、认可等。如果他们的学习动机与你的教学目标不一致，不要批评他们。
- 支持学生相信自己（见理论3），以此来加强"期望值"的有效性。你要

期望理论
Expectancy Theory

▼

确保像认可他们的成绩一样认可他们的努力。

- 信守承诺（见理论43），以此来加强"工具性"的有效性。永远不要做出你无法兑现的承诺。告诉学生他们一定会通过这门课是错误的做法，因为有许多因素会影响到他们是否能通过这门课。

请记住，如果你没有完全处理好第三个因素，即使前两个因素完成得再好也不行，也会影响最终的动机水平。幸运的是，我在教达伦、莱奥尼和凯蒂三位实习老师之前，已经读过弗鲁姆的理论。他们后来都通过了这门课，现在都是很成功的教师。

在课堂上

- 确保提供的奖励是学生真正渴望的。
- 鼓励学生相信自己。
- 始终信守承诺，远离那些不信守承诺的人。

批判性视角

弗鲁姆方程的右侧有三个因素。想想你目前正在教的小组或个人，你认为哪一个对他们最重要，哪一个对他们最不重要？

54

道格拉斯·麦格雷戈
Douglas McGregor

▼

麦格雷戈的理论最初被用于对管理者进行分类，但它同样适用于学生和教师。这一理论建立在一系列假设的基础上，代表了一种极端的观点。这些极端的观点可以概括为：

- **X 理论的学生**不喜欢学习，会尽可能地逃避学习。他们对所学内容缺乏兴趣，也没有什么抱负。他们更喜欢别人告诉他们该做什么。
- **Y 理论的学生**觉得学习既刺激又有趣。他们对学习新的内容非常着迷，并且热衷于使用新获得的技能和知识。他们非常主动地学习。
- **X 理论的教师**依靠强制和外部刺激来促进学生行为的改变。他们认为，组织教学计划、激励学生是他们的责任。
- **Y 理论的教师**依靠学生内在的学习渴望。他们认为他们有责任创造一种氛围，让积极主动的学生茁壮成长。

需要强调的是，在上述解释中，并不是所有 X 理论的教师都不好，也不是所有 Y 理论的教师都好。考虑到学生的特性和学习发生的环境，这两类教师采用的方法都有发展的空间。另外还需要考虑学习的主题和时间安排等问题。

如何使用

让我们试着通过电影来理解。

X 理论的教师—X 理论的学生

很多电影都有 "X 遇见 X" 这样的情节，如《坏老师》(*Bad Teacher*) 和《重写》(*Rewrite*)。在大多数情况下，教师只是为了钱而来，而学生也是出于法定义务而来。我想，任何一节课的典型开场白可能都是："我们都不想在这里，所以让我们继续吧。"

X 理论的教师—Y 理论的学生

在《教育丽塔》这部电影中，迈克尔·凯恩扮演的是一名幻想破灭的教师，他遇到了由朱莉·沃尔特斯饰演的学生丽塔。丽塔对学习的热爱扭转了原本无望的局面，使师生关系变得有意义。

<h1 style="text-align:center">X 理论和 Y 理论</h1>
X and Y Theory
▼

Y 理论的教师—X 理论的学生

在《吾爱吾师》（*To Sir, with Love*）这部电影中，西德尼·波蒂埃（Sydney Poitier）扮演了一位在一所市中心的学校教书的热情的老师。那里的学生很爱捣乱，对学习没兴趣。这位老师以开明的教学方式和对学生的真挚情感，赢得了学生的喜爱。

Y 理论的教师—Y 理论的学生

我想到了《美丽心灵》（*Beautiful Minds*）和《死亡诗社》（*Dead Poets Society*）这样的电影。在这两部影片中，教师和学生都喜爱学习。

以下是一些提示：

- 作为一名教师，你不应该有这样的成见，即 Y 理论就是要一直接受的，而 X 理论就是要完全排斥的。现实情况是，你可能不得不与那些需要指导的学生打交道，有时还需要强迫他们。
- 如果这种情况真的发生了，你的风格将是命令和控制。但是不要让这种情况演变成恐吓或威胁。如果你这样做了，你可能很快就会得到一个不错的结果，但你也不用惦记着任何长期的发展了。
- 相反，如果你过于顺从学生的需要，你就可能被视为软弱，容易受他们摆布。
- 理想状态介于这两个极端之间，你应力求获得"合作和妥协"与"命令和控制"之间的平衡。

在课堂上

- 不要认定你就会成为 X 型教师或 Y 型教师。
- 在决定哪种方法最有效时，要考虑学生的特点和他们所处的环境。
- 你和你的学生都要遵守一套基本的规则。

批判性视角

你认为自己更倾向于成为 X 型教师还是 Y 型教师？哪些因素促使你这样考虑？

55

戴维·麦克莱兰
David McClelland

▼

麦克莱兰认为，人有三种动机需求：成就需求、权力需求和归属需求。我们可以将这三种需求归纳为：

- **成就需求**。这是学生对出色完成工作的渴望。优点是他们的积极性很高，缺点是他们可能害怕失败。
- **权力需求**。这是学生想要掌控一切的渴望。优点是他们能够推动其他人达到较高的成绩标准，缺点是他们会因太依赖于个人抱负而陷入孤立。
- **归属需求**。这是学生对友好互动和被他人接受的渴望。优点是他们是忠诚的好队友，缺点是如果社交活动占了上风，他们可能会忽视任务。

麦克莱兰认为，通常人的行为主要受其中一种动机需求驱动，但对有些人来说，其他两种动机需求也需要满足。

如何使用

让我们通过电影来看看麦克莱兰的需求理论是如何运作的。

英国有很多优秀的女演员，玛吉·史密斯（Maggie Smith）是最好的女演员之一。可以说，她最好的角色是在电影《春风不化雨》（*The Prime of Miss Jean Brodie*）中扮演的琼·布罗迪（Jean Brodie）——苏格兰女子学校里一名有点儿古怪的女老师。她不理会课程的设置，而试图用爱、政治和艺术来影响那些敏感的 12 岁学生。在她班里有三个这样的学生：恩尼斯是一个有天赋的运动员，她渴望自己的能力得到认可（成就需求）；桑迪试图模仿她尊敬的老师（权力需求）；乔伊斯是一名想要拼命融入学校的新学生（归属需求）。布罗迪老师自以为得到了学生百分之百的支持，但有一个学生不认可她，认为她已经无法满足自己的需求了。究竟是哪一个学生呢？要想知道答案，那就去看看这部很棒的电影吧。

这里有一些建议，可以帮助你满足学生的需求。

- 赋予成就需求型学生尽可能多的个人责任。但要意识到，对失败的恐惧可能会阻碍他们。如果他们确实犯了错误，要帮助他们消除疑虑，让他们知道，一个任务失败了并不代表他们就是失败者。
- 密切关注权力需求型学生，不要扼杀他们所做的贡献。但是如果他们对班上其他同学产生了负面影响，不要让他们过于以自我为中心而忘乎所以。

• 在课堂上有一些归属需求型学生总是好的，但是不要让"想要被喜欢的渴望"影响他们的学习能力。

实际上，在课堂上应用这个理论还是比较困难的。因为你想以公平、公正的方式对待所有学生，同时又认识到，他们都有自己的个性化需求，这些需求也应该得到满足。在这两者之间获得平衡不容易，需要时间和努力。

在课堂上

• 对于犯错误的学生，打消他们的疑虑，鼓励他们重新再来。
• 对于渴望权力的学生，不要让他们削弱了你的权威。
• 对于渴望在课堂上建立良好社会关系的学生，不要让这样的渴望影响了他们的学习。

批判性视角

在以公平、公正的方式对待所有学生的同时，还要满足学生的个性化需求。在这两者之间做好平衡，对你来说有多困难？

56

莱斯利·柯曾
Leslie Curzon

▼

柯 曾对教育理论的阐释及其在教学实践中的应用，使他成为该领域最受尊敬的作家之一。他根据教育领域一些伟大思想家的观点，提炼出激励学习的 14 个要点。这 14 个要点可归纳为：

1. 要了解每个学生的动机和目标。
2. 太难或太容易实现的目标没有激励价值。
3. 要让学生知道，短期目标是与期望实现的长期目标相关联的。
4. 为了达到预期的效果，教师要把课堂设计视为工作计划的一部分。
5. 教师设置的任务应该反映学生的能力水平。
6. 学生要意识到，达到教师要求的能力水平只是学习之旅的一部分，而非终点。
7. 教学材料和教学过程应该有意义，其呈现方式应该充满热情。
8. 学生应该能够理解教师告诉他们的内容。
9. 教学活动应该多样化，以防止学生感到厌倦。
10. 不要仅仅依靠奖励和惩罚来激励学生。
11. 要经常使用评估来检测学生是否掌握了所学的内容。
12. 要尽快对学生的表现给予反馈。
13. 要尽可能地认可学生的努力和取得的成就。
14. 要让学生知道，如果他们考试失败了，他们需要从失败中吸取教训。

柯曾认为，学生对学习的态度往往取决于他们的动机，而动机又决定了他们的学习风格、性质和方向。

如何使用

以下是一些可以遵循的步骤：

• 花点儿时间与每位学生交谈，了解他们对你教学的期望，并让他们了解你对他们的期望。将学习目标与这些期望相匹配。不要把目标定得太难，以致让他们感到灰心丧气；也不要把目标定得太容易，以避免他们自满。

• 向学生展示每节课的目标是如何与课程目标以及教学计划中的长期学习目标相吻合的。

动机的 14 个要点
Fourteen Points for Motivation
▼

- 设定具有挑战性但可以完成的任务，定位于比学生当前的能力水平高一些的层次，并向学生解释这只是学习之旅的一部分，而非终点。
- 让你的学习材料有趣且有意义，不要超出学生的理解水平。在整个课程中，使用形成性评估来确认学生是否真的理解了。
- 以一种能激发或者刺激学生好奇心的方式，充满热情地呈现材料。通过让他们参与小组活动，并向他们提出问题，来进一步激发他们的热情。
- 让学生在任务完成后尽快弄清楚他们是如何完成任务的。不要依靠奖励或惩罚来评价成功或失败，要认可学生付出的努力和取得的成就。
- 让学生知道，没有通过测试并不代表他们就是失败者，他们需要从失败中吸取教训。

在课堂上

- 确保你和你的学生充分理解对方的期望。
- 设置具有挑战性但可以完成的任务。
- 学生完成任务后，尽快对学习结果和他们付出的努力做出反馈。

批判性视角

柯曾的一个主要观点是，要让学生参与学习计划的设计。你觉得这在多大程度上适合你和学生的合作方式？

57

卡罗尔·德韦克
Carol Dweck

▼

德韦克是美国哥伦比亚大学的心理学教授，她根据学习者对自我完成任务、实现目标、成就人生的能力所持的信念，提出了一个备受推崇的学习动机理论。她认为人们对自己持有两种极端的信念：

- 相信自己的能力是固定不变的，不太可能得到改善和提高。
- 相信自己的能力是可以改变的，通过学习可以得到提升。

她认为，大约20%的学习者处于这两个极端之间，其余的人则分属于两个极端。她将这两种极端情况分别称为"固定型思维模式"（智力是静态的）和"成长型思维模式"（智力可以发展）。

德韦克提供了一些她认为可以激励学生发展成长型思维模式的干预措施。这些措施可以概括为：

- **智力**。告诉学生智力不是固定不变的，是可以通过努力工作以及积累知识和理解来不断发展的。
- **潜力**。让学生相信只有不断学习，才能充分发挥自己的潜能。
- **认可**。向学生表明他们可以成为他们想成为的任何人，而且无须向别人证明。
- **挑战**。让学生拥抱挑战，并愿意承担合理的风险来克服困难、提升自己。
- **学习**。让学生感受到学习的价值，知道学习对他们有什么作用。

德韦克认为，对于具有成长型思维模式的学习者来说，他们的动机是想要提升的内在渴望，而不是外部刺激。因此，除非学习者自己想要发展成长型思维模式，否则上述任何一种干预措施都不会奏效。

如何使用

作为教师，我们经常认为，学习必然会有所成，因此值得付出努力。但一些研究报告显示，在不同层次的学习者中，几乎一半人不认同这种观点。

2017年，我在一次关于"罪犯如何学习"的国际会议上担任主旨发言人，一位代表对她所在的组织提出了批评，她表示该组织没有很好地做好培训工作，以支持犯罪人员的再学习。她告诉与会者，在与他们合作的十几名罪犯中，没有一人获得了资格证书。我告诉她，如果衡量成功的唯一标准是获得资格证书，那么她完全有权批评该组织的表现。但是，真正需要衡量的，是每个罪犯在提升自尊心和学习信心方面是否有进步。

如果你想激励学生形成成长型思维模式，可以参考以下几点提示：

- 赞美学生付出的努力，就像赞美他们取得的成果一样。
- 不要围绕"人"进行表扬，因为这属于固定型思维模式，要告诉学生成功来自努力工作。
- 不要引导学生将失败归咎于个人的弱点，而要让他们知道，失败是因为缺乏努力。
- 让学生认识到知识和技能是可以培养的，学习是需要付出努力的。
- 利用类比、比喻和树立榜样等方法，来说明通过努力可以取得的成果。
- 不要让学生将失败归咎于你或你布置的任务，而要引导他们反思自己是否为这项任务付出了足够的努力、采取了合适的策略。
- 让你的学生相信，每一次挫折都是一种挑战，而失败是最大的挑战，应当把每次挑战视为改进和提高的机会。

在课堂上

- 赞美学生付出的努力，就像赞美他们取得的成果一样。比如，使用"在这方面，你真的很努力"这样的说法，而不是说"你天生就擅长这个"。
- 不要让那些在学习上失败的学生认为自己是个失败者，而要让他们分析哪里出了问题，下次再改正。
- 鼓励学生使用自我评估和同伴评估。

批判性视角

你是否同意，在学习之旅中，过程的体验比结果更重要？

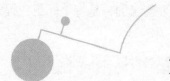

第 9 章
行为管理

阅读下面的场景描述，看看哪一个最适合你。

- **场景 A。** 上课时，你感到完全放松和舒适，能够毫不担心地进行任何形式的课堂活动。当你和学生一起活动、享受学习过程的时候，课堂控制根本不是问题。你完全可以控制课堂，虽然有时可能需要行使一些权力，以保持安静平和、目标明确的课堂学习氛围。这种权力的行使是以友好、轻松的方式完成的，是一种对学生的温柔提醒。**你相信教师是一个伟大的职业。**

- **场景 B。** 学生决定课程的进程，因此很多学习资源都被忽略了。当你在黑板上写字的时候，东西被扔得到处都是。你走进教室时心里想的是他们最好能互相聊天，这样你就可以一个人待着了。有时你一进入教室，就会遭到嘲笑和辱骂。有那么多的规章制度都被打破了，你不知道从哪里开始管理。面对那些可怕的不良行为，你开始睁一只眼闭一只眼，因为你担心任何干预都可能导致冲突或问题升级。**你真希望自己没去教书。**

如果你始终处于场景 A，我想你可以跳过这一章；如果你总是处于场景 B，你可能需要认真思考一下你的教学生涯。多数情况下，你可能会根据你与学生在某一天的感受，在这两个极端之间来回切换。现在，有这样一个有趣的说法：一个学生的不良行为，既可能是教师的行为造成的，也可能是他们自己的行为造成的。

在本章中，我收录的六条思路——有的认为师生关系应该建立在相互信任的基础上，有的认为所有学生都有病态心理——为行为管理提供了不同的视角。

坎特认为，当教师和学生清晰地表达了对彼此的期望，并始终如一地采取不损害对方最大利益的适当行动之时，师生的权利和需求能够得到最好的满足。他认为，期望的不确定性会使师生产生消极行为和攻击性行为，使他们很难创造一个良好的教学或学习环境。

消极、攻击性或独断行为的后果可以用下图解释：

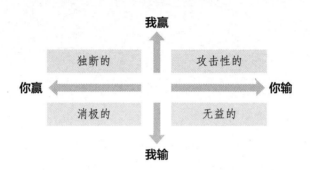

坎特从教师和学生的视角，分别总结了他们对课堂纪律的期望，其观点如下：

教师有权

· 制定符合自己和学生利益的课堂规则和秩序。

· 要求学生的行为表现合乎情理。

· 在训导或处罚时期望获得支持。

学生有权

· 要求教师帮助他们约束自己的不当行为。

· 要求教师鼓励他们展示自己的良好表现。

· 在充分了解自己行为后果的情况下选择行为方式。

坎特认为，随着时间的推移，人们对遵守规则的认识已经从 20 世纪权威和专制的方式（基本规则是强加于人的），发展为一种更加民主与合作的方式（大家能对基本规则达成共识）。

如何使用

在维护良好秩序上，有一点需要明确，就是你和你的学生拥有一样的权利。正如学生期待你的行为举止要非常专业一样，你也应该期待学生不做出任何妨碍

严明纪律
Assertive Discipline

▼

你教学或者妨碍其他学生学习的行为。

达伦是一位教授 IT 课程的老师，他的学生是一群 16 — 18 岁的孩子。其中的一个学生叫雅各布，他是一个安静、勤奋的学生，经常穿着连帽衫来上课[①]。达伦不断要求雅各布脱下连帽衫，但雅各布不同意。达伦因被拒绝而感到沮丧，决定不让雅各布来上课了。主管对达伦说，拒绝雅各布上课会导致学校失去资金支持，并要求他允许雅各布重返课堂。雅各布回来后，仍旧穿着连帽衫。

还有一些很常见的情况，比如学生在课堂上嚼口香糖或使用手机。需要提醒你的是，在应对这些情况之前，你需要了解学校的纪律是什么。

以下是在课堂上严明纪律的一些技巧：

- 与学生商定能够令双方都感到满意的规则。
- 提前制定少量规则，例如，禁止威胁性行为，尊重他人的观点等。
- 对于学生认为不合理的规则，愿意做出妥协。
- 与学生就不遵守规则可能带来的消极后果（处罚）达成共识。
- 与学生就遵守规则可能带来的积极结果（奖励）达成共识。
- 把规则写下来，给每人发一份（包括你的主管领导），或者将它们贴在显眼的位置上。
- 如果有人违反了规则，要让他们明白，他们违反的正是自己制定的规则。
- 不要忘记表扬好人好事。

在课堂上

- 让学生参与制定基本规则。
- 与学生就遵守或违反基本规则带来的结果达成共识。
- 制定一些不能做任何让步的基本规则，也要制定一些有妥协余地的规则。

批判性视角

考虑一下，让学生参与制定课堂基本规则，这对课堂纪律来说有多重要。

---

① 连帽衫在全球开始流行，成为时尚服饰之前，一度与不羁、叛逆甚至犯罪联系在一起。——译者注

雅各布·库宁
Jacob Kounin

▼

库宁研究了许多优秀教师在课堂上的做法。通过研究他发现，纠正学生在课堂上的不当行为，重要的不是教师的处理能力，而是教师如何从头预防学生的不当行为。他指出，教师要做到这一点，需要采取三个关键行动：

- **回应学生**是指教师向学生发出信号，它包括：
  ○ 涟漪效应。教师对学生个人行为的回应不仅会影响当事人，还会影响到更广泛的群体。
  ○ 明察秋毫。教师需要知道发生了什么，并让学生也意识到这一点。
  ○ 齐头并进。教师要同时处理课堂上的两个或多个事件，而不是专注一件事牺牲另一件事。
- **动态管理**是指课堂顺利进行，没有偏离主题或中断，它包括：
  ○ 平稳。保持课堂正常推进，避免突然变化。
  ○ 动力。在整堂课的进行过程中，保持适当的节奏和进展。
- **小组专注**是指让全班学生都参与讨论，并对讨论主题产生兴趣，它包括：
  ○ 小组提醒。整个小组全神贯注于一个主题。
  ○ 小组问责。让学生知道，他们对主题的理解程度要经过测评。

库宁指出，在课堂上教师不仅要让学生参与课堂学习，辨别可能会导致不良行为的迹象并及时处理，还要对学生的良好行为和不良行为及时做出反馈，以最大限度地减少行为问题。

如何使用

在我妻子工作的特殊教育学校里，有一名学生叫穆萨（化名），他今年10岁，有严重的行为问题。当同学萨迪克（化名）进入房间时，穆萨陷入无法控制的疯狂。他一边大喊大叫，一边挥舞着手臂。两人似乎从未有过什么不和，况且萨迪克是一个温和的学生，没有做任何激怒穆萨的事。面对这种情况，老师采取的唯一补救措施，就是将穆萨安排到一个特殊的区域。这是一个远离教学区的安静区域，是鼓励学生反思他们行为的地方。经过大约一个小时的反思，穆萨回到教室，好像什么也没发生过一样。穆萨的母亲在与老师交流时间，是否可以允许孩子在这个特殊区域待更多的时间，因为与课堂环境相比，他更喜欢那个特殊区域。

▼

以下是使用库宁模型的建议：

- 评估不良行为的程度，保持外松内紧的状态，判断不良行为会对其他人产生什么影响。
- 要注意，学生会发现你没有"在意这件事情"的任何迹象。过于激进地处理问题，会损害你与学生的关系；而太被动，又可能会让他们觉得你很软弱。试着实现"我赢—你赢"的局面（见理论58）。
- 不要因为处理一件事而影响了其他事。如果你不得不处理类似穆萨的事件，不要忘了密切关注其他人。
- 确保你的教学能够顺利进行、你的学生能够全神贯注。学生之所以做出不当行为，往往是因为课堂不确定和无聊。
- 确定你期望学生做出怎样的行为。寻找可能引发不良行为的迹象。关注迹象而非原因，并确保给学生的反馈是威慑而非鼓励。如果反馈的效果不好，就换一种方式。

穆萨的老师花了很长时间，想弄明白他为什么对萨迪克反应如此激烈。当然，现在看来，他们忽略了一个很明显的事实，那就是他们对穆萨的处理方式有问题。让他到一个安静区域去反思，对穆萨来说并不是惩罚，而是奖励。一旦穆萨意识到老师对他的处理方式并不是他想象的情况，他对萨迪克的反应也就不再那么糟糕了。

在课堂上

- 评估不良行为对班级的影响。
- 寻找可能引发不良行为的迹象。
- 确保给学生的反馈可以阻止不良行为的发生。

批判性视角

考虑一下评估课堂不良行为程度的重要性，并注意过于积极地处理问题会破坏你与学生之间的融洽关系，而过于被动地处理问题则会给人留下软弱的印象。

哈 蒂相信，学生如何看待自己，以及他们在学习和预期结果方面最看重什么，将会对他们的学习动机以及随后的课堂行为产生重大影响。他认为，这一主题的研究可分为两部分：一部分是对自我概念结构的理解，即我们如何看待自己；另一部分是对自我概念过程的理解，即我们如何利用对自身的了解。这些内容如同多股线拧到了一起，因此他以绳索为喻，提出了"绳索模型"。

在这一模型中，哈蒂认为，一个人的自我概念并不是单一的，而是由许多彼此交叠的自我概念组成的。他将这些自我概念分为：

- **自我效能**。学生对自己能够达到预期结果的信心或信念的力量。
- **自我设障**。学生给自己设置障碍，以妨碍自己实现目标。
- **自我激励**。推动学生达到预期结果的内在或外在因素。
- **自我目标**。可以是精熟目标（通过不断增强的自我努力来实现的目标）、绩效目标（展示专业技能的目标）或社交目标（与同伴互动和联系的目标）。
- **自我依赖**。学生依赖教师的指导，对自己的表现缺乏调节或评估的能力。
- **自我折扣和曲解**。学生忽视教师的积极或消极反馈，认为这些反馈没有价值。
- **自我完美主义**。学生为自己设定的标准过于苛刻，如果没有达到这些标准，他们就会认为自己是失败的。

哈蒂认为，绳索的力量不在于单股线的力量，而在于多股线拧在一起所产生的合力。他认为，当任何一股线的力量变弱时，学生就会感觉无助，觉得自己无法应对学习。这导致他们放弃了学习活动，转而以挑战性的行为作为保护，以免被同学视为课堂上的失败者。

如何使用

哈蒂在工作中接触了很多在监狱服刑或处于缓刑期的罪犯。英国国家罪犯管理服务局的资料显示，受教育、培训和再就业的影响，25% 的罪犯没有再犯罪，40% 的罪犯自尊心得到了提高。

YSS 是位于伍斯特郡的一家慈善机构，与少年犯和有犯罪风险的年轻人合作。其宗旨是提高年轻人的信心，帮助年轻人克服社会或自我强加的障碍。受过其帮助的一个年轻人说："缓刑服务处告诉你该怎么做，而 YSS 支持你做你需要做的事。"

　　YSS 工作的关键，以及它能得到安妮公主[①]赞助的原因，在于它给学生自主选择的自由，让学生自由选择他们认为重要的活动和课程。在这方面，正如哈蒂所说，它为学生的生活注入了秩序感、连贯性和可预见性。哈蒂用绳索做比喻，有力地强调了自我概念的重叠效应。这里有一些提示，可以帮助你发现学生在自信心开始减弱时的一些行为表现。

- 倾向于避免承担困难的任务，无法对实现目标做出承诺，将失败归因于自我缺陷。
- 缺乏完成任务的动力，选择容易实现的目标，并夸大通往成功的障碍。
- 认为能力是不可以通过努力来培养的。
- 只会做教师要求他们做的事情。
- 回避教师或同学的反馈，而不管这些反馈有没有价值。
- 在别人身上寻找弱点，以此来增强自己的自我价值感。

　　教师可以通过多种方式帮助学生完善自我概念。例如，鼓励学生更积极地寻求学习机会、积极回应反馈、给自己设定有挑战的目标、将学习视为一种积极的体验等。

在课堂上

- 在学生身上寻找缺乏自信的迹象。
- 分析学生缺乏自信的原因。
- 与学生一起提高他们的自信心。

批判性视角

　　哈蒂的"绳索模型"表明，有七个因素支配着学生对自我的看法，这将决定学生的学习参与度。你班里是否有不能积极参与学习的学生？可能是哪些因素造成的？你如何处理？

---

① 英国女王伊丽莎白二世的女儿。——译者注

对 于学生为什么不喜欢学校，或者更广泛地说，学生为什么不喜欢学习这一问题，威林厄姆认为，这是因为教师经常将不相干和不重要的东西提供给学生，使学生的负担过重，同时没能将学生的注意力引导到真正重要的事情上。

作为一名认知科学家，威林厄姆认为，深入了解大脑是如何工作的，记忆是如何运作的，是有效教学的基础。这种了解将为与学生互动、激发学生真正的学习愿望提供依据。他的理论可以概括为：

- **大脑具有工作记忆和长时记忆的能力。**大脑的工作记忆容量是有限的，容易超负荷；长时记忆几乎是一个拥有无限容量的银行，可以从工作记忆中提取数据。
- **记忆是思想的残余。**鼓励学生以他们感兴趣的方式思考一个主题，将提高他们记住这个主题的能力。
- **批判性思维需要背景知识。**对一个主题进行分析，需要具备与该主题相关的足够的背景知识，这样才能进行比较。
- **可以通过比较和分析具体的例子来理解抽象概念。**学生知道和了解了内容，才好理解抽象的概念。
- **没有练习，就没有学习。**练习可以加强基本技能，防止遗忘。
- **初学者不能像专家一样学习。**初学者的学习是吸收和理解性学习，而专家的学习则是创造性学习。
- **学习风格是无效的。**有效教学关注的是教学内容，而不是学生偏好的学习风格。
- **努力工作可以提高智力。**优秀的教师认可学生的努力，而不仅仅是学习的结果。

威林厄姆主张，提问、研究案例、讲故事、类比和练习可以提高学生的学习乐趣。

如何使用

又到了该剖白的时候了。

老实说，我不喜欢上学，或者更准确地说，我不喜欢教育，因为我觉得我被灌输的东西都是与我无关的。直到 40 多岁时，为了巩固自己 20 多年来在公务部门的管理经验，我需要一个管理资格证书。于是我选择修读管理学文凭课程。这门课程的目的是让你思考，而且所有教学活动都是围绕着案例分析和解决问题进行的，我就这样迈入了这个奇妙的探索世界。如果说这样就能唤醒学习的愿望，那未免太轻描淡写了。

以下是一些提示，有助于让学生享受学习，并得到最好的学习体验。

- 不要向学生灌输一大堆不相关或不重要的琐事，这会使他们大脑超负荷。你可能认为你把所有这些信息都传授给学生是聪明之举，但这样做会使处理这些信息的工作记忆无法有效运行。
- 在课堂上组织好教学内容，让学生觉得有趣、容易理解。只有那些能吸引学生注意力的、具有相关性的信息，才更有可能通过工作记忆进入长时记忆。
- 使用问题、示例、趣闻、隐喻或助记法等来让一个话题令人难忘。
- 测试学生对某一主题已经掌握了哪些知识，并以此为基础帮助他们理解新材料。
- 在决定教学方式时，避免专注于学生的个人学习风格，而专注于所要达成的学习结果。

在课堂上

- 只关注与学生相关且对他们来说重要的问题。
- 组织好你的教学内容，让学生感觉它们有趣且容易理解。
- 测试学生对某一主题已经掌握的内容，并以此为教学的基础。

批判性视角

威林厄姆认为，学生不喜欢学习，是因为教师给他们灌输了太多无关紧要的内容。这个观点将如何影响你的教学？

考利写了一本书叫《让捣乱者守规矩》(*Getting the Buggers to Behave*)，一些人可能会因为这个书名买它，当然，也可能有些人因此而拒绝购买。其实在这本书中，有很多关于如何处理课堂不当行为的有趣观点，这让她成为该领域颇有影响力的当代思想家。那么，教师在课堂上遇到学生的不当行为时该怎么做？一个基本前提是，低水平不当行为发生的频率和性质，给教学造成了很大的压力。她建议在处理低水平不当行为时，可以借鉴她的一些做法，简括如下：

- **知识就是力量**。无论你所在的学校为处理纪律问题制定了什么规则系统，你都要确保自己充分理解。
- **为未来的战斗做好准备**。如果你不确定什么是允许做的，什么是不允许做的，学生就会发现你这个弱点，并利用这个弱点。
- **保持冷静、处变不惊**。接受这样一个事实，即你的耐心将受到考验，有时甚至会达到极限，这时你需要保持冷静、处变不惊。
- **给学生一个边界**。清晰、明确地向学生解释你对他们行为的期望，并尽早向他们阐明如未达到这些期望可能导致的后果。
- **保持积极**。一旦你在课堂上建立了秩序，就要引导学生遵守。
- **保持兴趣**。与学生建立融洽的关系，会使他们在课堂上表现得更好。
- **保持灵活**。学会在适当的时候，灵活地应用规则。
- **坚持不懈**。如果一开始你没有成功，那就坚持下去直到成功。

考利认为，有时教师应该忽略一些微小的行为问题。当然，如果经常这样做，可能会导致课堂陷入混乱。她指出，有经验的教师能够根据实际情况做出判断。

如何使用

回顾多年前在学校读书的经历，我一直想搞明白，为什么同一群学生，包括我在内，在 A 老师的地理课上表现得无可挑剔，而在 B 老师的英语课上却表现得很糟糕。B 老师似乎喜欢正面交锋，经常用讽刺作为他的主要武器。我觉得他经常会在错误的时刻，因为错误的原因，和错误的人发生争执；他在交锋中败下阵来的时候，也常常诉诸惩罚。我记得 A 老师永远不会以这种方式行事。他看我们一眼，就足以使班上最不守规矩的学生也停下来。他非常及时地表扬学生的努力，即使有人答错了，他也会赞美学生的尝试和探索。

以下是让捣乱者守规矩的一些提示：

- 不论你是一位新教师，还是一位有经验的教师，都要注意：一些学生将试图挑衅你。如果你不确定什么是允许做的，什么是不允许做的，学生就会发现你的弱点并利用它。要记住，你的耐心将受到考验，有时甚至会达到极限。当这种情况发生时，你需要保持冷静、处变不惊。
- 清晰、明确地向学生解释你对他们行为的期望，并尽早向他们阐明如未达到这些期望可能导致的后果，这将在课堂上创建一种秩序感。一旦你在课堂上建立了秩序，就要引导学生遵守。始终关注课堂上的良好行为，并在别人面前进行表扬。
- 关注学生的生活。与他们建立融洽的关系，这将使他们在课堂上表现得更好。
- 学会在适当的时候，灵活地应用规则。你不想成为只会照章办事的"控制狂"吧？相信你的直觉，根据实际情况做出判断。
- 如果一开始你没有成功，那就坚持下去直到成功。不要指望行为管理技巧会立即奏效，在放弃所有希望和尝试全新做法之前，给他们一个机会。

哦，顺便说一句，永远不要当面称他们为"捣乱者"。

在课堂上

- 确认你了解你所在学校的纪律政策。
- 一些学生会试图挑衅你。如果他们这样做，请保持冷静。
- 如果适当的话，不要害怕妥协。这会为你赢得尊重，而不会暴露你的弱点。

批判性视角

考利认为，低水平不当行为发生的频率和性质给教学造成了很大压力。这一观点将如何影响你的教学？

罗伯特·黑尔
Robert Hare

▼

黑尔开发了"心理病态检查表"（Psychopathic Checklist，简称 PCL），它是诊断个体是否具有某种病态心理特征的工具，常用于临床、法律或科学研究。下面我用自己设置的标题，来总结如何用 PCL 发现学生身上的某种病态特征。

- **诱惑者**。以油嘴滑舌和肤浅的方式吸引别人，并试图掌控局面的学生。
- **自大狂**。过分高估自己的能力，拒绝接受批评的学生。
- **海绵型**。需要有人不断地鼓励，会在挑战性不足的课堂上捣乱的学生。
- **拖延者**。总是找借口不按时完成任务的学生。
- **空壳型**。即便以不恰当的评论冒犯了你或同学，也不会表现出后悔或内疚的学生。
- **顽固派**。冷漠，缺乏同情心，不与他人分享观点的学生。
- **寄生虫**。依靠同伴的知识和技能，错误地把别人的想法归功于自己的学生。
- **偏转者**。不愿意为自己的行为负责，在出现问题时总是责怪他人的学生。
- **投机者**。缺乏长期发展的动力，只满足于完成作业的学生。
- **破坏者**。行为冲动，不负责任，在课堂上制造矛盾的学生。
- **违规者**。无法控制自己的行为，经常惹恼同伴的学生。

以上分类仅适用于说明和强调你可能会遇到的极端行为。

如何使用

如果你在课堂上遇到表现出这些特征的人，我建议你：

- 假设他们总是会做他们性格中最糟糕的事情。
- 要有应对最坏情况的策略。
- 如果他们没有做最糟糕的事情，那就安静地喝一杯庆祝一下，然后把这个策略留到下次再用。
- 如果他们做了最糟糕的事情，请保持头脑清醒，并遵循古老的拳击格言——"时刻保护自己"。执行计划好的策略，并记录下所有说过的话和做过的事。此时你仍然可以安静地喝一杯，放松一下。
- 你要遵守学校或组织制定的与人打交道的规章制度。即使你是对的，没有

心理病态检查表
The Psychopathic Checklist

▼

遵守正确的程序也可能导致你或你的组织遭到起诉或纪律处分。

值得指出的是，你肯定也会表现出上述的一些特征。你需要反思这一点，并探索你对他人的影响。

在课堂上

- 假设你班上心理有问题的学生总会做一些你认为最糟糕的事情。
- 制定一个应对这种问题的策略。
- 承认自己也会表现出某些病态心理特征。

批判性视角

在本篇中，我认为在你教的任何一个班级，都会有学生表现出某种病态的心理倾向。对这个有争议的说法，你有什么看法？

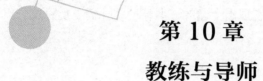

第 10 章
教练与导师

到目前为止，我一直将重点放在教学上。但是，如果你与学生在一起的目的，是更好地支持和帮助学生实现他们的预期目标，那么你可能更希望成为教练或导师。你也可能质疑，教练、导师和教师不是一回事吗？因此，从关系、时间、结构和结果等方面来讨论它们的差异是非常必要的。

首先，教师通常是训练有素的专业人员，致力于发展人们对问题的理解。教练通常也是训练有素的专业人士，但是他们更注重帮助人们发展特定的技能。导师通常是经验丰富的人，他们常常会将他们的知识和经验分享给经验较少的人。

其次，教学和培训的时间可以很短。一次对话或对话的一部分，可能就足以发展个人的理解或特定的技能。而指导需要的时间则较长，双方需要时间来建立一种相互信任的关系并相互了解，这样在分享面对的真实问题时才会感到安全。

再次，教师会根据学生的需要做出反应，但他们的教学方法可能有一套固定的结构。教练通过设定主题、控制节奏以及选择合适的学习方法，来帮助学生发展专业技能。导师会调整他们的方法以满足学生的学习需求。

最后，教学和培训是以任务为导向的，注重具体的问题，最后的成果容易衡量。指导是以关系为导向的，注重相互发展。

总之，不论是教练、导师还是教师，这些角色都有一个共同点，就是他们都在通过某种形式帮助学生获得积极的结果；不同之处在于，他们对学生提出的挑战和指令的难易不同。挑战涉及帮助学生实现预期目标；指令涉及告诉学生做什么，或者让学生独立思考和践行。这可以用下图来表示：

惠特莫尔认为，GROW 模型为构建培训课程提供了一种简单而功能强大的方法。他把它比作一个旅行计划。在这个计划中，你需要决定：去哪里，即确定目标（Goal）；确定你现在的位置，即审视现状（Reality）；探索各种不同的路径，即选择方案（Option）；然后为到达目的地而努力，即构筑成功的意志（Will）。

关注发展

构筑意志

选择方案

审视现状

确定目标

GROW 模型的各个部分可以归纳为：

- **确定目标**。了解学生想要实现什么目标，然后根据他们实现目标后的样子来描述目标。
- **审视现状**。鼓励学生了解现状，先考虑清楚自己目前的处境，再尝试解决问题。
- **选择方案**。在审视现状之后，将学生的注意力转向探索不同的可能性，并帮助其做出最终的选择。
- **构筑意志**。有了明确的选择之后，让学生致力于具体的行动，以实现他们的目标。

惠特莫尔强调了"教练"这个角色的重要性，他不认为教练是解除别人困境的专家，也不认为教练可以解决别人的问题。他将教练的最终角色描述为：帮助人们选择最佳方案的引导者。

如何使用

GROW 模型相对简单易懂，用作物自然生长来比喻，有助于我们思考这个模型。在使用这个模型时，最重要的是提出好问题，这也是一名好教练应有的素

GROW 模型
The GROW Model

▼

质。以下是你在每个阶段可以向学生提出的一些问题：

- **确定目标**。为了确保学生的目标是具体的、可测量的、可接受的、可实现的、有时限的（见理论 111），你可以问他们："你做的事与你的学习目标有什么关系？""你如何判断自己何时实现了目标？""你有多大信心能实现这个目标？""实现目标的计划是什么？"

- **审视现状**。在学生对自己目前的处境没有考虑清楚之前，不要急着让他们拿出解决方案。你可以这样问他们："现在发生了什么事情？""你怎么看正在发生的事情？""到目前为止，你为解决这个问题都做了什么？""这个问题对你面临的其他问题有什么影响？"

- **选择方案**。你要避免给出确定的选择，因为这可能是你自己的选择，而你应该让学生独立思考每个选项的可行性。你可以问他们："做出此选择会产生什么影响？""如果出现问题，你会怎么做？""在权衡一个选项时，你需要考虑哪些因素？"

- **构筑意志**。在探索了各种选项之后，你需要让学生参与进来，采取具体的行动。你可以问他们："接下来你会做什么？""你什么时候做？""你怎么知道已经完成了？"

请注意，以上所有问题都是开放式的，应尽量避免问那些只需回答"是"或"不是"的封闭问题。当学生回答你的问题时，你应该以一种专注的神态倾听，而不是进行评判。在这方面，你的肢体语言可能比你说的话更重要。

在课堂上

- 确立的目标要具体、可测量、可接受、可实现、有时限。
- 让学生反思他们目前的状况。
- 让学生选择最合适的方案并积极投入。

批判性视角

惠特莫尔认为，教练成为所教学科的专家并不重要。你是否同意这个观点？

65

鲍勃·贝茨
Bob Bates

▼

贝茨在综合考查了有关培训的 76 个理论和模型后创建了 COACHING 模型。贝茨认为，任何培训方案都有以下 8 个关键要素，这 8 个关键要素的首字母缩写为 COACHING。

1. **明确角色**（Clarify the role）。确定谁来做，何时、何地做，以及如何做。

2. **描绘愿景**（Organise goals and objectives）。让学生描绘他们憧憬的未来，并设定目标帮助他们实现这一愿景。

3. **坚定执行**（Act with conviction）。选择最合适的方法指导他们，并带着信念和承诺去行动。

4. **满足期望**（Confirm that expectations are being met）。不仅要对结果进行反馈，还要对过程进行反馈，并在必要时做出改变。

5. **应对挫折**（Have a strategy for dealing with setbacks）。接受已经发生的糟糕的事情，并处理它们。

6. **创新思维**（Inspire creative thinking）。鼓励学生跳出思维定式。

7. **不怕失败**（Never be afraid of failure）。如果学生在某项任务中失败了，这只代表他们没有完成本次任务，并不意味着你或他是一个失败者。

8. **了解学生**（Get to know the person you are coaching）。与学生建立一种尊重和信任的关系。

贝茨认为，培训与其他方法的不同之处在于，它们对学生提出的挑战和指令的难易不同。挑战涉及帮助学生实现预期目标；指令涉及告诉学生做什么，或者让学生独立思考和践行。

如何使用

以下是有关应用 COACHING 模型的一些提示：

• 讨论你和学生对彼此的期望，对培训关系的基本规则和边界达成一致意见。

• 让学生描绘他们憧憬的未来，并设定目标帮助他们实现这一愿景。确定的目标要具体、可测量、可接受、可实现、有时限（见理论 111）。

• 无论你在培训中选择了哪种方法，都要带着热情、信念和承诺坚持到底。

- 给予反馈，及时满足期望。不要在培训结束时才做反馈，要将反馈贯穿整个过程。不仅要对结果进行反馈，还要对过程进行反馈，并在必要时做出改变。

- 如果糟糕的事情已经发生，那么如何应对挫折将反映出你是否是一个好教练。

- 鼓励你的学生跳出固有的思维方式。伟大的想法和学习经验，很少会因为人们反复做同样的事情而产生。通过训练赋予学生能力是不错的，但是帮助学生培养创造力才真正有价值。

- 永远不要害怕失败。如果你的学生在某项任务中失败，只意味着他们没有完成本次任务，并不代表你或他是一个失败者。要引导他们分析为什么没能完成任务，下次还可以做些什么。

- 建立一种尊重和信任的关系。在此基础上，你可以向学生提出挑战，设置较困难的任务或提出有挑战性的问题。当然了，你要让他们知道，这样是出于好意。

在课堂上

- 在培训过程中，明确各自的角色，确定谁该做什么。
- 经常反思过程，在必要时调整训练方法。
- 告诉学生不要害怕失败。

批判性视角

考虑一下，教练和学生如果不清楚培训关系的规则和边界，会有什么样的结果？

66

奇普·贝尔
Chip Bell

▼

贝尔设计了一份调查问卷，目的是确定一个人是否具备成为优秀导师的潜质。该调查问卷（可在线获得）包括 39 个问题，每个问题附有 2 个可能的答案，人们需要从中选出更适合自己的选项。例如：

- 人们认为我_____。 　　　　（a）顽固强硬　　（b）好说话
- 在社交场合，我_____。 　　（a）犹豫不决　　（b）果断融入
- 工作日我喜欢_____。 　　　（a）随心所欲　　（b）精心策划
- 我计划个人活动的方法是_____。（a）很随意　　（b）有条理
- 我更愿意以_____的方式表达自己。（a）间接　　（b）直接

贝尔认为，这些回答可以衡量导师在特定时刻的社交能力、支配能力和开放性。这些内容可以概括为：

- **社交能力**。与导师是否喜欢和他人相处有关。在社交能力方面得分高的人，在指导中更容易引导对话、建立融洽的关系。
- **支配能力**。与导师是否喜欢掌控有关。在以权力共享为基础的指导中，这是一个主要问题。在支配能力方面得分高的人可能不愿意分享控制权。
- **开放性**。与导师和学生建立彼此信任的能力有关。在开放性方面得分低的人可能更小心谨慎，不愿流露感情。

贝尔认为，这份导师量表不是用来评判或批评的，而是用来帮助人们评估他们的优势和发展领域，并梳理出他们在导师必备能力上可能存在的盲点的。

如何使用

尽管我有幸对许多人的生活产生了积极的影响，但我也遇到过为数不多的灾难性案例，我至今仍铭记于心。哈罗德是一位技术娴熟的工程师，但在 20 世纪 70 年代早期，他和许多同时代的人一样，很难在工程领域找到工作。我曾经接受过就业顾问的培训，因此成为哈罗德的就业顾问，负责帮助他找工作。我知道什么是适合他的，于是说服他从工程行业转到有工作机会的服务行业。我了解到，一家大型自助商店正在招聘楼层服务员，便缠着哈罗德去申请。他去面试了，但并没有得到那份工作。不久后他就自杀了。

我觉得我与哈罗德建立了良好的关系，他相信我的判断。但现在我意识到

我错了，因为我在这段关系中扮演了主导角色，我提供的方案是我解决问题的方法，而不是他的。

下面的提示可以帮助你成为更好的导师：

- 花点儿时间去了解对方。通过有意义的谈话描绘出对方的形象，与对方建立融洽的关系，并确定双方共同感兴趣的领域。
- 通过互动讨论，了解他们之前接受指导的经历，并分享你自己提供或接受指导的经验。这样做既能令他们感同身受，又能证明你可以理解他们。
- 让他们确定个人的目标，以及想要从这段关系中得到什么。一定要明确他们需要你做什么。
- 说清楚你能做什么和不能做什么，别让他们期待你能提供力所不及的支持。
- 坦诚地分享你的假设、需求和局限。
- 讨论现有的机会和选择，以及你能提供的最有用的帮助。

告诉对方，你指导他做的事情，对他来说可能不是最好的选择。支持他们自己做决定，将赋予其对问题的主导权。

贝尔的导师量表可以得出一个有趣的结论：如果你的得分较低，那么实际上你可能更适合当一名教练。

在课堂上

- 花点儿时间了解学生。
- 了解他们想要从你的指导中得到什么。
- 诚实地告知他们你能做什么、不能做什么。

批判性视角

你认为教练和导师最主要的差别是什么？哪一个更适合你作为教师或培训师的角色？

67

阿瑟·科斯塔和贝纳·卡利克
Arthur Costa & Bena Kallick

▼

科 斯塔和卡利克将"挑剔的朋友"描述为"一个值得信赖的人，一个爱提有
挑战性问题的人，一个对问题提供不同视角的人，一个对人们的行为提出
善意批评的人"。他们认为，"朋友"让人感受到积极的、无条件的关注，而"挑
剔者"又带有否定、不宽容的态度——正是"挑剔的朋友"一词本身的内在张
力，让它成为一个强有力的概念。他们将这个概念概括为六个相互作用的阶段：

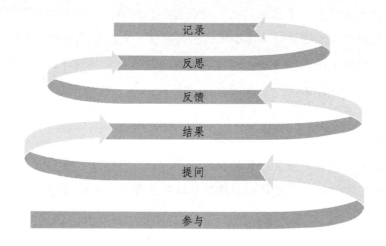

记录

反思

反馈

结果

提问

参与

这一过程的每个阶段可以概述为：

1. **参与**。学生概述问题并向教师寻求反馈。
2. **提问**。教师作为一个"挑剔的朋友"提问，目的是了解问题的根源，弄
   清问题发生的背景。
3. **结果**。教师鼓励学生为互动设定期望的结果，以确保他们可以控制局面。
4. **反馈**。教师针对问题的重要方面提供反馈，这种反馈不应只是粗略地查
   看一下问题，而应是提供有助于问题解决的另一种观点。
5. **反思**。双方都要对讨论的内容进行反思。
6. **记录**。学生记录下他们的观点和意见，教师记录下给出的建议和后续行动。

两人将"挑剔的朋友"描述为"无条件支持与无条件批判的紧密结合"。

如何使用

圣帕特里尼亚诺（San Patrignano）是意大利东部的一个村庄，仅有1300多
人住在那里。这个村庄的不同寻常之处在于，超过80%的居民在戒毒。当我第

挑剔的朋友
The Critical Friend

▼

一次来到这个村庄时，我惊讶地发现这里没有正式的警察，也几乎没有犯罪。法律和秩序是通过一个重要的交友过程来维持的。在这个过程中，先到的瘾君子需与新来的吸毒者结成一对一的关系，并在合作中接受他们的质询和挑战。村庄于1978年建成时，只有少数吸毒者住在一间公共房屋里，现在村里有250名员工、100名志愿者、一所学校、一家医院、几家餐馆和一家意大利排名第四的比萨店。

以下是一些建议，可以帮助你成为学生的好朋友：

- 不要让你和学生之间的友谊，掩盖了他们面对的真正问题。过分强调友谊的一面，不利于深入和批判性地交换意见。
- 同情学生的困境不会给你带来任何好处，甚至可能对解决问题产生不利影响。你的目的是通过引入不同的观点和新鲜的见解，来激发发散性思维。
- 明确彼此关系的边界。
- 设定清晰的目标，明确谁将在什么时候做什么。
- 定期检查目标的进展情况。
- 反思彼此关系的性质和恰当性，想想它们是否需要调整。
- 向学生提供诚实和批判性的反馈。
- 愿意接受学生的诚实和批判性反馈。

如果你扮演的是"挑剔的朋友"的角色，请记住，它不像咨询师或培训师那么正式，而是一种建立在彼此尊重，同时又愿意提出问题和挑战基础之上的专业角色。如果你做不到这两点，就不要承担这个角色。

在课堂上

- 确保你和学生都了解彼此关系的边界。
- 不要让你对学生所处困境的同情影响你的客观判断。
- 对于发生的事情，愿意给予并接受诚实的反馈。

批判性视角

科斯塔和卡利克将"挑剔的朋友"描述为"无条件支持与无条件批判的紧密结合"，你认为这是什么意思？扮演这一角色你将感觉如何？

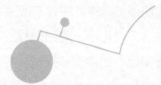

第11章
团队合作

我想说，从本质上讲，教师并不是好的团队成员。在戴维·阿滕伯勒（David Attenborough）[1]精彩的野生动物系列纪录片中，你可以看到，一群狼把较弱的一头水牛与牛群分开，然后开始猎杀。这一场景可以让我们学到，动物是如何作为一个团队相互协作的。当然，当你在纪录片中看到同一群狼为了争夺一小块食物而恶斗时，可能又会有不同的想法了。

可能有的教师认为，我把他们比作争夺贫乏资源的拾荒者了。在此我先声明，我绝无暗讽之意。我们都知道，大多数教师喜欢分享他们的学习资料，喜欢同事评论自己的工作，总是把团队的利益放在个人需求之上。遗憾的是，不是所有教师都具备这些品质。

人们怎样才能以团队成员的身份工作呢？特别重要的一点是，他们需要一个共同的目标和一种认同感。例如，电梯里有一群人，他们虽然暂时形成了一个群体，但仍然是独自思考和行动。但是，一旦电梯发生故障或起火，生存需求就成为他们的共同目标。此时，每个人都会承担一个角色，要么是领导者，要么是安慰者，要么是问题解决者，等等。对一个团队来说，从仅仅为了生存而协作，转向持续保持有效合作和良

---

[1] 英国著名电视节目主持人、自然历史学家、作家，策划、撰写并主持了一系列广受赞誉的自然历史纪录片，向观众展现了地球上千变万化的自然环境和多姿多彩的动植物世界。——译者注

好状态，需要一个过程。这个过程需要人们相互理解、彼此承诺，还需要卓越的领导力。

在本章中，我想把团队看作一个部门团队或一组学习者。我首先着眼于两个与团队发展相关的理论：一个是塔克曼关于"有效团队需要经历哪些阶段"的理论，另一个是惠兰关于"团队如何成熟"的理论。最后我以巴克利关于"协作教学"的观点作结。了解这些理论的原理，以及如何将它们结合起来以创建有效的团队，有助于那些缺乏团队意识的教师参与进来，成为团队的一员。

布鲁斯·塔克曼
Bruce Tuckman

塔克曼的团队发展模型，为他在团队建设领域赢得了超级英雄的地位。他的模型基于这样一种理念：一个团队在成为运行自如的团队之前，要经历四个发展阶段：组建期、激荡期、规范期和执行期。他后来又增加了第五阶段——休整期，作为这个过程的重要部分。

每个阶段可概括如下：

- **组建期**。在这个阶段，团队成员开始互相交流，并表达对彼此的期望。一些成员会兴致勃勃、满腔热忱，一些成员会害怕和迟疑。
- **激荡期**。当人们开始交往时，个人意愿的不同就会引发冲突。一些成员会坚持自己的观点，并开始质疑权威，而另一些人则选择遵从权威观点。
- **规范期**。当团队成员找到解决冲突的方法时，他们开始成为一个有凝聚力的整体。成员之间能够接受建设性的批评意见，并且能够彼此合作。
- **执行期**。随着成员对彼此信心和信任的增强，团队的执行力也在提高。
- **休整期**。任务完成后，团队解散。在这个阶段，成员可能感到满足，可能感到失落，还可能产生宽慰或悲伤的情绪，这取决于任务的完成情况。

塔克曼强调，在团队成立之初就提供指导是非常重要的。他认为，确定团队的目标和任务是一个重要因素，它决定了团队成员在完成初始任务时，是充满期待还是诚惶诚恐。

如何使用

在电影《冰上轻驰》（*Cool Runnings*）中，约翰·坎迪（John Candy）扮演了牙买加雪橇队队长艾威·布利策（Irv Blitzer）。我们来看看这部电影是如何反映塔克曼团队发展模型的。

布利策将一群不被看好的人聚在一起——主要是一些短跑运动员——组建了一支牙买加雪橇队，计划参加 1968 年冬季奥运会（组建期）。由于训练期间经常

团队发展模型
The Group Development Model

▼

发生冲撞，团队里剑拔弩张（激荡期）。他们当中没有一个人真正渴望成为奥运选手，把参加奥运会当成一个玩笑（规范期）。最初的几次比赛他们都是最后一名，这让他们感到很难堪。当他们的努力受到其他竞争国家的嘲笑时，他们开始合作。最终他们解决了团队内部的冲突，凝心聚力，取得了优异的成绩，差点儿打破世界纪录（执行期）。雪橇队以英雄的身份载誉归来，回到家乡牙买加（休整期）。

作为教师或团队领导，在团队形成的每个阶段，你应该做出怎样的反应？这里有一些提示：

- 在团队组建之初，与成员当面讨论基本规则，让他们说出各自对团队的期望。
- 在激荡期，很可能出现价值冲突和挑战权威的行为。如果分歧太大，请保持冷静。发生冲突时要果断处理，因为此时无论是积极行动还是消极行动，都不会有太大的效果。
- 如果你已经有效地处理了激荡期的冲突，团队成员将进入规范期，开始形成自己处理分歧的方式。此时，教师或团队领导就可以放手了。
- 如果一切按计划进行，团队将成为一个有凝聚力的整体。此时要密切关注过程，但要给团队留出空间。不要担心他们犯错误，而要支持他们从错误中吸取教训。
- 任务完成后，要庆祝团队取得的成就，肯定每个人的贡献、努力和成就。

不难看出，这个理论适用于课堂，因为学生就是团队成员，教师就是团队领导。

在课堂上

- 通过讨论建立基本规则，而不是将规则强加于人。
- 允许出现摩擦，但要确保摩擦能够得到解决。
- 肯定每个人的努力。

批判性思考

塔克曼认为，团队需要经历冲突并解决冲突，然后才能有良好的表现。在课堂上，你应该设计它，还是让它自然发生？

苏珊·惠兰
Susan Wheelan

▼

惠兰认为，仅仅一个互动过程就可以让团队成熟起来。她指出，团队合作时间的长短，会对他们如何作为一个团队发挥作用产生重大影响。她用生命成长来描述这个过程：

| 婴儿期 | 青春期 | 成年期 | 成熟期 |
| 符合规范 | 挑战权威 | 建立关系 | 信心与自信 |

在教学中，每个阶段可概括如下：

- **婴儿期**。在这个阶段，学生依赖教师的指导和支持。他们遵守课堂规范，对教师和同伴的批评很敏感，哪怕这些批评是出于善意。
- **青春期**。这是一个叛逆的阶段，教师的权威可能受到挑战。意见不一致时，同学之间也可能发生冲突，小团体开始形成。
- **成年期**。随着成员之间的纽带日益紧密，团队中的角色和结构更加牢固。团队可能会犯错误，但如果想要走向成熟，就必须从中吸取教训。
- **成熟期**。成员更加清楚各自的角色和责任，有信心完成最具挑战性的任务。

惠兰设计的这个团队发展观察系统（Group Development Observation System，简称 GDOS），可以用来判断团队所处的发展阶段。

如何使用

我很喜欢惠兰用人生的各个阶段来比喻团队的成熟度。我曾在三天时间内，经历了一个团队发展的完整生命周期，简述如下。

1993 年，我报了一门为期两年的管理学文凭课程。我所在的团队领到一项任务，可我们还习惯于以前接受教育的方式，所以等待着讲师告诉我们该如何做（婴儿期）。可讲师一直没有给出具体指示，沉默在团队中蔓延，我们感到很沮丧，开始挑战讲师的权威。当挑战毫无进展时，团队的一个成员起身离开了（青春期）。由于讲师仍然没有给出任何指导，我们决定自己完成这项任务，由团队中的每个人轮流当领导和抄写员。此时我们的讲师终于说了些什么（轻声说了句"自以为是"），我们知道那是对我们偏离任务提出的警告。我们很快就从中吸

团队成熟度模型
The Group Maturity Model

取了教训（成年期）。到第三天结束时，我们开始对彼此的贡献充满信心，相信我们有能力完成任务（成熟期）。

教师如何使用惠兰的团队成熟度模型？以下是一些提示。

- 无论你在前两个阶段采用了什么方法，都要确保你所做的前后一致，并坚持自己的立场。如果你对威胁或承诺视而不见，你的可信度将会大大降低。

- 你要意识到，如果你对学生的工作持批评态度，他们会感到沮丧。将沮丧发泄在你自己身上不太好，但是发泄到学生身上则更糟糕。你要确保能快速、有效地解决任何冲突（见理论44）。

- 当团队发展到第三阶段时，不要放松。此时他们已经开始作为一个学习团队建立彼此间的联系。这时他们会犯错误，而且很可能是将困扰他们一段时间的大错误。要让他们知道，这并不意味着他们就是失败者，只意味着他们犯了一个错误而已，重要的是要从错误中吸取教训。

- 当他们变得更加成熟时，你要勇于后退，但仍然要密切关注他们在做什么，以便在需要的时候给予支持和指导。

在课堂上

- 了解你的团队正处于哪个阶段。
- 调整你的教学策略以适应这个阶段。
- 当你觉得团队进入成熟期时，你要勇于后退。

批判性视角

在团队成熟度模型的第三个阶段，惠兰提到此时团队会犯错误，这给教师提供了很好的学习机会。考虑一下，你如何在教学中加以应用？

协同教学是指在教学过程中，两位或更多的教师在一起，有意识地、有条不紊地合作教学。巴克利认为这个过程包括：共同制定课程目标，设计工作方案，准备教学计划，选择教学材料，实施教学，以及评估学习情况和彼此的表现。

巴克利总结了协同教学的以下特点：

- 教师之间的互动可以提高学术水平和教学质量。
- 允许教师分享深刻的见解，挑战固有的假设。
- 鼓励教师通过观察他人来学习新的教学方法。
- 防止教师因使用同样的教学方式、教授同样的内容而产生厌倦和精神疲劳。
- 责任的共同承担可以为教师计划教学提供更多时间。
- 不同的新方法可以起到激励教师的作用。
- 为教师提供与同事建立深厚工作关系的机会。
- 对比鲜明的观点可以激发学生。

巴克利认为，一个协作良好的团队，会利用每个成员的专长和知识来促进有效学习，并能使学生接触各种不同的教学风格。他还提醒说，以团队的形式开展工作，也可能会给教学和辅助人员带来额外的压力。

如何使用

巴克利特别强调，协同教学并不是灵丹妙药。一个充满活力、富有洞察力和勇于承担责任的团队，将会尽力帮助学生实现学习目标；而一个懒惰、紊乱和推崇个人主义的团队，则会对学生产生相反的影响。

以下建议可以帮助你实现有效的协同教学：

- 你要充分意识到自己采用协同教学的原因。有一个问题你必须正面回答，即不论是资源的利用、时间的安排，还是专业知识的分享，协同教学是否是最适合你的教学方法？
- 如果你认为协同教学是最好的方法，那么就要优先考虑团队的发展。为团队挑选合适的人选，尽早解决出现的问题，做好可能会发生冲突的准备，并制定好应对策略。

- 不要想当然地认为团队会自然发展壮大。就像新企业的成长一样，它需要培育才能发展壮大。

- 为团队设定明确的目标，并确保这些目标能够实现。

- 一旦教学团队开始运作，就要与成员建立融洽的关系。否则，任何年龄的学生都会感觉到团队中存在的紧张与不和谐。

- 确定成员喜欢的教学风格，并找出互补的方式。

- 不要害怕讨论成员的长处和短处，但要以公开、透明的方式，这样就不会有人在背后议论。记住，有什么样的团队文化，就有什么样的沟通方式。

- 一个团队要想保持创新和成长，最重要的是大家都能够享受共事的经历。

既然有如此令人信服的论据支持协同教学，为什么不能每节课都采用这种方法呢？这是因为有些教师性格僵化，或者对新思想有抵触情绪；有些教师不喜欢在同事面前表现，担心如果进展不顺利会很没面子；还有一些教师想要保护自己开发的材料，不喜欢分享。

在课堂上

- 为团队设定明确的目标。
- 让老师们各自擅长的教学风格互补。
- 在团队中建立融洽的关系，享受一起工作的经历。

批判性视角

巴克利指出，由于缺乏资源、教师的性格僵化、担心在同事面前丢脸等原因，协同教学并不总能行得通。你有过这样的经历吗？你是如何解决的？

第二部分
小结

第二部分介绍了当代的教学思想，共分为六个部分。教师必须具备某些素质才能有效工作，必须具备某些思考力才能超越基本的教学策略，有效地支持学生学习，这六个部分就包括了与这些必备素质相关的理论和模型，同时还包括与学生的思考方式和学习动机相关的理论和模型。要点总结如下：

- 年复一年采用同样的教学方法，会导致无聊和精神疲劳。
- 履行承诺、平易近人、热情友好是教师的重要品质。
- 能够解决课堂上或教学团队中的冲突，是教师的重要素质。
- 从"情感银行"中提款比存款多，会导致与他人的"情感账户"透支。
- 提升学生的能力很好，但是培养他们的创造力更有意义。
- 感知能力和性格特征会影响人们的思考方式和学习方式。
- 没有人是完美的。
- 动机可以是内在的，由内在欲望驱动；也可以是外在的，由外部刺激驱动。
- 动机可能会受到个人的自信程度、对成功的重视程度以及对他人的贡献程度的影响。
- 对认可、权力或接受的渴望可以用来衡量学生的需求。
- 智力不是静态的，而是可以发展的。

- 用技术支持教学，而非替代教学。
- 教师和学生一样有自己的权利。
- 关注可能导致不良行为的迹象。
- 让学生知道不良行为的可怕后果。
- 确保期望的行为所带来的结果都是学生想要的。
- 承认每个人都有可能存在病态心理。
- 学生如何看待自己，对他们的动机有很大的影响。
- 忽视太多细微的行为问题，可能会导致课堂陷入混乱。
- 鼓励学生自己提出解决方案。
- 永远不要害怕失败。
- 好的导师永远不会评判或批评学生，而是努力帮助学生评估自己的优势和发展领域。
- 一个好的导师会善意地提出具有挑战性的问题。
- 团队需要经历一个发展过程才能变得成熟，从而全面运转起来。
- 协同教学可以利用成员的专业知识和专长促进高效学习，使学生接触不同的教学风格。

第三部分

幼儿与发展策略
AN INTRODUCTION TO
EARLY CHILDHOOD AND
DEVELOPMENTAL
STRATEGIES

第三部分
简介

　　本部分介绍的每一个儿童发展理论和策略，都对教师支持儿童的发展和学习做出了重要贡献。但有一点很重要，那就是无论你在与儿童的关系中扮演的是什么角色，没有一种方法能够应对他们成长过程中的所有方面。因此，重要的是从每一个理论中获得灵感，并理解儿童是非常独特的，会受到先天和后天两方面的影响。

　　在这部分中，你将接触到从生理、社会、情感、生态和道德的视角阐述儿童发展的八种方法，在课堂上与儿童合作的五种策略，与有额外需求儿童合作的七种策略，以及来自世界各地学校的六种实践。

　　本书前两部分内容涵盖了从哲学论述，到早期的心理学研究，再到更现代的神经科学方法，主要着眼于学习理论的发展。而本部分则是对前述内容的补充。前两部分并非针对特定年龄，而本部分更侧重于儿童，用于解释他们在童年时期是如何变化和成长的，以及影响这种变化和成长的因素。

　　正如你在整本书中所看到的，一些最著名的心理学家已经开发出不少理论，来帮助人们探索和解释儿童发展的不同方面。虽然不是所有理论在今天都能被完全接受，但它们对我们理解儿童的发展都产生了重要影响。因此，你可能会惊讶地发现，我忽略了弗洛伊德关于儿童发展的思想。弗洛伊德认为，儿童的发展经历了一系列专注于身体不同快感区的阶段。在每一个阶段，儿童都会遭遇冲突，这些冲突在他们的成长过程中起着重要作用。他的理论认为，力比多^①的能量集中在不同阶段的不同性敏感区。如果一个人在某个阶段遭遇失败，那么他在该阶段的发展就会停滞，进而影响他成年后的行为。我选择略过弗洛伊德的理论，不是因为我不同意他的观点——事实上，在整本书中，我都不会对任何一种理论表示支持或反对——而是因为关于他的著作已经够多了。

① libido 的音译，其基本含义是性力、性原欲，即性本能的一种内在的、原发的动能和力量。——译者注

第 12 章
儿童和社会

儿童从很小的时候起，就开始发展他们的社交能力。3 岁以下的儿童生来需要更多的照顾，且以自我为中心，但在多种复杂因素的影响下，他们变得越来越能够体贴他人。这些影响因素包括儿童作为家庭、幼儿园、学校等社会环境中的一员所经历的各种互动。在本章中，我想着重介绍四种理论，这四种理论都着眼于儿童，以及这些互动对他们造成的影响。

我首先介绍的两个理论涉及儿童在社会性发展中所经历的和需要解决的一些危机：第一个理论探讨婴儿与其主要照顾者分离时经历的痛苦；第二个理论聚焦儿童和青少年可能经历的一系列社会心理危机，这些危机可能对其人格发展产生积极或消极的影响。

其次介绍的两个理论涵盖了社会对儿童的社会性发展和学习能力的广泛影响：第一个理论探讨儿童在人类共同努力的领域中参与集体学习的过程；第二个理论认为，儿童所处的成长环境对他们的发展有重大影响。

另外，我还想说，虽然我已将让·皮亚杰的研究放在本书的另一部分讨论（见理论 20），但他的认知发展理论对任何有关儿童社会性发展的讨论，都具有重大意义。

71

约翰·鲍尔比
John Bowlby

▼

鲍 尔比观察到，儿童与他们的主要照顾者分离后，会变得越来越痛苦。其间会经历这样一个过程：一开始是愤怒地反抗，然后是绝望，继而是冷漠和无精打采，再往后是一段时间的安静超然。如果分开的时间足够长，儿童就会对离开的照顾者失去兴趣并远离。这可以用一个横向进程来表示：

愤怒地反抗 | 绝望 | 冷漠和无精打采 | 安静超然 | 远离

鲍尔比认为，儿童对照顾者的依恋是一个不断发展的过程，可以分为以下几个阶段：

- **前依恋阶段（出生至6周）**。在这个阶段，婴儿开始认识自己的主要照顾者，但尚未产生依恋。他们的哭泣和吵闹会引起照顾者的关注和照顾，这对双方都是有益的。随着这一阶段的发展，婴儿开始更多地认识照顾者，并产生信任感。
- **不加选择的依恋阶段（6周至7个月）**。在这个阶段，婴儿开始对主要照顾者以及生活中的某些次要照顾者表现出明显的依恋。
- **有区别的依恋阶段（7个月至1岁）**。在这个阶段，依恋关系已经建立，比起其他人，婴儿会更喜欢他们的主要照顾者，而且在与主要照顾者分离时会感到焦虑。
- **多重依恋阶段（1岁+）**。在这个阶段，随着语言的发展，婴儿因分离产生的焦虑下降，安全感开始形成。此时，婴儿可以理解他们的主要照顾者什么时候离开，什么时候回来。

玛丽·安斯沃思（Mary Ainsworth）支持鲍尔比关于母婴依恋过程的理论，并在这一领域进行了进一步的研究。安斯沃思的"陌生情境"（strange situations）研究，考察了非洲和美洲文化中的依恋过程，确定了母婴之间安全依恋和不安全依恋的特征，并为鲍尔比的理论提供了第一个实证依据。

如何使用

鲍尔比认为，从出生到5岁是发展依恋关系的关键时期。儿童如果在这个阶

依恋理论
Attachment Theory
▼

段没有形成依恋，将承受不可逆转的后果，比如智力下降和攻击性增强。如果你相信鲍尔比的观点，那就很有必要理解以下的依恋状态：

- **安全型依恋**。儿童知道并相信他们的主要照顾者就在身边，从而感到安全和快乐，并渴望探索周围的环境。如果主要照顾者离开了，儿童虽然会感到难过，但仍相信他们还会回来。
- **焦虑回避型依恋**。儿童不信任主要照顾者能满足他们的需求。他们表面上对主要照顾者的在场与不在场表现得漠不关心，内心却焦虑不安。处于焦虑回避状态的儿童不善于探索，而且情感是冷漠的。
- **焦虑抵抗型依恋**。儿童对主要照顾者表现出愤怒和无助。过往的经验告诉他们，母亲无法依靠。他们不会主动行动，缺乏安全感。
- **无序/迷失型依恋**。不适合其他类别的儿童都可归入此类。他们可能会表现出沮丧、愤怒、被动或冷漠的态度。

以上描述强调了教师和家长需要共同努力，帮助儿童度过成长过程中最关键阶段的重要性。

在课堂上

- 确保你为那些无法满足儿童的依恋需求的家庭提供早期干预和支持。
- 鼓励儿童的主要照顾者在儿童形成依恋的关键时期与他们待在一起。
- 与儿童的主要照顾者合作，确保他们的行为始终如一，对儿童的需求保持敏感。

批判性视角

依恋理论的批评者认为，父母不会塑造儿童的个性或性格，与之相比，教师和同龄人会对儿童产生更大的影响。你同意鲍尔比的观点，还是其批评者的观点？

72

埃里克·埃里克森
Erik Erikson

▼

埃里克森提出了一种关于社会心理发展的心理分析理论，他把社会心理发展分为从婴儿期到成年期的八个阶段。埃里克森指出，人在每个发展阶段都会经历一些社会心理危机，这些危机可能会对人格发展产生积极或消极的影响。社会心理危机表现为一系列困境，如下图所示：

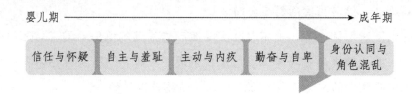

几个阶段可以概括为：

- **第一阶段（0—2岁）：信任与怀疑。** 信任来自需求能够始终如一地得到满足。如果婴儿相信他们的主要照顾者能够满足他们的需求，那么从这一阶段开始，他们将对世界产生一种基本的信任感，这将有助于他们接受"限制"和"边界"的含义。

- **第二阶段（2—4岁）：自主与羞耻。** 这个阶段通常被称为"可怕的2岁"，因为这一年龄段的儿童开始随心所欲地探索世界，他们可以通过各种感觉来学习。在这个过程中，儿童的自主表达与他们的成长密切相关。如果这种自主性遇到挫败，可能会导致三种后果：产生羞辱感、不能合理地接受"限制"、一遇到小危机就感到沮丧不安。

- **第三阶段（4—6岁）：主动与内疚。** 这个阶段的儿童开始尝试做决定，并主要通过游戏来完成。想象力是这一阶段的关键动力。当他们能够想象某些东西并追求某些东西时，他们就会产生一种使命感。

- **第四阶段（6—12岁）：勤奋与自卑。** 这个阶段的儿童开始努力学习，并在各种活动中提升能力。

- **第五阶段（12—17岁）：身份认同与角色混乱。** 这个阶段的儿童常常会问："我是谁？""我的价值观是什么？""我的身份是什么？"他们将确定身份视为行使选择权的能力。

埃里克森主张，在学校教育以外，还有三个社会心理发展阶段：亲密与孤独（18—35岁）——在这一阶段，人们将建立亲密的关系并经历爱情；生殖与停

社会心理发展
Psychosocial Development

▼

滞（35—60岁）——在这一阶段，人们将主要精力集中在满足后代的需求上；自我完善与失望（60岁以上）——在这一阶段，人们开始反思自己的生活，并将对生活的各种感受表达出来。埃里克森认为，我们在以后的生活中能否获得一种完整感，能否获得"个人完整性"，与我们是否成功通过社会心理发展早期阶段的考验直接相关。

如何使用

埃里克森指出，虽然他的社会心理危机阶段理论对儿童的人格发展过程进行了合理而深刻的描述，但是帮助儿童度过各个阶段，并陪伴他们积极学习是一项复杂而困难的任务。这里有一些建议：

- **0—2岁**。这个阶段的孩子开始意识到什么是对的，什么是错的。为了让他们信任你，不要做出你无法兑现的承诺，否则不利于他们接受"限制"和"边界"的含义。

- **2—4岁**。这个阶段的孩子开始表达情感。不要谴责孩子可能有的愤怒或嫉妒等情绪，而要帮助孩子对自己在特定情况下的行为表现保持敏感。

- **4—6岁**。这个年龄的孩子必须有足够的空间来表达他们的想象力，因此你可以为他们提供大量参与各种活动的机会，如利用各种自然、简单的材料做游戏或者进行角色扮演。在这个阶段，你还可以引入能够激发想象力的故事和歌曲，以及一些现实生活中的活动，比如让孩子参与食物的准备过程。

- **6—12岁**。这个阶段至关重要的是帮助孩子做一些事情，让他们觉得自己可以很好地完成一项任务。还可以在不同领域设定小的学习目标，并庆祝这些目标的实现。不过要注意，不要只关注最终的结果，还要关注孩子经历的过程。

- **12—17岁**。在这个阶段，孩子会发展出一种清晰的自我意识。要鼓励他们反思"我是谁？""我的价值观是什么？""我的身份是什么？""我在生活中有什么选择？"之类的问题。

埃里克森认为，教师的一项关键工作是：帮助儿童理解什么是对的、什么是错的，允许他们自由表达，鼓励他们想象，使他们能够信心十足地完成任务，培

埃里克·埃里克森
Erik Erikson

▼

养做出正确选择的能力。这将确保儿童形成统一的自我意识，为他们将来过上幸福而充实的生活做好准备。

在课堂上

- 一定要履行你对学生所做的任何承诺。
- 开展一系列活动，激发学生的想象力。
- 鼓励学生讨论是什么激励他们向前，即他们生活的原则和价值观是什么。

批判性视角

埃里克森的社会心理发展理论与弗洛伊德的性心理理论有何不同？你认为这两种模式是兼容的还是直接冲突的？

73

简·莱夫和艾蒂安·温格
Jean Lave & Etienne Wenger

▼

尽管莱夫和温格两位学者在社会学习理论方面分别做出了重要贡献，但是他们在情境学习这一主题上的合作，是他们迄今为止最重要的工作。

莱夫和温格结合他们在社会人类学和神经科学方面的专业知识提出，社会情境学习发生在人类共同努力的领域，是人们在进行集体学习的过程中实现的。他们称之为"实践社区"。例如，"一个学习生存技能的小组，一群寻求新表现形式的艺术家，一组处理相似问题的工程师，一个校园里的小帮派，一群探索新技术的外科医生，一队初出茅庐、互帮互助的管理者"，等等。

一个更典型的有关社会情境学习的例子发生在一个叫基布兹（Kibbutzim）的以色列集体农场。在这个集体农场中，特别是在其成立的早期，人们的教育方式有个显著特点：父母放弃自己抚养和教育子女，而把孩子交给专业的教育者，有时候孩子一出生他们就这样做了。虽然这种教育类型是在当时的社会和经济背景下发展起来的，但它仍凸显了以下四大教育特色：

- 集体农场的生活方式使男女完全平等。
- 延续集体农场生活的最佳方式，是在特殊儿童之家对儿童进行教育。
- 集体教育比家庭教育更"科学"，因为孩子是由专家在没有紧张家庭关系的环境中抚养和培训的。
- 集体教育比传统教育更民主，更具有合作生活的精神。

莱夫和温格的社会情境学习理论强调，学生要积极参与解决现实世界中的问题，而基布兹集体农场的教育为这一理论奠定了基础。实践表明，学生处于学习体验的情境之中时，知识的获取便成为学习活动、其所处环境和文化的一部分。

莱夫和温格认为，学生在所处的学习环境中获得了经验，从而形成、构建了自己的知识。从这方面来看，情境学习的成功依赖于社会互动和实践活动。

如何使用

社会情境学习理论认为，学习是通过人与人之间的关系进行的，是通过将学生已有的知识与真实的、非正式的、无意识的学习情境联系起来而发生的。在这种情况下，学生的角色从初学者转变为专家，因为他们会沉浸在社会群体中，变得更加活跃。在那里，学习往往是无意发生的，而不是有意安排的。如果你想遵循莱夫和温格的理论，认同"知识需要在真实情境中呈现"的观点，那么请关注以下几点：

- 组织学生实地考察，让他们有机会在陌生环境中积极参与，体验学习。
- 培养学生的合作意识和实地工作经验，让学生在实际工作环境中全身心参与，积极体验。
- 不要依赖于课本上的音乐和艺术之类的课程，而要把注意力集中在与实际事件相关的实践活动上，例如，建立管弦乐队、工作室或画廊等。
- 选择比较复杂的、现实的、以解决问题为中心的活动，使学生能参与其中，利用这些活动支持相关知识的学习。
- 将你的角色从知识的传播者转变为学习的促进者。你需要跟踪学生的学习进度、评估学生制作的产品、建立合作学习的环境并鼓励学生不断反思。
- 通过讨论、反思、评估和验证社群立场，来评估学生个人和学习群体的智力发展。

总之，无论你使用什么方法，情境学习的经验都会鼓励学生充分利用他们已有的知识，在真实世界里寻找学习的机会，不惧挑战。

在课堂上

- 鼓励学生发现生活和世界的意义。
- 将学生置于真实的学习情境，让他们积极地投入活动。
- 做学习的促进者，而不仅仅是知识的传播者。

批判性视角

社会情境学习理论的前提是，知识需要在真实的情境中呈现。而批评者认为，这个前提忽略了"在抽象中学习是有用的"这一观点。你同意莱夫和温格的观点，还是其批评者的观点？

74

乌尔·布朗芬布伦纳
Urie Bronfenbrenner

▼

布朗芬布伦纳提出的生态系统理论（Ecological Systems Theory，简称 EST），强调先天与后天之间的平衡，也就是遗传和环境的平衡。为了说明这一理论，他构建了一个模型。在这个模型中，儿童被放在同心圆的中心，周围环绕着影响其发展的五个系统。

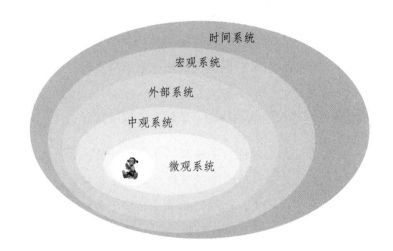

他对这五个系统进行了以下描述：

- **微观系统**。这个系统包括对儿童有直接影响的人，例如儿童的家人和朋友。
- **中观系统**。这个系统扩大了对儿童发展有直接影响的范围，考虑了更广泛的环境，例如教育和卫生保健。
- **外部系统**。这个系统将范围扩大至间接影响儿童的人，例如儿童家人的同事和朋友。
- **宏观系统**。这是一个更广泛的系统，包括儿童所属的文化群体的价值观、习俗和态度。
- **时间系统**。这个系统承认儿童的发展受到遗传组成与环境因素的共同影响，是它们共同作用的结果。

布朗芬布伦纳认为，儿童成长的世界对他们的发展能产生重大影响，同时，儿童的个性和行为也将影响环境中的人与儿童互动的方式。这是一个双向的过程。布朗芬布伦纳还认为，各种环境因素的相互作用也会影响儿童的发展。例如，不仅父母或保育中心会影响儿童，父母与保育中心工作人员的相处方式也会影响儿童。

如何使用

布朗芬布伦纳认为，他的理论将有助于教师理解与儿童及其家庭建立积极关系的重要性，并且有助于他们认识到自己与儿童家庭的互动方式和支持方式，将影响儿童的发展。他还进一步指出，这将提高教师对影响儿童发展的各种因素的认识，以确保他们设计的学习体验能够反映出儿童所从属的社会、社群和文化的需要和期望。

如果你想遵循布朗芬布伦纳的理论，不妨参考以下建议：

- 孩子第一次从家庭走向学校时会经历一个过渡阶段，这一过渡可能会影响他们对未来教育的看法，所以要确保这个过渡是积极的。要创造一个安全的、利于学生成长的环境，让他们在学习过程中感到舒适、勇于挑战，在遇到困难时能得到及时的支持和帮助。
- 如果孩子在入学后还会经历某些变动，例如，从一个班到另一个班，从一所学校到另一所学校，等等，你要确保把他们的相关信息传递给新环境中的关键人员。
- 要认识到成为孩子的积极榜样是非常重要的。
- 注意倾听孩子的表达，并在他们遇到困难的时候，履行你会为他们提供支持的承诺。
- 鼓励孩子的父母或主要照顾者主动参与孩子体验学习和分享成就的过程。一个很好的做法是，留出一个晚上，让孩子向父母或主要照顾者介绍他们所做的项目。

在课堂上

- 你需要意识到这样一个往往被人们忽视的事实，即学生在从家庭走向学校、从一个班到另一个班、从一所学校到另一所学校的过渡中，可能会遇到一些困难。
- 为学生树立一个积极的榜样。
- 鼓励学生的父母参与孩子的学习。

乌尔·布朗芬布伦纳
Urie Bronfenbrenner

▼

批判性视角

生态系统理论的批评者质疑，在这几大系统中有如此多影响个人的信息，不可能根据层级重要性和影响力对这些信息进行分类。例如，微观系统中的关系比中观系统中的关系对儿童发展的影响更大吗？你同意布朗芬布伦纳的观点，还是其批评者的观点？

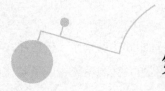
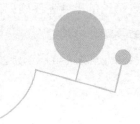

第13章
情感成长

　　这一章可以说是本书最难研究、最难写作的部分之一，因为有太多关于儿童情感成长的文章，也有太多关于儿童情感成长影响因素的论述，要想从众多理论和观点中选择少数几个是非常困难的。

　　在此我想强调，每个儿童都有决定他们情感发展速度的独特基因和生物学组成，这就涉及先天因素与后天因素的影响（见理论4）。

　　我首先选择格塞尔的理论进行探讨。他虽然承认后天的环境因素对发展有影响，但是在他看来，先天的生物学因素才是最大的影响因素。接下来我又选择了科尔斯的理论来平衡格塞尔的观点。科尔斯认为，强大的社会和经济力量会影响儿童的情感成长。

　　当然，我知道我无法平息先天与后天的争论，所以我将注意力转移到能够涵盖情感发展的两个方面——身份和道德——的理论上，而在我读的大部分关于这个主题的书中，这两个方面似乎也是特别重要的内容。我觉得任何对情感行为的考虑，都必须从儿童的自我存在感和自我价值感出发。

　　儿童经常通过别人对他们的反应来建立自我认同感和道德理性。例如，当他们生活在一个多元化的社区中时，他们更能意识到肤色的种族差异。因此，班克斯的观点吸引了我。他认为生活在不同社区的儿童之所以认同特定的群体，是为了体验一种归属感，并且他们也非常需要这种归属感。在本章的最后我选择了科尔伯格的观点，他探讨了道德的形成过程，认为身份和道德是不能直接教授给儿童的，也不是可以强加给他们的东西，而是在他们与他人的互动中发展起来的。

简·埃利奥特的实验也很值得一读（见理论 9），在这个实验中，她让儿童直面身份和道德问题，以及这些问题对他们成长的影响。

阿诺德·格塞尔
Arnold Gesell
▼

格 塞尔是最早系统描述儿童生理、社会性和情感发展的心理学家之一。他的理论基于三个主要假设：

- 儿童的发展是有序的、连续的和可预测的，是建立在早期的学习、技能或行为的基础上的。
- 儿童按自己的节奏独立发展，但每个孩子所遵循的顺序都是相同的。
- 特定方面的发展发生在特定时间，导致平衡或不平衡状态的出现。

下图以半年为周期，对2—8岁儿童的行为模式进行了预测。

不平衡
7.5岁：神经匹配
6.5岁：以自我为中心
5.5岁：关系破裂
4.5岁：神经匹配
3.5岁：以自我为中心
2.5岁：关系破裂

平衡
8岁：行为平稳
7岁：进一步发展
6岁：妥善处理
5岁：行为平稳
4岁：进一步发展
3岁：妥善处理
2岁：行为平稳

各成熟阶段可总结为：

行为模式	2—5岁	5—8岁
行为平稳	有爱心且深情，但需要照顾。	更加平静，但可能会变得孤僻。
关系破裂	倔强，不灵活，专横，苛刻，易发脾气。	爱抱怨，经常喜怒无常。
妥善处理	不那么倔强，更灵活，能关注别人的观点。	积极乐观，能与他人产生共鸣。
以自我为中心	缺乏安全感，要求更高。	紧张，消极，不听话，孤僻。
进一步发展	富有想象力，常做愚蠢的行为，易爆发。	友好，有爱心，关心他人，乐观。
神经匹配	语言技能更发达，精细运动能力更强。	热情，外向，但易过度自我批评。

格塞尔明确指出，每个孩子独特的基因和生物学组成，决定了他们个体生长发育的速度，尽管后天的环境因素对其生长发育也有影响，但先天的生物学因素影响更大。因此，他认为应该适当地改变环境，以适应基因预先安排好的个人发展时间表。

成熟理论
Maturational Theory
▼

如何使用

格塞尔通过对儿童的观察和研究，在十个主要领域描述了儿童应遵循的行为标志，这些描述将影响儿童的规范性行为。现将这些标志，以及如何据此支持儿童概述如下：

- **运动特征**。能手眼协调地活动身体；你的教学计划要包含大量的实践活动。
- **个人卫生**。关注日常健康，包括饮食、睡眠、洗漱和穿衣；要留意并报告儿童的生活方式中任何让人担忧的问题。
- **情感表达**。发展包括笑、哭、坚持和愤怒等在内的情感态度；要鼓励他们在表演或角色扮演中积极表达，培养他们的表现力。
- **恐惧与梦想**。具备应对焦虑和复杂情绪的能力；如果他们开始表达一些担忧，要注意倾听，如果你觉得他们出现了情绪问题，请寻求专业帮助。
- **自我与性别**。发展自信与人际关系；当他们表现得好时，要表扬他们，要关注他们付出的努力而不仅仅是结果。
- **人际关系**。认识到爱和友谊的重要性；在课堂上要鼓励充分的互动和团队合作。
- **游戏和消遣**。有读书、听音乐、看电影等兴趣爱好；要鼓励他们与全班同学讨论自己的爱好，并在表达与展示课上进行展示。
- **学校生活**。适应学校生活，特别是在课堂行为和上课注意力方面；在课堂活动中要鼓励合作而非竞争。
- **伦理意识**。知道什么是好的，什么是坏的，能对教育、惩戒、赞扬和劝说做出回应；让他们有机会考虑自己行为的后果。
- **哲学观**。表达对战争、死亡、宗教、文化等情感主题的思考；要提供足够的机会让他们讨论当今的问题。

总之，格塞尔通过研究得出的结论是，尽管环境因素对儿童的发展有一定影响，但基因才是决定他们是否能正常发育的主要因素。

在课堂上

- 支持儿童的身心发展。

- 帮助他们解决有关焦虑、担忧和人际关系的任何问题。
- 鼓励他们就情感问题进行讨论和辩论。

批判性视角

　　格塞尔认为儿童的发展是由遗传主导的，但批评者质疑，格塞尔过于关注运动和智力的发展，几乎完全忽视了儿童的情感发展。你怎么看这种批评？

科尔斯社会精神病学理论的核心内容，不仅展示了儿童生活中的精神压力和心理负担，还展示了强大的社会和经济力量是如何影响他们生活的，以及他们是如何应对的。讲故事是科尔斯的核心方法，我们可以从故事主人公的话语中，发现人性的要素。

以下是他的基本理念：

- 最好的学习来自对生活故事的研究。
- 儿童能够敏锐地感知思想和价值观（即对是非曲直的判断），以及人们的行为、感受和思想背后的原因。
- 儿童在道德上关心与他们日常生活有关的问题。
- 儿童根据他们对周围生活的观察来判断什么是对的，什么是错的。
- 由于儿童反映了社会的价值观，所以道德标准就被搁置在一边了。
- 儿童的政治生活与他们的道德生活融为一体。

科尔斯认为，道德不仅定义了我们与世界、与他人的相处方式，还描绘了我们的本性。他进一步解释，道德与人际关系有关，并将其定义为能够回应他人，进而赢得他人关爱的一种人际关系。如果我们被剥夺了道德，我们就失去了我们自身最重要的部分，而这部分决定了我们作为人的生活质量。

科尔斯指出，由于长期与父母和家人在一起生活，儿童在学校的最初几年里，很多方面的发展都受到了他们的影响，比如认知、社会性、情感和道德方面的发展。科尔斯认为，尽管这些能力的方方面面都受到遗传禀赋的影响，但它们是通过与环境的相互作用而形成、实现和发展的。他还进一步指出，在当今社会，人们对在道德方面抚养和教育儿童的重视程度似乎不如过去了，这使儿童没有足够的能力应对生活和生存的挑战。早期教育在这些方面的匮乏、错误和缺失，使得教育工作者经常要对此进行补偿。

如何使用

科尔斯曾经说，儿童教会了他很多东西，并认为我们大大低估了儿童的智慧。他用一个故事向人们证明了这一点。在 20 世纪 60 年代初，一个 7 岁的黑人孩子鲁比·布里奇斯想去新奥尔良的白人学校上学，其时那里正实行种族隔离政策，她因此受到嘲笑和威胁。科尔斯走近她，想知道她在想什么、有什么感受。

他们交谈了几个月。聊得越深入,科尔斯对鲁比告诉他的事情就越感到惊讶。以下是摘自科尔斯以及他们交流的笔记:

> 她曾经告诉我,她为那些试图杀害她的人感到难过。我问她:"你为他们感到难过?"她看着我说:"难道你不觉得我们需要为他们难过吗?"这是多么智慧的话!这才叫道德直觉呢。我坐在那,被深深感动了。我本想用标准的心理学知识帮助她,让她意识到,她对那些人的愤怒、痛苦和焦虑都是正常的。但她告诉我,她为他们祈祷。我哑口无言了,因为我不得不思考这个孩子的智慧。她很聪明,即使她没有选修社会科学或其他研究领域的课程,她也能理解人们的遭遇。

以下是如何在课堂上运用科尔斯思想的提示:

- 在学生讲他们生活中发生的事情时,你只需倾听,不要做评判。
- 让学生反思他们采取的任何有可能是不道德的行动。
- 为学生提供足够的时间,让他们反思自己做出不当行为的原因,并提出未来的解决方案。
- 鼓励学生从他人的视角看待自己行为的后果。
- 让学生有机会参与制定课堂行为规则。因为规则是他们自己制定的,所以他们将拥有规则的所有权,并遵守这些规则,而不是盲目地同意学校管理者或其他权威所制定的标准。

在课堂上

- 在学生讲他们生活中发生的事情时,你只需倾听,不要做评判。
- 让学生有机会参与制定课堂行为规则。
- 允许学生对自己的任何不当行为进行书面的自我评估。

批判性视角

科尔斯认为,你在课堂上的一言一行会对学生的道德发展产生最大的影响。你同意他的观点,还是认为还存在更重要的因素?

77

詹姆斯·班克斯
James Banks

▼

班克斯族群认同理论的发展，为理解文化认同对学习的影响提供了一个框架。班克斯在他的模型中描述了族群认同发展的六个阶段，现总结如下：

- **第一阶段：文化心理囚禁。**

这是个体将自己族群的负面刻板印象和信念进行内化的阶段。通常在这个阶段，人们还年轻，没有真正意识到不同族群或文化之间的差异，也不是很清楚自己的背景。这可能会导致人出现社交退缩和自卑的症状，并进一步对自尊产生负面影响。

- **第二阶段：文化密封。**

这一阶段的特征是，当个体对自己的文化形成了一种防御态度时，他们会自愿脱离主流文化，并认为某些文化群体是劣等的、以族群为中心的。因此，他们可能会在不知不觉中被主流文化孤立。班克斯观察到，这通常会导致自我排斥和自卑情绪的产生。

- **第三阶段：澄清文化认同。**

在这个阶段，个体能够澄清他们的个人态度和文化认同，并对他们的文化群体形成清晰和积极的态度。当这种情况发生时，一个人会学习并接受自己文化的积极和消极属性。他们会用真正的自豪感和对自己传统的接受，来取代对外来文化的排斥、恐惧和憎恨。

- **第四阶段：二元文化主义。**

处在这个阶段的个体具有健康的族群认同感，并能够尊重其他文化。他们开始发展积极的心理特征和必要的技能，以成功融入自己的文化和其他文化。

- **第五阶段：多元文化主义和反思性民族主义。**

在这个阶段，个体在一个文化多元的国家中实现了公民身份认同的理想目标。他们已经具有了在不同的文化社群中发挥作用的能力，尽管还处在较低的水平上。但是，他们可以理解、欣赏并分享不同文化的价值观、象征和制度。

- **第六阶段：全球化和全球竞争力。**

在这个阶段，个体拥有开放的心态，同时能够积极尝试理解他人的文化规范和期望。他们拥有必要的知识、技能和态度，在自己所属的文化社群、其他的文化社群乃至全球都能有效地发挥作用。

班克斯认为，学生认同某些群体是为了体验一种归属感，并且他们也非常需要这种归属感，因为群体可以为他们提供动力。

如何使用

班克斯认为，每个学生来到教室时都带有一系列行为和特征，这些行为和特征的形成与他们所在群体的规范有关，可能受到种族、社会阶层或宗教等因素的影响，这些因素进而会影响他们的学业成就。他认为，为了提高学生的学业成绩，教师应该利用与文化认同有关的资源，来营造一个能够认可学生文化贡献的学习环境。

以下是在课堂上培养文化认同的一些建议：

- 利用同伴团体、媒体、家长和教师等社会化因素来影响学生自我概念的发展。
- 将学生视为文化中的一员，拥抱学生的多样性，确认学生的文化认同，建立一个包容和欣赏学生差异的课堂环境。
- 要意识到你的教学实践、你与学生的每一次互动，以及你对身份认同的看法，都会影响学生的学业成就和社交发展。
- 鼓励学生积极参与以文化遗产为主题的项目，并在项目过程中发现和分享他们的文化认同。
- 开发能够突出学生所属文化和自我体验的课程，利用这样的课程来吸引他们积极参与学习。
- 在课堂上拥抱学生的差异，采用多元文化的教学方法，帮助学生适应他们的文化身份，并帮助他们学习。
- 了解学生个体，尽可能围绕学生的兴趣进行教学，展示学生的才华，并以此作为教学的工具。
- 为学生提供一个尊重他们的文化、拥抱他们的多样性，并包容他们的差异的学习环境，从而使他们获得成功。

在课堂上

- 学生的文化身份必须通过课程和教学实践来验证。

詹姆斯·班克斯
James Banks
▼

- 确保学生有归属感，每天都能受重视、被欣赏。
- 赞美文化多样性。

批判性视角

班克斯认为，强烈的文化认同感对一个人在学习环境中的整体幸福是不可或缺的。你同意他的观点吗？

劳伦斯·科尔伯格
Lawrence Kohlberg

▼

科尔伯格有关道德发展的理论，将个体的道德理性划分为三个层次，以此来追踪个体的道德理性水平。每一层次包括两个阶段，共分六个阶段，总结如下：

- **前习俗水平**。这个层次的道德思维通常出现在小学阶段。
  1. 第一阶段的特点是，儿童按照社会可接受的标准行事，因为这是父母或老师等权威人士要求他们去做的。这种服从往往迫于威胁或惩罚。
  2. 第二阶段的特点是，儿童认为正确的行为就是从自己的最大利益出发来行事。
- **习俗水平**。这个层次的道德思维通常始于青春期，一直持续到成年初期。
  3. 第一阶段的特点是，年轻人试图做可以获得别人认可的事。
  4. 第二阶段的特点是，人们遵纪守法、履行义务。
- **后习俗水平**。这个层次的道德思维是从成年开始的，但是科尔伯格认为大多数成年人都无法达到这一层次。
  5. 在第一阶段，人们逐渐理解社会的多元性，真正关心他人的福祉。
  6. 在第二阶段，人们尊重普遍的道德原则和个人的良知。

科尔伯格认为，个体只能一个阶段一个阶段地逐步经历道德发展的这六个阶段。也就是说，阶段是不能跨越的。他们只有来到更高的阶段，才能理解该阶段的道德原则。

如何使用

按照科尔伯格的观点，教师很有必要为学生提出道德困境，并组织他们讨论，这将有助于他们看到更高阶段道德的合理性，并鼓励他们朝这个方向发展。

科尔伯格以"海因茨偷药"这一场景为例。一名妇女患了晚期癌症，她的医生认为只有一种药物可以挽救她。当地的一名药剂师有这种药，他以每剂 200 美元的价格生产，并以每剂 2000 美元的价格出售。该妇女的丈夫海因茨只筹集到了 1000 美元，他试图与药剂师协商降低价格，或使用信用卡分期付款。药剂师拒绝以低于零售价的价格出售，也不接受部分付款。海因茨非常绝望，为了救妻子，他不顾一切地闯进药店偷走了药。科尔伯格问道："她的丈夫应该这样做吗？"

道德理性
Moral Reasoning

　　海因茨做的究竟是对还是错？科尔伯格对学生的回答并不感兴趣，他感兴趣的是每个学生做出回答的推理过程。他认为道德不是强加给儿童的，而是在儿童与他人的互动中形成的。作为一名教育工作者，你应反思一下学生的道德发展水平，看看他们处在科尔伯格六个阶段的哪个阶段。

- **第一阶段**。他们知道，如果做错了事，就会受到惩罚。
- **第二阶段**。他们知道，如果做对了事，将会得到回报。
- **第三阶段**。他们知道，如果为别人做了好事，人们就会喜欢他们。
- **第四阶段**。他们知道，尊重权威和遵守规则很重要。
- **第五阶段**。他们懂得，在判定自己的行为是否道德之前，先考虑其他人的各种意见和价值观是非常重要的。
- **第六阶段**。他们意识到，有必要让自己的良心成为对与错的最终裁判。

在课堂上

- 向学生提出有关道德困境的问题，并组织讨论。
- 鼓励学生尊重他人的看法和意见。
- 让学生有机会解释自己做错事的原因，并让他们明白这会造成什么后果。

批判性视角

　　科尔伯格认为，向学生提出道德困境，并组织他们讨论，有助于促进他们的道德发展。在教室里，这样做你会觉得舒服吗？

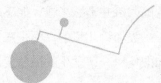

第 14 章
课堂策略

在整本书中，我始终致力于探索有关人类是如何思考和学习的理论，以及影响这些理论的因素。虽然本章的内容侧重于儿童的发展策略，但我认为许多原则和实践同样适用于成人的学习。本章选择了五种专门为儿童设计的教学策略，这些策略很难置于本书的其他部分，可如果我不把它们收录进来，那就是我的失职了。

本章从一个得到广泛认可的理论——"恩物和作业"开始，这个理论源于幼儿专家的基本观点，奠定了后来各地幼儿园的基础。之后我会介绍四个更加现代的理论："语言习得机制"认为，我们生来就具有学习语言的禀赋；"快乐自然拼读法"指出，在幼儿学习中，通过语音拼合法来教授儿童读写最有效；"启发式学习"强调通过游戏来学习，让儿童以一种他们觉得兴奋和趣味盎然的方式来尝试使用日常物品；"学习力"认为，传统教育理念无法培养儿童应对 21 世纪的挑战、复杂性和期望的能力。

79

弗里德里克·福禄培尔
Friedrich Froebel

▼

福禄培尔根据幼儿专家的基本观点创建了一个项目，该项目成为后来各地幼儿园的基础，也成为奠定许多学前教育和早期教育方法的几种教育哲学的基础。

福禄培尔认为，儿童拥有独特的能力和需求，成年人应该成为呵护儿童潜能的"园丁"。福禄培尔指出，不超过 7 岁的儿童，在一个趣味盎然、准备充分的环境中能够获得最好的学习效果。在这样的环境中，他们可以从自己的角度进行探索和学习。福禄培尔幼儿园的主要特点是：

- 家长是儿童的第一位教育者，家庭和学校之间应该保持密切的联系。
- 幼儿园的主要目标是在社交、学术、情感、身体和精神等各方面发展和培养儿童成为一个完整的人。
- 福禄培尔的教学内容有四个主要组成部分：运动技能表达、社交参与、自由的自我表达和创造力。
- 在幼儿园，由于儿童经常要解决游戏过程中出现的问题，他们会变得更加独立，这也让他们对自己处理问题的能力充满信心。
- 福禄培尔幼儿园培养了儿童精细运动技能，这有助于他们以后的学习和活动，如写作和高级艺术技能。

福禄培尔的教育哲学强调，在福禄培尔幼儿园上学的孩子应该学会从多个角度看问题，并能独立地解决问题。福禄培尔指出，儿童在与各种材料打交道时，总是试图弄清楚如何利用这些材料来创造他们想要的东西，这培养了他们坚持不懈的品质。

福禄培尔把这种方法称为"恩物和作业"。"恩物"是指一系列特别设计的材料，可以为儿童提供动手探索的机会。这些材料可以是固体的、曲面的、线条的，也可以是环状的和点状的，儿童可以用它们来探索运动的原理，探索数学和物体的结构。"作业"是指一系列特别设计的活动，可以为儿童提供进一步动手探索和实践的机会，如泥塑、木工、编织、绘画和切割等。福禄培尔认为，提供这些恩物和作业的目的，是让儿童在游戏中不受干扰地构建他们自己对事物运作方式的理解。

恩物和作业
Gifts and Occupations

▼

如何使用

福禄培尔曾说:"游戏是儿童时期人类发展的最高表现形式,因为只有通过玩耍,儿童的灵魂才能自由表达。"如果你想遵循他的思想,可以考虑以下观点:

- 儿童生来就有探索事物发展规律的需求,而在一个重视想象力和创造力的文化中,游戏能够满足这一需求。
- 开开玩笑,营造轻松有趣的气氛,是建立亲密关系的重要方式。
- 儿童喜欢用自然材料,如积木、沙子和水等编故事。
- 应该精心准备教室,要为儿童提供最适合他们发展水平的工具和材料。
- 对于年幼的学生来说,运动是必不可少的,所以课程里应该安排舞蹈、游戏和其他形式的运动。
- 儿童的成长各不相同,应允许他们按照自己的发展节奏学习。
- 教师不是知识的守护者,而应成为帮助儿童理解的指导者。

福禄培尔认为,如果儿童能够对自然产生好奇心,能够看到自己的行为对周围事物的影响,能够深入了解自己的"小花园"(即他们的成长方式),那么他们就更有可能拥有一个可持续发展的未来。

在课堂上

- 尽可能满足儿童个性化学习的需要。
- 鼓励儿童在游戏活动中发挥想象力和创造力。
- 充分利用材料和活动,鼓励儿童发展精细运动技能并探索他们周围的世界。

批判性视角

福禄培尔教育哲学的批评者认为,学前教育应在关注精细运动技能的同时,辅以阅读、写作和算术等学科教学。你认为学前教育对这三门学科的重视是过多还是不足?

诺姆·乔姆斯基是位语言学家，出生于美国。他创立了语言习得理论，认为我们天生就有学习语言的禀赋。这个理论的核心内容强调，虽然儿童的生活环境，特别是听说的环境，为他们提供了某种语言内容，但是所有儿童生来就有学习任何人类语言的能力，他称之为"语言习得机制"（Language Acquisition Device，简称 LAD）。

乔姆斯基认为，所有人在孩童时期学习语言时，都遵循内在的 LAD，他们生来就内置了基本的语言规则，他称之为"普遍语法"（universal grammar）。他认为，任何语言的许多独特细节，如字词、语调和语音，都深受环境影响，即便如此，人类大脑已经准备好建构词语，使之具备特定的语法意义。该过程可表示为：

乔姆斯基遵循的一些基本原则是：

- 每种人类语言都有一些普遍的元素。
- 文化和智力在儿童掌握某些语法原则时起着很小的作用。
- 儿童学习语言的关键年龄段是从出生到青春期，最佳年龄段是 3—10 岁。
- 儿童学习语言是自然而然的事情，不需要什么特定的诱因。
- 父母和教师不需要哄孩子学说话。
- 即使有人纠正了孩子的说话方式，他们还是会和之前一样说话。

在乔姆斯基之前，行为学家斯金纳等人普遍认为，语言习得主要是一个刺激—反应的过程，是在儿童观察和向父母学习的过程中发展起来的。乔姆斯基则认为，人类大脑天生就具备 LAD，这与当时公认的观念截然不同。乔姆斯基认为，语言的发育就像身体其他功能的发育一样，是由基因所决定的人类发展的必然。

如何使用

乔姆斯基认为，教育的价值在于培养学生的批判思维能力，以及让学生获得有用的和适用的知识。在语言发展方面，乔姆斯基举了一个这样的例子。一个孩

语言习得机制
Language Acquisition Device
▼

子一出生，就被人从美国的一个城市带到偏远的森林中生活。尽管这个孩子没有接受语法或动词方面的训练，但是在回到城市后，他与生俱来的语言处理能力将会加快他对新语言的掌握。如果你想遵循乔姆斯基的理论，那么你需要相信：

- 儿童不会简单地模仿他们从周围听到的语言。
- 儿童能从听到的语言中推断出规则，然后用规则造出他们从未听过的句子。
- 儿童学的不是一组短语和谚语，而是一种能生成无限多新句的语法。
- 儿童的大脑与生俱来就具备 LAD。

让我再举个小例子来说明这一点。如果我去德国，想在附近找一位化学家，我应该问："这附近有化学家吗？"如果我是在法国，我则会说："是不是有个化学家住在附近？"这对我的 LAD 来说意味着什么？

乔姆斯基解释说，有些语言有一个基本的主谓宾结构。世界上四分之三的语言，如英语、法语和越南语，要么使用主谓宾结构，要么使用主宾谓结构。而另一些语言则更喜欢谓主宾结构或谓宾主结构。由此可见，语言结构的基本组件是相同的，只是它们出现的顺序不同，这才使语言有所区别。我要进一步补充的是，宾主谓结构非常罕见，在电影《星球大战》（*Star Wars*）中，绝地大师尤达的一句名言即是如此。他在补充天行者卢克的话时说的是："强大的力量你有。"

在课堂上

- 相信儿童能自然发展语言能力，直至流利地表达。
- 不要依赖死记硬背。
- 不要急于纠正语言错误。

批判性视角

乔姆斯基认为，儿童生来就有构建和理解各种句子的能力，即使他们从未听过或学过某些句子。尽管这一观点已被人们广为接受，但他的批评者认为，他的理论没有生物学证据支持，所有儿童都具备先天的、不受父母深刻影响的语言知识这一说法极具争议。你对这个问题怎么看？

81

苏·劳埃德和萨拉·沃纳姆
Sue Lloyd & Sara Wernham

▼

快乐自然拼读法是由劳埃德和沃纳姆于 1977 年共同开发的一种拼读方法，用于帮助那些有阅读困难的孩子。这种拼读法以儿童为中心，通过语音拼合法来教授儿童读写。它是英国最受欢迎的语音教学法，大约三分之二的小学和特殊学校都在使用这种方法。

它立足于教授儿童阅读和写作的五项关键技能：

- **学习字母发音**。教儿童和年轻人 42 个主要字母的发音，包括字母表中单个字母的发音和两个字母组合后的发音，如 sh、th、ai 和 eu。
- **学习字母形成**。用多感官方法，教他们字母是如何排列的，应该如何书写。
- **混合**。在前面学习的基础上再教他们如何将声音混合在一起以形成新单词。
- **分段**。通过识别单词的发音来提高拼写能力。
- **棘手的单词**。最后学习不规则单词的拼写，例如 through 和 dough。

在这种拼读法中，字母的读音不是按字母表的顺序而是按以下七组来呈现的：

1. s, a, t, i, p, n
2. c, k, e, h, r, m, d
3. g, o, u, l, f, b
4. ai, j, oa, ie, ee, or
5. z, w, ng, v, *oo*, oo
6. y, x, ch, sh, *th*, th
7. qu, ou, oi, ue, er, ar

快乐自然拼读法是现在早期教育的标准组成部分，也适用于那些在读写方面有困难的儿童和年轻人。劳埃德和沃纳姆指出，这是一种有趣的学习方式，成本低、培训简单。

如何使用

如果在快乐自然拼读法的教学中加入一系列活动会更有趣，特别适合视觉型和动觉型学习者。下面以第一组字母为例：

- **s**：把手挥舞成蛇形，然后说 sssssssss……

快乐自然拼读法
Jolly Phonics

▼

- a：扭动手指，模仿蚂蚁爬上你的手臂，然后说 a、a……
- t：将头从一边转到另一边，仿佛在观看一场网球比赛，然后说 t、t、t……
- i：在鼻尖处扭动手指，假装成一只老鼠，并说出 i、i、i……
- p：假装吹灭蜡烛，然后说 p、p、p……
- n：伸出双臂，假装自己是一架飞机，说出 nnnnnnnnn………

所有关于快乐自然拼读法的内容以及相关动作都可以在劳埃德的手册中找到（见书后的"拓展阅读"）。这里还有一些建议：

- 给每个孩子一个带有一些音素①的剪贴板。鼓励他们在户外寻找以该音素开头的物体。
- 在操场上画出跳房子游戏的方格，然后在方格中填上音素，鼓励儿童在玩儿跳房子游戏时说出对应的音素。给他们一些粉笔，以便他们可以自己绘制游戏方格。
- 准备许多标有音素的小布袋和一个大水桶。鼓励儿童在把小布袋扔进桶里时说出上面标着的音素。
- 用粉笔在户外墙上写一些音素。给儿童一个装满水的喷壶，让他们找到对应的音素，并把水喷在上面。

在课堂上

- 让学习变得有趣。
- 鼓励儿童自己设计自然拼读法的游戏。
- 不要将学习局限于课堂，可以到户外世界去探索。

批判性视角

快乐自然拼读法的批评者认为，它不能很好地替代传统的字母表教学法，对培养儿童读写技能没什么帮助。你怎么看？

---

① 根据语音的自然属性划分出来的最小语音单位。——译者注

82

埃莉诺·戈德施梅德
Elinor Goldschmeid

▼

戈德施梅德认为，启发式学习是一种通过游戏来学习的方式，能让儿童以一种他们觉得兴奋和趣味盎然的方式来尝试使用日常物品。

启发式学习的五个关键原则可以概括为：

- **器材**。教学器材应该是多种多样的，包括不同材质的物品，如木材、金属、塑料和纸张等。物品可以有大有小，有重有轻，有透明有不透明。不管选择哪种物品，首先要考虑的是儿童的安全，一定要避免使用可能危害健康的物品。

- **教师**。教师的角色是帮助学生建立游戏体验、找到自己的定位。教师不要直接参与游戏，而要在儿童参与游戏时观察发生了什么。只有当游戏可能存在健康与安全问题时，教师才应该进行干预。

- **时机**。启发式游戏只有在儿童感到特别舒适和精力充沛的时候才能发挥作用。

- **场所**。进行启发式游戏的空间应远离噪声和其他干扰，最好与主要的游戏区隔离开。

- **可获得性**。器材供应应充足，这样儿童就不必共享物品，争吵也得以避免。随着儿童的成长，可以逐渐引入分享和谈判等社交技能。

戈德施梅德认为，通过启发式学习，儿童将有机会探索、发现、自由地决定自己的行动，并做出选择。

如何使用

城堡商业学院（Castle Business Academy）的学生都是一些有特殊需求的儿童。他们将启发式游戏课程称为"垃圾模型"，将储存游戏物品的宝库称为"垃圾箱"。之所以称其为"垃圾箱"，是因为里面存放的东西在其他人看来，可能都是些没用的日常物品。但是，这些物品对保罗这样的孩子来说却有着不一样的意义。保罗的认知能力有限，但想象力非常丰富。一盒玉米片、一些药棉和一个空的塑料瓶，在许多人看来没什么特别，但在保罗看来，可能就变成了一列火车。

以下是如何设置启发式游戏课程的提示：

- 进行启发式学习的空间要与主要的游戏区分开。如果能保证儿童不会被其他人、物或噪声分散注意力，那么学习的空间也不必是单独的房间。在这个空间的入口处应设一个告示牌，禁止其他人闯入，这样可以排除一些不必要的干扰，避免分散注意力。

- 不要给儿童过重的负担。可以选择一些日常物品，让他们可以安全地进行研究，而无须消耗过多的体力。挑选的物品应该在形状、大小、重量、颜色、质地、气味等方面有所区别。

- 给儿童大约 40 分钟的游戏时间。如果再用 10 分钟来介绍游戏的设置和安排，用 10 分钟来进行游戏后的整理，那么你就有了一堂 1 小时的课。将游戏时间保持在 40 分钟左右就足够了，可以防止儿童感到无聊。

- 不要在儿童游戏时干扰他们，除非出现了健康和安全问题或者争执。对于年龄稍大的孩子，你还可以看看他们是如何解决冲突的，以此发展他们的社交技能。

- 如何结束课程取决于儿童的年龄和成熟度。不要急于收拾东西，让儿童在收拾东西的时候说出物品的名字是重要的学习过程，而且要感谢他们的帮助，这有利于提升他们的自尊心。

享受、探索、主动学习、创造力、批判性思维和社交技能……你看，启发式游戏是不是使儿童收获颇丰？现在看看你能不能将这种方法用在大一点儿的儿童和成年人身上。

在课堂上

- 确保游戏物品的多样化和安全性。
- 避免任何可能分散儿童注意力的干扰因素。
- 扮演观察者的角色，除非有必要，否则不要干涉儿童的游戏过程。

批判性视角

启发式学习是指在一个特定的时间内，在一个受控的环境中，为儿童提供大量的物品和容器，让他们在没有成人干预的情况下自由玩耍的学习方式。批评者认为，这是懒惰的教师不按传统方式教学的借口。你同意吗？

克拉克斯顿对传统教育理念提出了挑战。他认为，按照传统教育理念培养出的孩子，无法应对 21 世纪的挑战、复杂性和期望。他批评政府过度重视考试结果和排名的做法，指出培养自信心和品格对学生的发展更为重要。

克拉克斯顿提出了"构建学习力"的观点，认为这将有助于儿童的全面发展。在他看来，构建学习力不仅可以让儿童获得知识和学习技能，还可以让他们享受学习的体验，拥有学习者的身份，并学会寻找学习机会。为了实现这个目标，他认为儿童需要培养四种能力，即"4R"：顺应力（Resilience）、策应力（Resourcefulness）、反省力（Reflectiveness）、互惠力（Reciprocity）。具体内容如下：

- **顺应力**。排除干扰，寻找和抓住学习机会。
- **策应力**。敢于走出自己的舒适区，并做好以不同方式学习的准备。
- **反省力**。制订学习计划，并根据新的经验对其进行监测和调整。
- **互惠力**。作为一个学习者，既对自己有信心，也能与他人合作、向他人学习。

克拉克斯顿虽然对政府的教育政策持批评态度，但并没有完全忽视重要的一点，即儿童按传统的成功标准取得的成就应该受到保护。因此他提出，对于获得学科知识、完成学习任务来说，"4R"是一种补充，而不是取而代之。他还认为，"构建学习力"的有效实施，不需要对教学方法进行根本性的改变。

克拉克斯顿坚信，互动式和协作式学习是建立有效学习力的基础。他建议教师从研究主题出发，对"4R"进行解释、评论、协调和示范。

如何使用

克拉克斯顿在给教师和家长提供的一份指南中，形象地把发展儿童的学习力描述为"锻炼他们的肌肉"。他建议，教师要做到这一点，需要不断地鼓励学生：

- 提问，保持好奇心，并保持对自己想法的兴趣。
- 寻找所学内容与自身经历之间的联系。
- 利用想象力和直觉探索新的可能性。
- 运用逻辑推理能力，有条不紊地解决问题。
- 利用大量资源支持学习。

- 明确前进的方向及途径。

- 根据不断变化的环境，检查项目的进展情况，并完善计划。

- 反思他们的学习，吸取经验教训。

- 作为一名学习者，了解自己，知道什么方法对自己最有效。

- 承认并尊重其他观点，并从中学习。

- 采纳他们尊敬的人的习惯和价值观。

- 注意倾听并与他人产生共鸣。

- 知道什么时候单独学习，什么时候与他人一起学习。

- 认识并减少干扰，创造最佳学习环境。

- 在逆境中继续前行，学会应对困难。

- 集中精力，专注于正在做的事情。

- 注意个人经历中的微妙变化和细微差别。

克拉克斯顿认为，以这样的方式鼓励学生，将创建这样一种课堂文化：培养学生好奇、自信、独立的习惯和态度，提高学习的丰富性，让学生明确应该如何学习，培养学生高质量的学习品质，发展他们应对 21 世纪挑战的学习习惯和能力。

在课堂上

- 告诉儿童发展学习能力的必要性，并让他们对此讨论自己的想法。

- 选择合适的活动，安排恰当的学习环境，以帮助儿童发展"4R"能力。

- 树立一个有效学习者的榜样。

批判性视角

克拉克斯顿曾说过："很多孩子之所以成绩不好，不是因为他们不知道该做什么，而是因为他们不做他们知道的事情。"你怎么理解这句话？

第 15 章
与有额外需求的儿童合作

　　本章我想探讨教学中一个非常具有挑战性的方面，那就是如何与那些因神经或心理问题而学有障碍的儿童合作。我选择了正念、交互分析以及神经语言程序学这样的沟通工具，选择了认知行为疗法和心智化治疗，还选择了默启通手语这样的课堂教学方法，以此来展示教师如何帮助学生克服学习障碍。

　　神经病学和心理学是两门密切相关的学科，因为它们都研究大脑的功能，也都研究大脑功能的失调或紊乱。但是两者在描述大脑功能的紊乱上是有区别的，这可以通过以下定义来区分：

- *神经系统障碍是指大脑中控制运动或感觉的相关区域发育受到了阻滞。包括唐氏综合征、自闭症和阅读障碍症。*
- *心理障碍是一种精神——包括思想、行为和情绪——上的障碍，会给自己或他人带来巨大的痛苦。包括精神分裂症、依恋障碍和抑郁症。*

　　以上这两种情况的影响范围都很广，会影响一个人的身体、认知、情绪或行为状态。其成因多种多样，会出现不同的并发症，也会导致各种各样的结果。这些紊乱有的是可以治疗的，有的则是永久性的；有的属于先天性的，有的在婴儿期和青春期才出现，还有的会一直潜伏到成年；有的只能影响非常有限的功能，而有的则可能导致严重的残疾，使患者需要额外支持才能生活。

实际上在很多种情况下，鉴别儿童或年轻人的心理障碍是很困难的，例如多动症和自闭症要等到童年后期才能被诊断出来。在某些情况下，出现某一种障碍的原因可能很复杂，很难确定，因为它们有各种各样的症状，很难与任何一种疾病直接联系起来。所以我们常听到一些心理障碍被误诊的例子。一部电视纪录片《患自闭症的女孩》(*Girls With Autism*)就讲述了 20 世纪 80 年代的一个案例：几名少女患了自闭症，却被诊断为患有其他疾病，接受错误的治疗。

84

朱迪·辛格
Judy Singer

▼

"**神**经多样性"是一个概括性的术语，指的是那些具有共同特征的神经系统发育障碍，特别是指人们在学习和信息处理方式上的差异。在20世纪90年代末，患有自闭症的社会学家朱迪·辛格首次提出了这一观点。她试图证明神经系统发育障碍不应该被看作是有问题的，而应该被视为一种另类的、可接受的人类反应形式。她甚至认为，开展神经多样性运动是必要的，因为人们对有自闭症、运动障碍、多动症和唐氏综合征等神经系统发育障碍的人，常常持负面的态度，例如：

- 对被视为奇怪或不寻常的神经多样性行为，持不宽容态度。
- 对神经多样性者经常遇到的困难不够宽容。
- 歧视神经多样性者或者歧视他们的行为。
- 不顾及与神经多样性相关的困难。
- 认为神经多样性者低人一等，认为他们有问题，或者认为他们患有需要被治愈的疾病。
- 某些机构在设计时没有考虑到神经多样性儿童。例如，他们很难融入对社交技能要求很高的学校。
- 自闭症导致的社交问题本来是可以解决的，却没有得到解决。例如，一个技术过硬的神经多样性者，可能会因为社交问题而失去工作，或者可能永远无法通过面试。
- 有关就业机会平等的立法缺乏对神经多样性者的保护。

辛格指出，其实神经多样性运动不仅蕴藏着巨大潜力，具有推动社会变革的重大意义，还有助于消除人们的偏见——那些被视为残疾的人就应该受到歧视，就只能屈尊俯就。辛格还指出，一些神经系统发育障碍儿童的家长也支持神经多样性理念，认为这是一种独特的存在方式，而不是一种需要被治愈的疾病。他们还说他们重视孩子的个性，希望孩子可以自然地发展。

如何使用

使用神经多样性这个概念来解释个体在神经学上的差异，可以拓宽教师对学生的认识。对那些被贴上"特殊"或"残疾"标签的学生，教师可以更加关注他们的长处而非短处。例如，著名导演史蒂文·斯皮尔伯格（Steven Spielberg）有

▼

阅读障碍，但人们更关注他的视觉思维能力和艺术能力；奥林匹克游泳冠军迈克尔·菲尔普斯（Michael Phelps）有多动症，但人们更关注他对成功的执着渴望；阿尔伯特·爱因斯坦、马克·扎克伯格（Mark Zuckerberg）和埃隆·马斯克（Elon Musk）患有自闭症，但人们更关注他们出色的数学计算或计算机编程能力。

以下建议可以帮助你与有神经系统发育障碍的儿童合作：

- 与别人谈论你的教学情况，会有很多人支持你并给你建议。
- 鼓励儿童要有雄心壮志，但是目标也要切合实际。如果你的学生以后注定要以打扫地板为生，那么就鼓励他们做有史以来最好的地板清洁工。
- 当你与这些有特殊需求的儿童合作时，要承认成功通常是以一系列小收获的形式出现的，而且通常需要很长一段时间。
- 更多地考虑儿童本身，而不是他们的不利条件。相信他们是有能力的，只是方式与别人不同。
- 以积极的方式教育这些有身心障碍的儿童。在黑暗的日子里，你没有看到他们的任何进步，想要放弃。如果你这样做了，你的消极情绪会感染他们。
- 以同理心而非同情心对待这些儿童。不是所有的儿童都需要别人的同情，他们可能需要帮助和支持。同情往往是他们最不想要的东西。
- 尽全力关注这些特殊儿童，但也不要忽视班上的其他学生。

在课堂上

- 以积极的方式教育有身心障碍的儿童，但也要接受这样一个事实，即与他们合作时，你可能无法快速解决问题。
- 更多地考虑儿童本身，而不是他们的不利条件；鼓励他们要有雄心壮志，但是目标也要切合实际。
- 强调尊重的重要性，并以那些在神经系统上有别于常人但成就斐然的名人为例。

批判性视角

神经多样性的批评者认为，它只是少数群体追赶的另一股潮流而已。你是否同意？

85

乔恩·卡巴金
Jon Kabat-Zinn

▼

虽然正念源于佛教理念，但正是由于卡巴金在 20 世纪 90 年代的工作，它才成为一种发展工具而流行起来。根据卡巴金的说法，正念是指人们以一种超然的、去中心化的、非评判的方式来思考。教师在与有特殊需求的儿童合作时，需要秉持的正念是：

- **不要评判**。不要让你自己的目标和价值观影响你对儿童状况的判断。人们很容易判断别人的行为好或不好，如果你放弃这些判断，不用个人的信仰来过滤这些行为，你将看到事物的原本面目。

- **专注于目标**。学会管理不确定性带来的不适。当事情进展不顺利的时候，不要偏离正轨，专注于手头的工作。当你觉得希望渺茫的时候，就要接受这个黑暗时刻。一旦你被负面情绪压倒，儿童就会意识到这一点。于是，你们都会陷入恶性循环。

- **活在当下**。学会放慢脚步，忽略大脑中关于儿童负面状况的思考，感受事物的本来面目。活在当下，意味着体悟事物的本质，而不是它们的过去或未来。

卡巴金理论的核心在于，用冥想这种技巧保持身心合一，观察你头脑中的想法，但不去认同它们。甘地曾经告诉他的追随者，如果你每天拿不出 20 分钟来冥想，那就拿出 1 小时吧。卡巴金认为，大多数人都认为花时间搞个人卫生（如洗澡、刷牙）或锻炼身体是必不可少的，却忽略了呵护和关注他们最宝贵的财富——大脑。卡巴金认为大脑可以决定很多事情，比如一个人是快乐还是绝望，是充满创造力还是自我毁灭，是解决问题还是提出问题。在与因神经系统障碍而有特殊学习需求的儿童合作时，这一点尤其重要。

如何使用

正念不仅是父母和教师的有用工具，当事情进展不顺利，或儿童无法集中精力、不能理解所学概念时，它还可以提高他们专注于任务以及保持冷静的能力。

- **正念倾听**。让他们听音叉或铃铛、时钟发出的声音，与此同时让他们想象一些美妙的事情，并在声音消失时举手。这种方法在你想让运动后的学生放松时非常有用。

- **正念呼吸**。让他们躺下，把自己最喜欢的毛绒玩具放在肚子上，通过吸气和呼气来摇晃它入睡。

* **正念进食**。给他们一块水果，请他们向外星人描述。此时他们将利用视觉、嗅觉、感觉、触觉和味觉等所有感官来描述这个水果。这是一个很好的练习，可以使他们品味食物、享受当下。
* **正念时间**。抽时间与他们沟通。不一定要去电影院或快餐店，那些地方容易分散人的注意力。应该尽量选择像学校或公园这样可以散步的地方。在那里，你们可以做一个有趣的活动，尝试发现你们从未见过或听过的景象或声音。
* **正念任务**。不要让他们将任务看得习以为常，也不要把任务设计得太复杂，而要简单一些。当他们对一项任务感到焦虑或有压力时，就让他们做一个从头到脚的全身扫描，也就是轮流想象并感受身体的每一部分。

卡巴金指出，这样的活动有助于儿童或年轻人将注意力集中在正在发生的事情上，同时，这样的活动本身也很有趣。

在课堂上

* 不要用你自己的信仰和价值观影响你对儿童的判断。
* 当事情进展不顺利的时候，不要偏离轨道。
* 你需要体悟事物的本质，而不是它们的过去或未来。

批判性视角

正念的观点已经存在好多年了，已经开始在教学和治疗工作中流行，但持批评态度的人认为，这只是一种时尚，并指出正念具有改变行为的潜能一说只是一种营销策略，其目的是销售更多这方面的书籍。你是否同意？

86

埃里克·伯恩
Eric Berne

▼

交互分析是伯恩在 20 世纪 60 年代提出的观点。伯恩认为，当我们与他人交流时，我们的心理状态会影响他人对交流的接受、理解，以及在交流中采取的行动，并归纳了人们在交流时的五种心理状态或自我状态。

下面我从教师的视角对这五种状态进行总结，供教师在与儿童交流时参考。

- **控制型父母状态**。这是教师对儿童专横时的状态。在这种状态下，教师会告诉儿童该做什么，因为他们相信自己的方式是唯一正确的。
- **养育型父母状态**。这是教师表达对儿童的关心时的状态。在这种状态下，教师会为他们提供建议和支持。
- **自由型儿童状态**。这是教师不害怕与儿童分享他们的感受时的状态。
- **适应型儿童状态**。在这种状态下，教师在儿童面前表达自我时会感到拘束。
- **成人状态**。这是教师以冷静和理性的方式表达自我时的状态。

伯恩强调，"父母""儿童""成人"这三个词与年龄或人际关系无关，只是用来比喻人们的心理状态。他还认为，虽然在实际工作中，人们处于成人状态时所采取的行为通常最有效，但有时处于父母状态甚至儿童状态，也可能会有好的效果。

如何使用

伯恩指出，交互分析是与他人进行有效沟通的有力手段。如果你想在与学生交流时使用交互分析的方法，这里有一些建议：

- 在与他们打交道时，分析你的自我状态，即你处于五种自我状态中的哪一种。
- 认识到你有能力接受任何自我状态。
- 领会以下交流方式：
  - 处于父母状态的人与处于儿童状态的人交流，或处于儿童状态的人与处于父母状态的人交流，也许短期来看效果不错，但可能会导致以后的问题。
  - 处于父母状态的人在交流时可能会与他人产生摩擦，尤其是当双方都处于控制型父母状态的时候。

○ 处于儿童状态的人进行交流，可能会产生惰性，尤其是当两者都处于适应型儿童状态的时候。

○ 双方均在成人状态下交流，最容易达成良好的长期结果。

• 用"如何""什么""何时""为什么"等词来开启交流，更容易让人进入"成人对成人"的状态。这可能需要毅力，但你终会做到。

伯恩指出，在与具有挑战性的儿童交流时，交互分析是一个非常强大的工具。

在课堂上

请扪心自问：

• 当我想与学生沟通时，我确定我的心态是正确的吗？

• 我是否理解学生现在的心态？

• 为实现令人满意的长期结果，我在沟通时是否选择了正确的自我状态？

批判性视角

交互分析的批评者认为，它是建立在这样的假设之上：我们根据过去的经验和行动结果来做出当前的决定，然而这些经验在我们生活中曾经很重要，现在却可能不再有效。你是否同意这个观点？

87

理查德·班德勒和约翰·格林德
Richard Bandler & John Grinder

▼

神经语言程序学（Neuro-Linguistic Programming，简称 NLP）是由班德勒和格林德于 20 世纪 70 年代初提出的一种理解和改变人类不良行为方式的方法。通过对这个术语进行如下拆分，我们可以理解它的全部内涵。

- **神经**。是指你如何运用你的感官去理解正在发生的事情，以及反过来它们又是如何影响你的感觉和言行。
- **语言**。是指你用来影响自己和他人的语言和交流系统。
- **程序**。是指为实现特定结果而设计的一系列步骤。

班德勒和格林德借助一些治疗效果非常好的治疗师的工作，建立了他们的技术模型。他们在神经语言程序学中，通过以下四大支柱来介绍这些技术：

- **设定目标**。在任何情况下都知道自己想要的是什么。
- **运用感官**。密切关注周围的世界。
- **灵活处事**。不断改变你的行为，直到获得你想要的结果。
- **建立关系**。意识到他人为帮助你实现目标所做的贡献。

班德勒和格林德强调，NLP 不是一个扭曲心智的过程，而是一组工具。事实上，不仅教师，任何与儿童或年轻人打交道的人，都可以使用这些工具来对他们产生积极的影响，帮助他们提高人际交往的有效性，提升课堂教学的效果。两人还指出，NLP 将使教师发现语言及语言的内部处理方式是如何影响周围人的行为的，学会以从未想过的沟通方式与学生在课堂内外进行交流，从而将他们的沟通技能提高到一个新的水平。

如何使用

如果你用 NLP 与学生交流，可以遵循以下重要原则：

- **地图不是疆域**。如果疆域代表现实，那么地图只是学生对现实的一种表达。一些学生的地图非常复杂，而另一些学生的地图只有基本信息。
- **尊重他人的地图**。承认学生是根据自己的地图做出反应的，他们的行为方式可能会让你感觉无益或不可接受。
- **让学生理解而不仅仅是让学生听到**。不要责怪学生误解了你的意思，而要对你的沟通承担全部责任。你在和学生谈话时，一定要让他们给你反馈，

▼

以确定他们是否明白了你的意图。

- **每种行为都有一个积极的意图**。意识到学生的行为是他们对当前的感知和经历所做出的反应。请记住，尽管你可能无法体验学生的真实感受，但这并不会降低他们的真实感。

- **接受这个人，改变他的行为**。理解学生的行为不能代表他们是什么样的人，只代表他们面对挑战的反应。接受学生原本的样子，但如果他们的做法不合适，要支持他们做出改变。

- **没有失败，只有反馈**。让学生相信，如果他们没有成功地克服挑战，并不意味着他们就失败了，只说明他们尚未成功。支持学生改变自己的行为，寻找其他方式来实现预期的目标。

- **如果你一直重复以前的做法，就只能得到同样的结果**。这有时被称为"阿什比必要多样性定律"（Ashby's Law of Requisite Variety）[①]。你要认识到，你的思想和行为越灵活，你就越可能影响学生对自我感觉的反应。

在课堂上

- 仔细观察学生，你将获得一些关于他们心理状态的有趣信息。
- 你的肢体语言很重要，它能向学生传达你的很多感受。
- 学生的肢体语言很重要，它会告诉你很多他们对教学的反应。

批判性视角

NLP 的批评者对其持谨慎态度，因为他们认为这是一种扭曲的思想和操纵他人的方式。班德勒和格林德对此提出异议，声称这是专业人员可以用来对人们施加积极影响的一系列工具。你对此有什么看法？

[①] 由英国精神病学家及控制论先驱 W. 罗斯·阿什比（W. Ross Ashby）提出，即指如果一个系统要想成功应对其环境提出的各种挑战，那么它所做出的回应就需要（至少）与环境所引发的问题一样微妙。因此，一个可行的系统是一个能处理环境变化的系统，简单来说就是"只有多样性能吸收多样性"。——译者注

88

阿伦·贝克
Aaron Beck

▼

认 知行为疗法（Cognitive Behavioural Therapy，简称CBT）是由阿伦·贝克博士在20世纪60年代发展起来的，它不同于传统的行为疗法，更关注导致不良行为的思想和情感因素（病因），而非只试图消除不良行为的症状（结果）。在过去50年中，CBT的使用范围不断扩大，特别是在监狱和教育系统中。它现在被广泛用于治疗抑郁症、焦虑症和其他神经系统发育障碍。同时，它还是一种管理愤怒的工具。虽然CBT最初只针对成年人，但在过去的20年里，其实践已经扩展到对未成年人的治疗。

有些人常常由于与同龄人条件不同而感到羞辱甚至痛苦，他们很容易自我怀疑，认为自己能力不足，被这种自我导向的信息折磨。CBT的治疗师在治疗过程中，会让他们：

- **反思**。重新考虑他们对自己的设想。
- **识别**。辨识导致不良行为的思想和情绪。
- **反应**。改变看待自己和周围环境的方式，以此来改善自己的状况。

贝克认为，为了达到有效的治疗效果，CBT的治疗师需要鼓励对象敞开心扉，说出是什么影响了他们的思想和情绪，让他们对自己的处境和应对能力产生更多积极的想法。这可能是一个挑战，因为许多有心理障碍的儿童和较年轻的患者，可能已被自己的处境压得喘不过气来，对改善这种境况不抱什么希望。贝克指出，将困难分解成小而易操作的步骤，可以解决这些问题。

如何使用

在老师眼里，彼得是一个聪明的学生。他以优异的成绩通过四门A级考试①，还通过了牛津大学和剑桥大学的入学考试。他的潜力很早就得到了学校的认可，他的破坏行为同样如此。13岁那年，他在一次化学课上制造了一次小爆炸，不仅毁了设备，还差点儿伤到人。但是，由于他的成绩给学校带来了声名，学校没有开除他。他是一名优秀的学生，但为了取得优异的成绩，他也牺牲了许

---

① 即英国普通中等教育证书考试高级课程（General Certificate of Education Advanced Level，简称A-Level），是英国高中课程，也是英国学生的大学入学考试课程。——译者注

多成长的岁月。现在彼得 30 多岁了，曾因在商店行窃而被警告，也经历过一段无家可归的日子，现在他在一家慈善商店工作，有了稳定的人际关系，似乎过上了心满意足的生活。

如果你遇到像彼得这样的学生，CBT 治疗师的做法可供借鉴：

- **组织交流**。组织学生、教师和父母会面，评估他们对学生行为关注的程度和性质，以及他们对治疗的期望。
- **制定方案**。一旦学生确定了可能的目标，并表现出参与 CBT 的意愿，便制定一个方案，解决他们面临的问题。
- **重新评估**。治疗师与学生合作，帮助他们重新评估对自我的认知和负面假设，并培养对学习更积极的假设。
- **巩固强化**。治疗师与学生进一步合作，帮助他们巩固对自我和学习的更积极的假设，并制定应对复发的策略。

贝克指出，CBT 主要适用于当前的问题，而非过去的问题。

在课堂上

- 注意那些行为持续不稳定的学生。
- 确定是否需要为他们寻求专业的帮助。
- 与教育心理学家讨论 CBT 是否有帮助。

批判性视角

贝克声称，对于那些因患有与同伴不同的疾病而被污辱甚至遭受创伤的人，CBT 是有效的。在上述案例中，因为彼得的成绩能带来声誉，所以学校便没有纠正他的破坏性行为，这导致了他以后的创伤。你觉得 CBT 会对彼得产生多大的效果？

89

安东尼·贝特曼和彼得·福纳吉
Anthony Bateman & Peter Fonagy

▼

心智化治疗（Mentalisation-Based Treatment，简称 MBT）是由贝特曼和福纳吉在 20 世纪 90 年代提出的。它不同于传统的行为疗法，主要侧重于鼓励个人审视自己的想法、信念以及与他人的关系。

MBT 最初是为边缘型人格障碍患者设计的，也适用于因情绪冲动、饮食障碍、抑郁症或创伤后应激障碍等无法维持正常人际关系的人。

MBT 的主要目标包括：

· **更好地控制行为。** 首先了解他们经历的事情，以及与他人冲突的原因。这将有助于儿童和年轻人了解是哪些思想、互动方式和环境导致了生活中的挑战，进而更好地掌控自己的生活和行为。

· **增强情绪调节能力。** 改变他们在面对特定挑战时产生的冲动、无意识或成瘾反应，培养他们在心烦意乱或受到特定挑战影响时保持冷静的能力。

· **建立更亲密、更令人满意的关系。** 帮助他们了解他人的心理状态，并意识到并非所有事情都如他们想象的那样，进而产生同理心和同情心，与他人建立关系。

· **培养追求生活目标的能力。** 提醒他们退后一步，反思现有目标的有效性。

MBT 理论认为，每个人都有能力赋予人类行为以目的和意义。这种能力源于人们相信思想会塑造人际行为，它塑造了我们对自己和他人的理解，是人类沟通和人际关系的核心。

如何使用

当维克开始教康纳时，康纳 12 岁。他身上有些东西让维克感到很不安。这倒不是害怕，而是当你感觉有什么不好的事情将要发生时那种未知的恐惧。不只维克这么想，其他老师也有类似的感觉。也不是说大家特别讨厌康纳，而且第一学期也确实没有发生什么麻烦事。康纳在班上基本没有亲密的朋友，他更喜欢自己独自学习。当被要求和其他人一起合作时，他会变得焦躁不安，还会不停地用脚趾敲打地板。一个同学提示他不要这样做，结果他离开了教室，几分钟后又回来了。这个同学又嘲笑他缺席，他二话不说猛冲过去，打了那个同学一拳。维克不得不拉住康纳，把他赶出了教室。

如果你遇到康纳这样的学生，MBT 治疗师的做法可供借鉴。

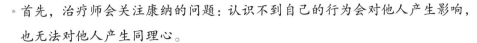

- 首先，治疗师会关注康纳的问题：认识不到自己的行为会对他人产生影响，也无法对他人产生同理心。
- 然后，治疗师会试着让康纳后退一步，重新思考他对自己和他人的想法，并对这些想法是否有效进行理性思考。
- 最后，治疗师会让康纳进一步反思他目前的人际交往和人际关系，这一过程被称为好奇的探索和调查。

贝特曼和福纳吉还指出，MBT 的本质是思考思维本身。它是一个人审视自我思想和信仰的最佳方式。

在课堂上

- 注意那些行为持续不稳定的学生。
- 确定是否需要为其寻求专业帮助。
- 与教育心理学家讨论 MBT 是否有帮助。

批判性视角

贝特曼和福纳吉声称，MBT 与更传统的行为疗法不同，因为它主要侧重于鼓励个人审视自己的想法、信念以及与他人的关系。在上面的案例中，康纳无法管理自己与班级其他成员的关系，包括他的老师。你觉得 MBT 会对康纳产生多大的效果？

90

玛格丽特·沃克、凯西·约翰斯顿和托尼·康福思
Margaret Walker, Kathy Johnston & Tony Cornforth

▼

默启通手语是一种教学方法，在 20 世纪 70 年代由语言治疗师玛格丽特·沃克开发。她的工作得到了凯西·约翰斯顿和托尼·康福思的帮助，所以"默启通手语"这个词由三人名字的第一个音节命名。对于有严重学习障碍的学生来说，它是目前最普遍、最具影响力的教学方法之一，在 40 多个国家的特殊学校中使用。

默启通手语的设计初衷，是希望通过一系列手势和符号来帮助人们交流。这些手势和符号与语言相结合，可以为使用者提供额外的沟通线索，就像重度失聪的人使用的手语一样。默启通手语的设计者指出，这种手势和符号可以帮助丧失语言功能或语言功能受损的人。

默启通手语的设计者还指出，有些人往往会因为无法正常交流、有效沟通而沮丧万分，而默启通手语能够消除这种隔阂，使他们与其他人、与周围的世界建立联系。他们进一步指出，默启通手语的学习过程非常灵活，可以根据个人需求进行个性化设置，以适应他们的水平，且能够使儿童或年轻人：

- 分享想法、选择和情感。
- 做游戏和唱歌。
- 听、读和讲故事。
- 在公共场所找到路。

大多数从小就开始使用默启通手语的人，可以逐渐丢掉这根拐杖，因为他们不再需要手势和符号来交流了。如今，据估计有超过 10 万名儿童和年轻人在使用默启通手语进行交流。

如何使用

默启通手语的设计者认为，简易的手势和符号可以帮助学习能力和语言能力有限的儿童和年轻人，以及那些不能或不喜欢使用手语的人。例如，在伯明翰的方舟玫瑰小学（ARK Rose Primary School），孩子的第一语言不是英语，他们对英语知之甚少，或者根本不懂英语。于是，学校就教授默启通手语来帮助他们与老师和同学交流。学校发现，在学了两个月的默启通手语后，大多数孩子能够与同学进行有意义的对话。

为了有效地教授有交流困难的儿童学习默启通手语，教师需要：

默启通手语
Makaton

▼

- 关注孩子想交流什么，即他们的意愿和需求。
- 找出他们的学习动机，即他们的兴趣和爱好。
- 注意不要一次教太多的手势和符号，以免他们超负荷。
- 通过唱歌和手语来加强学习。
- 使用图片、手势和照片进行交流，不要仅仅依靠默启通手语。
- 使用默启通手语相关网站上提供的材料。

在课堂上

- 确定儿童想交流什么，即他们的意愿和需求。
- 确定儿童的学习动机是什么，即他们的兴趣和爱好。
- 确定如何使用其他媒体工具，来增强默启通手语的效果。

批判性视角

有批评者认为，默启通手语只是一种简化了的手语，实际上会阻碍儿童发展语言能力。你同意这种说法吗？

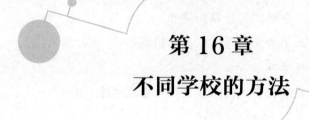

第 16 章
不同学校的方法

　　本章旨在探讨一些来自世界各地的与众不同的教育实践。我之所以只从中选择一小部分介绍，是因为在"教育是为就业做准备，还是一个没有终点的终身过程"这一问题上，这些实践给出了介于两者之间的答案。

　　本章前两个例子源于 20 世纪初的欧洲。"蒙台梭利教学法"强调感官教育的重要性，认为感官教育是智力教育的基础。"夏山学校"则秉承这样的理念：儿童应该通过指导和支持而非控制，来获得个人自由感。

　　本章还讨论了几种更现代的方法："斯坦纳方法"强调实践性、艺术性和概念性要素在教育中的重要性；"瑞吉欧教学法"关注儿童知道什么，对什么感到好奇，面临的挑战是什么；"森林学校"的做法是通过让儿童欣赏自然来培养学习热情；"哇时刻"的宗旨是确保儿童成长为"有能力、有自信的学习者和交流者，身心健康，知道自己能对社会做出重要贡献而感到安心"。

　　在这里，我还有很重要的两点想强调。首先，我并没有低估宗教学校在各自社区中发挥的作用。其次，除本章涉及的案例外，还有一些关于新技术教学的创新项目。我之所以没有将它们收录进来，部分是由于篇幅所限，部分是由于我对它们及其教育价值的了解还不够。

91

玛丽亚·蒙台梭利
Maria Montessori

▼

蒙台梭利强调感官教育的重要性，认为感官教育是智力教育的基础。她的理论是她做医生的时候发展起来的，那时候她经常接触一些被称为不可教育的儿童。她拒绝行为主义者通过重复训练来教授技能的做法，而把重点放在开展感官训练上，为通过训练感官来学习新技能打好基础。

她的理论是基于对儿童的一系列观察：

- 从出生到 6 岁左右的儿童，吸收性心智尤其显著。在此期间，儿童学习新事物的动机几乎是无限的。
- 儿童在发育过程中有几个敏感期。在此期间，儿童对学习新技能或新知识持开放态度。
- 运动可以增强思考和学习能力。
- 当学习与儿童相关时，他们会学得更好。
- 所有儿童都有能力进行自主学习。
- 如果教室里秩序井然，学习就会不断完善。
- 在自我发现和犯错误中，儿童能取得最好的学习效果。

蒙台梭利认为，关注学生通过独立自主的活动所获得的自我实现、关注学生的学习态度、关注教师作为促进者的作用、营造令人振奋的学习环境，可以为学生创造更有意义的学习体验。

如何使用

我们很难不被蒙台梭利教育的哲学思想冲昏头脑。我曾告诉在当地一所大学教建筑学的朋友格伦，所有学生"只有在心中保留一些美好、特别的东西，才可能改变世界"。他认为我有些理想化了。尽管如此，蒙台梭利所提倡的教育理念中有一些是十分有价值的。

如果你要采用蒙台梭利的教育思想，请关注以下建议：

- 人们喜欢在有秩序感和结构化的空间中学习，因此要确保一切都有固定的位置，学习环境应尽可能方便人们学习。
- 不要以为人们对你的行为总会做出相同的回应，他们的情绪有时会高涨有时会低落。也不要以为每个人的学习速度都相同，要针对同一个小组中不同学习程度的学生设计个性化的教学策略。

- 让你的学习材料尽可能多地调动多种感官。我曾见过一位数学老师带了好几盒有名的糖果到课堂上，这些糖果盒的形状都不一样，有锥形的、方形的，还有圆柱形的，等等。她首先用它们教学生大小、形状、体积，然后通过查看不同颜色糖果出现的次数来教学生学习统计，最后还允许学生吃掉这些糖果。
- 允许学生从不同角度看问题（见理论8）、冒险、犯错误、听从内心的声音，鼓励学生成为自主的、有创造力的人。
- 给予学生独立从事某些活动的自由，但不要忘记让他们与他人分享学习经验。在这种情况下，你的角色应该是学习的促进者（见理论25），而不是教室的控制者。

在课堂上

- 让所有人都能理解学习主题。
- 准备能调动各种感官的学习材料。
- 鼓励儿童跟随他们的自然本能去探索和实践，不要害怕犯错误。

批判性视角

蒙台梭利认为，要允许儿童从不同角度看问题、冒险、犯错误、听从内心的声音，鼓励他们成为自主的、有创造力的人。你认为这样做有什么危险？

92

亚历山大·萨瑟兰·尼尔
Alexander Sutherland Neill

▼

尼尔于 1921 年在英格兰南部创办了夏山学校。学校的理念是：幸福感是在培养和教育儿童时首先需要考虑的问题；教师可以通过指导和支持而非控制，来赋予儿童自由感，从而使他们获得幸福感。

尼尔建议，这种自由感可以按照以下原则来培育：

- 学生在不是被迫去上课的情况下学得更好。
- 学生有机会参与制定基本规则。
- 在制定学习规则时，学生有平等的发言权。
- 应避免将纪律强加给学生。
- 应鼓励学生培养自律能力。
- 应避免外部刺激，例如奖赏和惩罚。
- 应激发学生内在的自主性。

尼尔认为，人如果在童年缺乏学习的自由，成年以后就可能出现一些心理障碍，这可能也是一些成年人不愿意在接受完义务教育之后继续上学的原因之一。

学校督察员和后来的英国教育标准局对夏山学校的教育效果不太认可，甚至建议他们采取特殊措施进行整改。但尼尔反驳说，夏山学校录取的孩子往往都是被认为或多或少存在一些问题的孩子，尽管将来他们上大学的可能性不大，但是与接受传统教育的学生相比，他们更有可能通过求职面试。

如何使用

实际上，即使到今天，我也不能确定尼尔的方法是否能为那些认为他的理论有争议，甚至太激进、严重威胁社会秩序的人们所接受。对此你必须决定自己属于哪个阵营，不要骑墙观望！

西德尼·波蒂埃主演的电影《吾爱吾师》或许会为你提供一些思路。他扮演的黑人老师在伦敦一所条件艰苦的中学工作，他的学生多来自贫困家庭，常常对老师蛮横无理。可他却把学生当作成年人对待，让学生参与决定学习的主题，并组织有意义、有趣味的活动，最终赢得了学生的喜爱。

这位老师最后怎么样了？请看过电影后给出答案吧。这里有一些效仿尼尔做法的建议。

- 如果不与你所在组织的政策冲突，请给学生选择课程的机会，特别是允许他们退出他们认为不会对实现学习目标有帮助的课程，这会使他们更能集中精力去做他们想做的事情。
- 让学生有机会参与基本规则、学习目标和学习日程的制定，这会使他们感到自己是学习的主人。
- 尽量避免将纪律强加给学生，鼓励学生培养自律能力，这会增强他们的求知欲。

当然，尼尔是这所学校的校长，他能决定学生学习的自由度，而你可能没有这样的权力。那就给你的领导买本《简明学习理论》（或者是尼尔的一本书）吧，并在这一页夹上书签。你可能无法想象，也许就是这样一个小小的举动，就可能点亮一个激动人心的想法（见理论18）。

在课堂上

- 允许学生退出对他们来说没有意义或无关的课程。
- 给学生参与制定基本规则和学习目标的机会。
- 不要仅依靠奖惩激励学生。

批判性视角

夏山学校的建立基于这样的教育理念：幸福感是在培养和教育儿童时首先要考虑的问题；教师可以通过指导和支持而非控制，来赋予儿童自由感，从而使他们获得幸福感。这种方法在你的教学中如何发挥效用？

93

洛里斯·马拉古奇
Loris Malaguzzi

▼

瑞吉欧（Reggio Emilia）是意大利北部的一座城市，在国际上享有盛誉，因为它为从婴儿期至 6 岁的孩子提供以社区为基础的学习。瑞吉欧学前教育方法的创始人是洛里斯·马拉古奇教授，他深受另一位意大利教育家玛丽亚·蒙台梭利的影响，同样相信对儿童进行感官教育的重要性，认为感官教育是智力教育的基础。

马拉古奇教学法的最基本形式及其教学主张是，观察儿童知道什么，对什么好奇，面临的挑战是什么。他还鼓励教师记录观察结果，思考能够帮助儿童发展学术和社交潜能的恰当方法。在这方面，马拉古奇认为：

- 儿童有能力建构自己的学习，能够根据自己的兴趣去理解和掌握更多的东西。
- 儿童通过与他人的互动来理解自我，以及自己在世界上的位置。
- 成人不是知识的给予者。儿童可以通过自己的探索来寻找知识。
- 在游戏时，儿童把沟通交流当作发现事物、提出问题和使用语言的一种方式。
- 耐心倾听儿童的声音，相信他们的问题和观察能够为师生共同学习和探索提供机会。
- 环境是第三位教师，具有激发儿童灵感的潜力。
- 空间可以鼓励合作、交流和探索。
- 采用以儿童为主导的项目式学习方法。这种方法不是预先计划好的，而是基于儿童的兴趣自然生发的。
- 记录儿童的想法，并以多种方式让这些想法可见。例如，照片、记录下想法和解释的笔记本、绘画、雕塑等都可以展示儿童的学习过程。

瑞吉欧教学法最著名的是"儿童的 100 种语言"模型，以及相信儿童可以使用多种不同的方式，来表达他们的理解、表现他们的思想和创造力。这个模型认为，儿童有 100 种或更多种不同的思维方式、探索方式和学习方式，它们可以通过绘画、雕刻、舞蹈、运动、"过家家"、建模和音乐等方式得到发展。瑞吉欧的教育者认为，这 100 种语言中的每一种都应该受到重视和培养。

如何使用

瑞吉欧教学法将儿童看作独立的个体，并对他们的需求做出恰当的回应。教师相信所有孩子都有意愿、有潜力、有好奇心、有兴趣构建他们的学习，参与社会互动，并能与环境进行协调配合。瑞吉欧教学法遵循以下原则：

- 教师是儿童的导师和领路人。教师的作用是观察他们，倾听他们的问题和故事，发现他们感兴趣的东西，为他们进行更深入的探索提供更多的机会。
- 了解儿童的优势、需求和个性。
- 记录儿童所做的事情，根据他们的兴趣开展项目活动，并在这个过程中与其他教师和儿童的父母密切合作。
- 不要仅仅依靠书面作业来评估儿童的进步，允许他们通过诗歌、歌曲、舞蹈、运动、艺术和传媒等各种他们觉得舒服的方式来展示学习过程。
- 与其他教育工作者和社区成员一起为儿童加油。
- 让家长认识到他们是学校的重要组成部分，需要积极参与儿童的学习体验，帮助教师确保儿童在学校的平安和幸福。
- 项目给儿童和教师提供了学习体验的基础，"做中学"非常重要，小组讨论、温故知新是学习的首要方式。

在课堂上

- 了解学生的优势、需求和个性，并以此作为他们学习的基础。
- 不要仅仅依靠书面作业或 SAT 成绩来评估学生的进步。
- 鼓励家长积极参与孩子的学习体验。

批判性视角

瑞吉欧教学法的批评者认为，它不是一个正式的学习过程，缺乏明确的课程和教师认证。你认为它是在激发创造力，还是在制造混乱？

94

鲁道夫·斯坦纳
Rudolph Steiner

▼

斯坦纳教育法由鲁道夫·斯坦纳创立，强调实用性、艺术性和概念性要素在教育中的重要性。鲁道夫·斯坦纳也是一种名为"人智学"的精神哲学的创始人，它包括灵魂和转世的理论。

斯坦纳教育法以皮亚杰思想为蓝本，认为在学习过程中，游戏和想象力是发展学生创造思维和分析思维所不可或缺的内容。因此，这种方法强调要提供一种环境，让学生可以自由地思考，以此发展他们的个性，使他们成为负责任的人。

斯坦纳教育法的主要特点是：

- **儿童需要通过各种感官来学习。**斯坦纳学校的所有课程都是为了调动"头脑、双手和心灵"而设计的，特别重视对儿童进行全人教育。
- **想象力是学习的核心。**斯坦纳学校的课堂包含大量讲故事、幻想、假扮游戏、艺术、戏剧和手工艺的内容。
- **生活技能对于完整的教育来说至关重要。**在斯坦纳学校，儿童要学习木雕、缝纫、园艺和雕刻等技能，也有机会学习演奏或编织。
- **艺术有助于培养终身学习的习惯。**斯坦纳建议，数学和英语等课程可以通过平面艺术项目来进行学习和检测，最好采用跨学科的方法。
- **儿童需要被美包围，需要一个美观的环境。**斯坦纳学校的教室像家一样，随处可见天然的材料。在这里，儿童有很多时间可以在引导下自由玩耍，其间教师关注的是他们的发展需求。
- **儿童需要学会尊重、合作、同情，培养社会责任感。**随着儿童判断力的不断增强，教师应引入道德观念和社会责任的教育。
- **在学生比较小的时候，不应鼓励他们使用技术设备。**斯坦纳认为，少接触电视、计算机和其他科技产品，会延长儿童注意力的持续时间，这有助于他们进行富有创造性和想象力的思考。

20世纪初，应德国斯图加特市华德福·阿斯托利亚烟草工厂老板的要求，斯坦纳根据自己的人智学理论，为工厂员工的孩子创办了一所华德福学校。该学校实行男女生同校，是德国第一所综合性学校，面向来自所有社会阶层，以及性别、能力和兴趣各异的孩子开放。目前，全世界已经有一千多所华德福学校。

斯坦纳学校
Steiner Schools

▼

如何使用

斯坦纳认为，儿童需要全人教育，但教育方式要适合他们的发展阶段和需求。如果你想遵循斯坦纳的理论，那么考虑一下，以下哪种方法适合你的学生：

幼儿教育

- 应该以实践活动为导向，因为这个阶段的学习主要以感官为基础。
- 教室环境应像家一样，要使用天然材料，并为儿童提供手工制作的实例。
- 幼儿应该多进行户外活动，并伴以歌曲、诗歌和游戏。
- 应该留出特定时间为儿童讲故事和童话，以培养他们的创造性思维。
- 应该让儿童少接触电视和主流音乐等常规媒介。

小学教育

- 应该更富有想象力和艺术性，以便儿童对生活和周围的世界形成初步的了解，并发展自己的想法。
- 儿童的活动中应该更多地融入视觉艺术、戏剧、声乐、器乐以及手工艺。
- 课程不应基于标准化的教科书，而应基于每个学生自己创建的个性化课表。
- 允许每个学生按照自己的节奏学习，根据自己的能力掌握概念、学习技能。

中学教育

- 应该以道德观念和社会责任为基础，因为这个时期的学生开始发展抽象思维和概念判断的能力。
- 应该更专注于学术科目。

在课堂上

- 幼儿教育应该是有趣的，以玩耍为中心。
- 小学教育应注重创造性活动。
- 中学教育的重点是培养学生的社会责任感。

批判性视角

有批评者认为，在斯坦纳教育法下，儿童到七八岁时才开始学习阅读，而在传统学校，儿童在更早的时候就开始学习阅读了。你是否担心用斯坦纳教育法教育的孩子会落后，特别是当孩子转入更传统的学校读书时？

95

海伦·梅和玛格丽特·卡尔
Helen May & Margaret Carr

▼

"**哇**时刻"（Te Whāriki）这个词来自毛利语，是新西兰学前课程的名称，意为"编织而成的草席"，喻指儿童的成长是一个积累发展的过程。它是由梅和卡尔在 20 世纪 90 年代初开发的，旨在确保儿童成长为有能力、有自信的学习者和交流者，身心健康，知道自己能对社会做出重要贡献而感到安心。

"哇时刻"有四大教育原则：

- **赋权**。儿童可以按照自己的速度学习和成长。
- **整体发展**。儿童以整体的方式学习和成长，他们在智力、社交、文化、身体、情感和精神等方面的学习紧密结合，交织于他们的所有经验中。
- **家庭和社区**。儿童的家庭和社区生活也是学习体验的一部分。
- **关系**。儿童通过与他人、空间和事物建立积极的关系来学习。

"哇时刻"的四项原则与下表中的内容交织在一起。下表展示了关键的学习范畴如何引发学习倾向，进而影响学生的后续行动。

学习范畴	学习倾向	学习行为
幸福	信任和游戏	参与其中
贡献	公平和同理心	承担责任
归属	勇气和好奇心	获得兴趣
交流	自信	表达情感
探索	坚持不懈	解决问题

"哇时刻"将儿童的学习经历置于更广阔的社会和文化背景中，因此儿童可以在日常的社会生活和文化环境中，积极地构建自己的知识和理解，此时儿童与他人、与社会之间的关系和互动就显得至关重要。这样的方法认识到学习和发展的多条路径，也支撑了多样性和包容性的原则。

梅和卡尔认为，因为学习总是以这种方式进行，所以儿童在家庭和学校之间建立的联系，有助于他们为学习打下牢固的基础。他们进一步指出，这种连接正如"编织而成的草席"，每个孩子的学习过程都可以看作一个编制草席的过程。他们还强调，儿童的学习模式是不断复杂和丰富的混合体，而不是知识和技能堆砌而成的阶梯。

哇时刻
Te Whāriki

如何使用

梅和卡尔承认，对很多教师来说，将"哇时刻"中的多样性和包容性原则转化为自己的教学实践是一个不小的挑战。以下是应对这些挑战的一些提示：

- 为儿童不断增长的兴趣和问题解决能力提供资源、挑战和支持。
- 允许创造性的表达、象征和表现，特别要鼓励儿童讲故事。
- 带儿童走出舒适区，提供新鲜的、令人兴奋的体验。
- 鼓励儿童与小伙伴互动。
- 认识到儿童正在发展的个性和幽默感。

梅和卡尔指出，上述提示有助于教师创建这样一种环境：儿童的身心健康得到滋养，安全得到保障，与家庭和更广阔世界的联系也得到巩固和加强；他们还会获得公平的学习机会，而无论性别、能力、年龄、种族或背景为何。

在课堂上

- 让儿童按照自己的节奏，以整体的方式学习和成长。
- 邀请儿童的家庭和社区参与他们的学习过程。
- 鼓励儿童通过与他人、空间、事物建立联系来学习。

批判性视角

"哇时刻"建立在这样的信念之上，即确保儿童成长为有能力、有自信的学习者和交流者，身心健康，知道自己能对社会做出重要贡献而感到安心，是非常重要的。你认为这对幼儿来说有多重要？

96

埃拉·弗拉托
Ella Flatau

▼

尽管森林学校这个概念究竟是由谁在何时何地提出的尚未有定论，但文献中有足够的证据表明，森林学校现在的运作模式源于 1952 年的丹麦。埃拉·弗拉托的"步行幼儿园"（Walking Kindergartens）是第一个将森林学校的理念应用于实践的例子。

森林学校基于这样一种理念：儿童可以通过欣赏自然来培养学习热情。据说丹麦的森林学校增强了学生的信心，改进了他们的行为和社交技能。在森林中，儿童通过参与引人入胜、激动人心且可以实现的活动和任务，来培养内部动机以及良好的社会情感技能。

森林学校声称，利用户外环境（通常是林地环境），他们创造了一种独特的学习方式，这种方式可以鼓励个人、社群和更大的机构利用开放空间进行互动游戏、健身锻炼、娱乐消遣和个人发展。森林学校的支持者认为这样做可以实现以下结果：

- 使参与者通过主动解决问题获得积极的心态，变得更加自尊、自信。
- 能够提高合作意识和对他人的了解。
- 能够提高积极性，对学习形成积极态度。
- 能够对本地环境产生归属感和自豪感。
- 能够改善自我与户外环境的关系，更好地理解户外环境。
- 能够增长知识、提高技能。
- 能够学会管理生活的基本技能，如风险管理等。

森林学校的教师指出，在此基础上，学生开始尊重和理解大自然及其馈赠。他们进一步指出，在这种环境中，学生会慢慢意识到犯错是不可避免的，是良好学习过程的一部分。除非每个人都愿意承担风险，否则这一切都不可能实现。这些风险可能是情感上的，也可能是身体上的（比如爬树）。每个人都既要知道如何承担风险，也要知道何时应适可而止。

如何使用

"森林之路"（Forest Routes）是一家总部位于英国的组织，他们发展了森林学校的概念，以帮助学习上有困难或不愿意接受传统教育的儿童和年轻人。"森林之路"的首席执行官奈杰尔·库诺（Nigel Curnow）指出，正是森林学校的教

森林学校
Forest Schools

学方法和丛林生活技能实践（如刀具的使用）的有机结合，创造了一种支持和培养的环境。对于那些无法融入主流学习的人来说，这样的环境往往会带来不同的学习效果。这些类型的活动也有助于改变社会上的许多人对某些物品的看法。比如刀具，它不再被视为武器，而是可以生火、制造勺子和乐器的基本工具。以下是来自"森林之路"的一些建议，可以帮助你在学校里应用森林学校的理念。

- **找一个合适的空间。** 学校的一个角落是不够的，你需要一个树木环绕的绿色空间。可以是当地的一个公园，但如果能找到一小块野外空间就更好了。
- **确保高层管理者参与。** 校长和管理团队必须支持森林学校的原则。
- **将这些原则纳入学校的发展计划。** 尝试在学校的正式和非正式课程中充分利用学校的校风和设施。
- **循序渐进。** 目前没有开展户外教育的学校不应贸然转向森林学校的模式。
- **培训森林学校的内部领导者。** 如果你想定期到森林里去探索更多实用的内容，并在户外建立自己的教室，那么就需要培训一名森林学校的领导者。
- **不要被风险吓倒。** 有一种看法认为，森林学校就是关于刀和火的学校。结果，一些学校真的被这个看法吓倒了。
- **接受这样一个事实，即你不可能说服所有人都相信森林学校的优点。** 很多人，包括教师、家长和孩子可能都不怎么喜欢户外活动。不要试图强迫他们参与，而要通过有趣、有意义的活动来争取他们的支持。

在森林里

- 确保你做了风险评估。
- 使用与所教年龄段相适合的工具。
- 告诉学生不要害怕犯错误，从错误中学习是成长中必不可少的部分。

批判性视角

森林学校正在席卷英国，它们关注的是新鲜的空气、团队合作和以儿童为中心的学习，而不是考试。其批评者认为，这种方法不能让孩子为这个醉心于科技的世界做好准备。你是否同意？

第三部分
小结

　　在这部分中，我从社会性、情感、生态、伦理和道德的视角，介绍了八种儿童发展理论，还介绍了在课堂上与儿童合作的五种策略。

　　第 12 章从儿童及其社会性发展入手。首先探讨的两个理论涉及儿童在社会性发展过程中所经历的和需要解决的危机，其次介绍的两个理论则涵盖了社会对儿童的社会性发展和学习能力所产生的广泛影响。

　　第 13 章可以说是本书最难研究和写作的部分之一。我想强调的是，每个儿童都有决定他们情感发展速度的独特基因和生物学组成，这就涉及先天因素与后天因素的影响。基于理论 4 提到的洛克和笛卡儿关于该问题的辩论，我介绍了格塞尔和科尔斯的思想。然后我又介绍了两个理论，以探讨身份和道德的问题，以及这些问题对儿童情感发展的影响。

　　在第 14 章中，我选出五种专门为儿童设计的课堂教学方法。一个是以幼儿专家所确立的原则为基础、为大家所公认的理论，另外四个则是更现代的方法。

　　第 15 章研究的是教学中一个非常具有挑战性的方面——如何与那些因神经或心理问题而学有障碍的儿童合作。我首先介绍了"神经多样性"的概念，然后介绍了沟通工具——正念、交互分析、神经语言程序学，以及用于治疗的方法——认知行为疗法和心智化治疗，最后介绍了课堂教学方法——默启通手语，以此来展示教师如何帮助学生克服学习障碍。

　　在第 16 章中，我总结了一些来自世界各地的教育实践。我之所以只从众多方法中选择了一小部分，是因为在"教育是为就业做准备，还是一个没有终点的终身过程"这一问题上，这些实践给出了介于两者之间的答案。

以下是本部分的一些要点：

- 确保为那些无法满足儿童依恋需求的家庭提供早期干预和支持。
- 鼓励儿童的主要照顾者在儿童形成依恋的关键时期与他们待在一起。
- 与儿童的主要照顾者合作，确保他们的行为始终如一，对儿童的需求保持敏感。
- 一定要履行你对学生所做的任何承诺。
- 开展一系列活动，激发学生的想象力。
- 鼓励学生发现生活和世界的意义。
- 将学生置于真实的学习情境，让他们积极地投入活动。
- 做学习的促进者，而不仅仅是知识的传播者。
- 尽可能满足儿童个性化学习的需求。
- 鼓励儿童在游戏活动中发挥想象力和创造力。
- 充分利用材料和活动，鼓励儿童发展精细运动技能并探索他们周围的世界。
- 在学生讲他们生活中发生的事情时，你只需倾听，不要做评判。
- 让学生有机会参与制定课堂行为准则。

- 学生的文化身份必须通过课程和教学实践来验证。
- 确保学生有归属感,每天都能受重视、被欣赏。
- 赞美文化多样性。
- 向学生提出有关道德困境的问题,并组织讨论。
- 鼓励学生尊重他人的看法和意见。
- 让学生有机会解释自己做错事的原因,并让他们明白这会造成什么后果。
- 相信儿童能自然发展语言能力,直至流利地表达。
- 不要依赖死记硬背,也不要急于纠正儿童的语言错误。
- 让学习变得有趣。
- 鼓励儿童自己设计自然拼读法的游戏。
- 不要将学习局限于课堂,可以到户外世界去探索。
- 确保游戏物品的多样化和安全性。
- 扮演观察者的角色,除非有必要,否则不要干涉儿童的游戏过程。
- 选择合适的活动,安排恰当的学习环境,以帮助儿童发展"4R"能力(顺应力、策应力、反省力、互惠力)。
- 以积极的方式教育有身心障碍的儿童,但也要接受这样一个事实,即与他们合作时,你可能无法快速解决问题。
- 更多地考虑儿童本身,而不是他们的不利条件;鼓励他们要有雄心壮志,但是目标也要切合实际。

- 强调尊重的重要性，并以那些在神经系统上有别于常人但成就斐然的名人为例。
- 不要用你自己的信仰和价值观影响你对儿童的判断。
- 当事情进展不顺利的时候，不要偏离轨道。
- 你需要体悟事物的本质，而不是它们的过去或未来。
- 仔细观察学生，你将获得一些关于他们心理状态的有趣信息。
- 你的肢体语言很重要，它能向学生传达你的很多感受。
- 学生的肢体语言很重要，它会告诉你很多他们对教学的反应。
- 注意那些行为持续不稳定的学生。
- 确定是否需要为行为持续不稳定的学生寻求专业的帮助。
- 与教育心理学家讨论"认知行为疗法"和"心智化治疗"是否对行为持续不稳定的学生有帮助。
- 确定儿童想交流什么，即他们的意愿和需求。
- 确定儿童的学习动机是什么，即他们的兴趣和爱好。
- 准备能调动各种感官的学习材料。
- 鼓励儿童跟随他们的自然本能去探索和实践，不要害怕犯错误。
- 给学生参与制定基本规则和学习目标的机会。
- 不要仅依靠奖惩激励学生。
- 了解学生的优势、需求和个性，并以此作为他们学习的基础。
- 不要仅仅依靠书面作业或 SAT 成绩来评估学生的进步。

- 鼓励家长积极参与孩子的学习体验。
- 幼儿教育应该是有趣的，以玩耍为中心。
- 小学教育应注重创造性活动。
- 中学教育的重点是培养学生的社会责任感。
- 让儿童按照自己的节奏，以整体的方式学习和成长。
- 鼓励儿童通过与他人、空间、事物建立联系来学习。
- 如果要到户外学习，请先进行风险评估。
- 使用与所教年龄段相适合的工具。
- 告诉学生不要害怕犯错误，从错误中学习是成长中必不可少的部分。

第四部分

规划、实施和评估学习
PLANNING, DELIVERING AND ASSESSING LEARNING

第四部分
简介

到目前为止，本书的重点一直放在学生如何思考和学习，以及教师为了更好地服务学生应该具备哪些个人素质上。与此同时，教师也有责任向学校保证，他们是以专业的方式进行教学的，而且不会损害学校或教师这一职业的诚信。在这方面，他们应该确保以下内容：

- 课程规划能够满足个人和组织的需要。
- 教学计划和实施方式能够确保实现学习目标。
- 评估方法有效、可靠，评估贯穿整个学习过程。
- 评估结束后，尽快以建设性的方式给予反馈。
- 对教学进行评价，确保达到专业标准。
- 整个组织都能保证质量。

教师在规划和评价阶段的参与程度，取决于组织的政策。一些教师只能接受预先设计好的课程规划和教学计划，几乎没有什么可以改变的余地。而一些教师则可以完全自由地计划课程，不会受到任何束缚。类似的限制或自由也同样出现在评估和评价阶段。

第17章包括九个与课程规划相关的模型。前六个模型中，有的认为课程是最终的产品，是学习者的目的地；有的认为课程是一个过程，是学习者的旅程。另外三个模型则属于课程设计的变化形式。接下来的三章涵盖了教学计划、教学实施和学习评估的关键内容，涉及一些比较现代的观点。最后一章讨论了反思型实践和质量评价的模型。

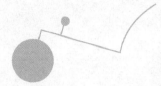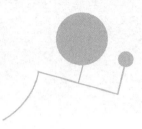

第 17 章
课程规划

今天，我们对"课程"这个概念已经不觉得新鲜了，但我们对"课程"这个概念的理解，已经随着时间的推移发生了很大的变化。"学习计划""课程大纲""培训指南"这些术语一直都是，也将继续成为课程的同义词。

就本章而言，我所说的"课程"是指"所有计划和实施的学习体验"，具体包括以下内容：

- 教什么？
- 教给谁？
- 如何教？
- 在哪里教？
- 什么时候教？

课程设计是一个复杂的系统过程，因此了解各种课程设计模型是非常重要的。本章分为三部分：课程作为产品的模型、课程作为过程的模型，以及课程的专业形式。

课程作为产品的模型关注的是学习过程的硬性结果，例如获得奖励或者资格认证这些可见的成就。此时，教学在很大程度上是以教师为主导的，课程规划是有组织、有系统的。介绍的三种模型既包括非常系统的、线性的方法，又包括更具互动性的、循环性的方法，代表了课程设计的发展过程。虽然三者在"如何使用"这个板块中的内容类似，但都反映了这种发展过程。

　　课程作为过程的模型更关注软性的结果，例如学生个人和专业的发展。此时，教学更以学生为中心，课程规划更具互动性，更多地考虑学生的需求。介绍的三种模型既包括相对狭义的学生参与，又包括比较广义的学生参与，代表了学生参与度的发展过程。"如何使用"板块的内容缺乏系统性，需要更多的反思和价值判断。

　　从三种产品模型到三种过程模型的转变，反映了教师教学方式从行为主义方法到认知主义、人本主义方法（见第一部分）的发展过程。需要强调的是，没有任何一个课程设计蓝图适合所有的情况，我们需考虑影响课程设计的多种因素，包括学习者的特点、学习的主题和学习的环境。

　　在本章中，我还增加了课程主题的三个变化形式，它们提供了课程设计的新视角。

97

拉尔夫·泰勒
Ralph Tyler

▼

泰 勒提出了一种简单而系统的课程开发模型——理性目标模型。这个模型的核心在于确立了行为目标，清晰而明确地阐释了学习的预期成果。基于这个目标，泰勒认为教学内容和教学方法应该直接明了，学习结果应该更容易评估。

理性目标模型可以用下图描述：

泰勒建议，在模型的每个阶段，都要回答以下关键问题：

- 教学的目标是什么？
- 什么样的学习体验能实现这些目标？
- 怎样有效地组织这些学习体验？
- 怎样确定何时实现了这些目标？

理性目标模型的支持者认为，对于制订课程计划来说，这是一种非常有序而且结构化的方法。但是批评者认为，这种方法太机械化了，并且过于注重可测量性。

如何使用

如果你能够明确想要从学习中获得什么样的结果，建议你使用这个方法。这是一个基于行为主义教学方法的课程模型，特别强调以教师为中心，因此要通过以下方式进行控制：

- **制定目标**。确定学习目标时你需要决定谁是决策者。决策者可能是组织管理者、学术人员、政府、企业或学习者本身，也可能包括上述所有。老实说，制定一套满足所有需求的目标并不容易，你可能不得不确定各个需求的优先级。
- **选择内容**。这通常是由资格认证机构或考试委员会预先确定的。你可能有一定的回旋余地，但是务必要先阅读相关要求，不要像我的地理老师那样。他本该教我们澳大利亚的人口，却教成了奥地利的人口。虽然这两个国家都是伟大的国家，但人口结构和气候却完全不同。

- **选择教学方法**。这是你可以创新的地方。我建议你看一看三个学习领域的内容（见理论 106—108），找出最能满足学生的知识、技能和情感需求的方法。
- **授课**。这部分很容易，只要展示出你的才能就可以了。
- **测量结果**。反思你在课堂上所做的事情，这是任何课程模型中最重要的一方面。成为专业的反思型实践者很重要，理论 126—128 可能会帮到你。

你要读的东西有很多，但我向你保证，从长远来看这是值得的。

在课堂上

理性目标模型适用于具有如下特点的课程：

- 简单且系统化。
- 学习结果清晰明确。
- 很容易评估。

批判性视角

理性目标模型的批评者认为，这种方法太机械化了，而且过于注重可测量性。考虑一下，在什么情况下你会用这种方法进行课程规划？

98

希尔达·塔巴
Hilda Taba
▼

基于泰勒的理性目标模型（见理论97），塔巴提出了一种新的课程开发模型，增加了教学互动和教学方法的内容。在这一模型中，学习体验为课程设计提供了基础。

这一模型包含五个相互作用的要素，如下图所示：

在这个模型中，塔巴强调了一些关键的内部要素：

- 制定与目标和内容相关的明确标准。
- 选择和组织与这些标准相关的学习体验。
- 为最佳的学习体验选择教学策略。
- 制定适当的评估措施。

这个模型有时也被称为"草根模型"，因为它需要由教师来开发课程。支持者认为，它有利于发展教师在行动中思考的能力（见理论126）。而批评者则认为，这种做法过于依赖教师，过于相信教师绝对可靠。

如何使用

使用草根模型特别重要的一点是，你必须与同事和管理者密切合作，以确保教学内容、学习目标、教学策略和评估措施可以满足学生的学习需要。

这可以通过以下方式来实现：

- 与学生交流，了解他们希望从课程中获得什么学习结果。
- 根据双方的共识制定课程目标，确保这些目标可以满足学生的需要，且在可接受的时间内能够被测量，并达到可接受的标准。

草根模型
The Grassroots Model
▼

- 将你要使用的材料和方法联系起来。
- 针对每个学习环节进行过程性评估。

我曾参与过很多课程方案的研发，其评估和评价都是终结性的（在课程结束后进行）。但在这个模型中，评估和评价是形成性的（持续贯穿于整个课程）。

在课堂上

草根模型适用于具有如下特点的课程：

- 互动式的。
- 能够满足学习者的需求。
- 能够鼓励你在行动中不断反思。

批判性视角

草根模型的批评者认为，它过于依赖教师，过于相信教师绝对可靠。这种担忧在多大程度上大于让教师参与课程设计的好处？

99

劳伦斯·斯滕豪斯
Lawrence Stenhouse
▼

斯滕豪斯认为，一个组织的预期目标与实际做法之间存在很大的差距，因此他开发了过程模型以解决这个问题。他建议，要想改进课程，可以调查组织内部的工作，研究更广泛的政治、经济、社会、技术趋势（被称为情境分析），及其对课程设计和课程实施的影响。

过程模型可以表示为：

他认为课程开发由三大要素组成：

- 尝试交流课程的基本原则和特点。
- 能够有效地将这些原则转化为实践。
- 乐于接受严格的审查。

过程模型的支持者指出，该模型不只是为考试准备一系列材料或内容，更关注如何将教育理念转化为可操作的实践，从而使师生都能得到发展。而批评者则认为，该模型不符合问责制的教育议程。

如何使用

斯滕豪斯把课程开发比作研制菜谱，我很喜欢这个比喻。

在比喻中，他认为：评估一道菜（课程），可以从营养学或美食的角度出发，也就是说，这道菜不仅要有营养，还要既好看又好吃；也可以从实用的角度出发，比如，一道菜如果需要一些很难获得的食材（如独角兽的角和百灵鸟的舌头），这道菜可能就无法做了。在斯滕豪斯看来，开发课程就像烹饪菜肴一样，在将其提供给消费者品尝之前，要想象各种可能性，不断尝试（加点儿这个再加

过程模型
The Interactive Model

▼

点儿那个），不断实践。

在使用方面，斯滕豪斯模型和惠勒模型（见理论100）的主要区别在于，前者更注重对初始情境的分析。如果你选择这个模型，请使用以下内容作为情境分析的基础：

- SWOT 分析，即从优势（Strengths）、劣势（Weaknesses）、机会（Opportunities）和挑战（Threats）四个方面进行分析，以确定组织内部的因素。
- PEST 分析，即从政治（Political）、经济（Economic）、社会（Social）和技术（Technological）四个方面进行分析，以检查组织外部的趋势。

如果你认为打开一个罐子，往里面加上一些食材和配料，就可以做出献给国王的珍馐美馔，那你应该感到羞愧。是不是你把事情想得太简单了？或者是你太忙了，没有时间找出满足学生需求的最佳方法？又或者是过程模型的表达太脱离现实了？请你来思考吧！

在课堂上

过程模型适用于具有如下特点的课程：

- 需要更广泛地了解社会需求。
- 更多地关注学习而不是考试。
- 富有活力，乐于接受严格审查。

批判性视角

过程模型的批评者认为，它不符合问责制的教育议程。你是否同意？

100

惠 勒的理性循环模型与泰勒的理性目标模型（见理论97）有很多相似之处，因为它们都以教师为中心。主要区别在于，理性目标模型认为评估纯粹是为了确定目标的实现程度，而惠勒认为评估不应是过程的最终阶段，而应处于循环的过程。

惠勒这一模型的大多数表述都忽略了一个重要阶段，就是用预期的行为变化来表达学习结果。因此，我在这一模型中加上了这个阶段，表示如下：

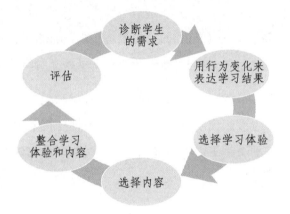

这些要素的特征可以概括为：

- 诊断学生的需求。
- 用预期的行为变化来表达学习结果。
- 设计学习体验时要考虑预期的行为变化。
- 设计学习内容时要考虑预期的行为变化。
- 学习体验和内容应该相互关联。
- 评估应用于诊断学生的需求。

这一模型的支持者指出，它把学生的需求放在了第一位。而批评者则认为，它走得还不够远，仍然过于以产品为导向。

如何使用

我们的团队曾被邀请为全科医生手术经理设计一个培训课程。四年间，我们向若干团体提供了这个培训课程。该课程由我们的课程团队与当地资助和管理全科医生的机构合作完成，出勤率和通过率都很高，均超过90%。因为效果不错，

理性循环模型
The Rational Cyclical Model

我的博士研究便聚焦于评估该课程对培训对象的影响。通过研究我发现，我们的培训非但没有取得成功，反而因未事先与培训者讨论培训内容，而令他们非常失望。我们根据卫生局认为必要的内容制定了培训方案，比如手术的规则和规定，但是培训者真正想学的却是如何处理他们在日常实践中遇到的麻烦。

不要犯和我们一样的错误。如果你正在根据理性循环模型开发课程，以下是一些建议：

- 判断学生的需求，将学生的兴趣放在第一位。
- 始终用预期的行为变化来表达学习结果。
- 要有适当的反馈机制，以此来衡量学生的进步。
- 利用反馈的信息对未来的课程方案进行必要的修改。

我一直相信这样的原则：学生应该积极参与课程方案的制定；学习体验应该对学生有意义；学习要注重反思和批判。基于这样的思考，我发现了当年那个全科医生手术经理培训课程的不足，而此时，学员已经毕业三年，想要修正为时已晚。

在课堂上

理性循环模型适用于具有以下特点的课程：

- 专注于判断学生的需求。
- 用预期的行为变化来表达学习结果。
- 将评估视为循环过程的一部分，而非最终的衡量结果。

批判性视角

惠勒的课程开发方法在多大程度上让教师改变学生的行为？它与关注学生的需求有多紧密的联系？

101

德克尔·沃克
Decker Walker
▼

沃克曾提出一个关于课程开发的模型，该模型被称作"自然主义模型"，它包含三个层级：

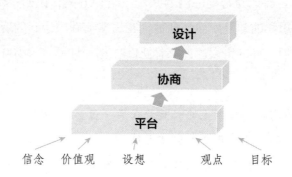

每个层级的特征如下：

- **基础层级：平台**。为课程的构建提供基础，包括组织的信念、价值观、设想、观点和目标。
- **中心层级：协商**。与各个关键利益相关者进行的讨论、辩论、争论和谈判。
- **最高层级：课程设计**。只有所有的协商都完成且各方对课程的样态达成了共识，才算是真正完成了课程设计。

自然主义模型的支持者表示，这种方法可以让更多不同利益相关者都有机会为课程开发做出自己的贡献。而批评者则认为，中间的协商过程太过费时、费力。

如何使用

在我撰写这篇文章的时候，恰好是纳尔逊·曼德拉去世的第二天。这不禁使我思考，沃克的模型与曼德拉取得的成就之间是否有相似之处。

1994年，曼德拉当选总统后，允许每个人就南非存在的问题发表自己的看法和意见，争取在全社会达成最广泛的共识。曼德拉意识到，推动前行的办法是协商，而不是武力，因此他鼓励参与和平进程的各方力量都提出可行的解决方案。随后，协商的结果便成为团结南非的草案。

当然，与消除种族隔离的罪恶相比，开发一个课程模型可能显得微不足道。但如果这个课程模型是错误的，那它依然会对学生和教师产生负面影响。为此，

自然主义模型
The Naturalistic Model

▼

我们应该特别注意以下几点：

- 你需要充分理解各方的信念、价值观和观点。这将为你提供一个平台，便于你开启后续的协商进程。
- 如果在协商过程中出现了矛盾冲突，不要回避，必须妥善解决。一旦各方达成共识，你就可以确定课程的各个组成部分了。
- 影响课程各个组成部分的因素有：内部因素——你可以掌控的组织运作的方面，比如教职工、组织结构和运行体系；外部因素——你很难或根本无法掌控的方面，比如政治、经济、社会和技术带来的影响。

最后我想提一点忠告：由于需要协商，所以开发一门课程会花费大量的时间，就像新南非和罗马都不是一天能够建成的一样。因此，如果你真的想给所有相关方提供充分的机会，让他们在课程开发中做出贡献，那么请务必制定一个切实可行的工作时间表。

在课堂上

自然主义模型适用于具有以下特点的课程：

- 以组织的信念和价值观为基础。
- 让所有利益相关者都能参与课程设计。
- 能够满足所有利益相关者的需求。

批判性视角

考虑一下，如何在你熟悉的学习环境中将"协商"过程应用于课程？应用这种方法有什么好处和坏处？你认为它可行吗？

格 伦迪受到保罗·弗莱雷理论（见理论9）的影响，认为课程开发要依据批判科学的传统，以社会分析为基础。换句话说，她认为我们之所以会去做某事，是因为我们对相关行动有着坚定的承诺。格伦迪的模型包含以下五个关键要素：

格伦迪将此模型的原理做了如下阐述：

- 主要构成要素是行动和反思。
- 学习发生在现实世界中，而不是在假想世界里。
- 学习是在外部世界的社会和文化互动中进行的。
- "承诺"是一个形成意义的过程，而"意义"是一种社会建构。

格伦迪强调，教师和学生应当共同协商学习内容，一起面对有关其存在和关系的真实问题。

实践模型的支持者认为，它注重行动的自由，致力于师生的发展。而批评者则认为，与其他模型相比，该模型不够严谨。

如何使用

J. K. 罗琳的系列小说《哈利·波特》描写的是一所巫师学校的故事。想象一下，数百年前这所学校建立时，巫师和凡人之间剑拔弩张、壁垒分明。多年后，社会变得更加开明，两派已经学会了和平共处，甚至可以通婚。尽管如此，学校里的传统主义者仍然认为学校招生时需要更加精挑细选，只招收有纯正魔法血统的孩子。由于这种分歧以及来自魔法部的压力，校长决定将学校的课程负责人们召集在一起，讨论如何才能让学校变得更包容，向魔法血统不够纯正的孩子

实践模型
The Praxis Model

▼

敞开大门。

让我们想象一下这个不同寻常的课程开发会议。橡木墙上挂着那些受人尊敬的男女巫师的肖像，他们正愉快地交谈着。与此同时，四位课程负责人也已经来到校长办公室。一位比较开明的教授提议在学校里建一个培养混血学生的学院，这引起了所有人的兴趣；还有一位教授讨论了实践课程的重要性，例如魔杖课和魔药课；另外一位教授则强调学术课程的重要性，比如占卜术和占星术课。在听取了大家的意见之后，校长说："我想，我们可以通过教育来创造一个更加美好的世界：一个凡人不会被巫师憎恨、迫害的世界，一个人人都可以毫无恐惧地和谐共处的世界。"面对这项艰巨的任务，即使是那些活动肖像里的先哲们也安静下来了。

如果你想效仿这位魔法校长的做法，可以这样做：

- 梳理学习的原则、信念和预期结果。
- 与所有利益相关者讨论他们期待达成的学习目标。
- 建立一个满足所有期望的学习方案。

尽管这是一所虚构的学校，但它所面临的包容性和排外性问题正是课程辩论的核心。在这个问题上，有必要审视一下你自己的感受。

在课堂上

实践模型适用于具有以下特点的课程：

- 基于更广泛的社会需求。
- 依赖社会和文化互动。
- 需要所有利益相关者就课程内容进行协商。

批判性视角

这一模型的批评者认为，与其他模型相比，它不够严谨。你在多大程度上同意课程理论的价值与其严谨程度有关？

103

杰罗姆·布鲁纳
Jerome Bruner

▼

布鲁纳扩展了他的"发现学习"理论（见理论 23），将课程设计也纳入其中。他认为，如果教师试图呈现给学生的知识过于复杂，超出了他们的认知发展水平，就是在浪费时间；如果知识的复杂程度与学生的认知发展水平相匹配，那么任何主题都可以有效地教授。

布鲁纳进一步解释了这个论断的可行性，认为有意义的学习可以通过构建"结构化知识"来实现。首先在简单的层面介绍复杂的内容，然后随着课程的深入，在更复杂的层面不断重复课程内容，同时鼓励学生将他们已有的知识和经验与新的学习内容建立关联。他把这个模型称为"螺旋式课程"，如下图所示：

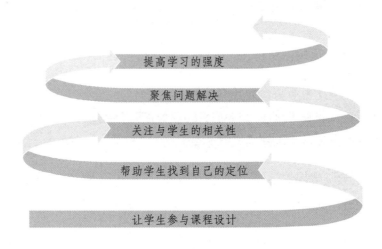

提高学习的强度

聚焦问题解决

关注与学生的相关性

帮助学生找到自己的定位

让学生参与课程设计

布鲁纳指出，这一模型依据了以下原理：

· 学生每重温一次学习内容，知识都会得到强化和巩固。
· 它符合从简单到复杂的逻辑发展规律。
· 鼓励学生将已有的知识应用到后续的课程学习中。

螺旋式课程的支持者认为，通过这种方式，有意义的学习得以实现。而批评者则认为，没有明确的实验性证据表明螺旋式课程可以改善学生学习的整体效果。

如何使用

布鲁纳认为，不管学生的兴趣和认知发展阶段如何，任何学科课程，都能以某种恰当的方式教授给他们。当我第一次读到他的观点时，我对此持怀疑态度。然而我意识到，他并不是说我 5 岁的孙子在 7 岁的时候就能够掌握量子力学，而

螺旋式课程
Spiral Curriculum
▼

是说他可以通过玩儿我心爱的遥控汽车（假如我同意的话）来了解量子力学相关的基本知识，比如力、质量和动量等。正是这种在玩儿游戏中获得的知识，才为他以后进行更复杂的学习做好了准备。下面列出的建议，可以帮助有志向的教师更好地支持学生的发展。

- 鼓励学生利用直觉进行思考。要做到这一点，你可以把自己树立为一个榜样，让学生知道犯错误并不一定是坏事，只要能够从中吸取教训即可（当然，你不必告诉他们你犯过的每一个错误）。
- 当学生忘记一些内容时，不要过于苛责。在本书第5章中，一些很有意思的理论探讨的就是我们记忆信息的方式。重要的是，你要鼓励学生在新旧知识之间建立联系，帮助他们更好地解决问题。
- 先从一些简单的、容易完成的任务开始，然后逐步增加一些更具挑战性但学生仍能完成的任务。这将鼓励学生发展问题解决的能力，也将鼓励他们不怕犯错误。
- 根据学生已经了解的主题和他们想要更多了解的内容，不断尝试让他们把所学内容融入生活情境。

支持学生成为好的学习者，需要帮助他们建立自信，其实有的学生在这方面还是有欠缺的。千万不要做那种只会给学生提供答案的教师，这会降低而不是增加学生的自信。请记住，你对问题的看法才是你的答案。

在课堂上

本理论适用于具有以下特点的课程：

- 明确期待的结果。
- 在基础层面引入学习主题。
- 逐渐增加学习内容的复杂度。

批判性视角

布鲁纳认为，从简单的任务开始，然后升级到更具挑战性但学生仍能完成的任务，将鼓励学生发展问题解决能力，使他们不怕犯错。这有多适合你的教学？

104

菲利普·杰克逊
Philip Jackson
▼

杰 克逊用"隐性课程"一词来描述课程中对学生来说不明显的部分。他觉得这些隐性的部分是学生为消化所学内容而必须掌握的内容,包括规则(Rules)、常规(Routines)和规定(Regulations),即所谓的"3R"。

杰克逊认为,之所以要将这部分内容对学生隐藏起来,是因为一些学生可能不愿意将它们作为学习过程的一部分。以下是支撑这一理论的要点:

- 一些知识超出了某些学生的能力范围。
- 回忆是智力成果的最高形式。
- 任何时候都要信任权威。
- 独立判断和创造力是无关紧要的。
- 情绪和情感与教育无关。
- 任何问题的答案都不会超过一个。
- 被动接受比主动批评更可取。

隐性课程理论的支持者认为,学习会受到课堂和学校文化的影响,隐性课程是培养学生自主性和责任感的有效方法。而批评者则认为,课程应该对所有相关人士透明,不应该有隐藏的部分。

如何使用

20世纪70年代末,出现了大量与隐性课程相关的理论。但相对于当时活跃的认知主义(见理论17—23)和人本主义(见理论24—27)而言,大多数隐性课程理论似乎是不受欢迎的。在"如何使用"板块,我想通过反思我作为一名教师的两种截然不同的经历,来强调隐性课程的不同方面。

我曾在监狱和保释管理所给罪犯上课。在那里,遵守规则、常规和规定是重要的学习内容。我觉得在这样的环境中,学习更像是一种缓解剂,而不是教育工具,有时被认为是"矫正议程"(rehabilitative agenda)的一部分。

我也曾在一个教育中心与教师和管理人员合作过,这个中心里的学生都是身体有严重残障的人。该中心提供了大量教育方案,旨在让学生实现更广泛的社会和个人发展,帮助他们建立自尊,支持他们在社会环境中变得更加独立和自信。有时这被称为"预备议程"(readiness agenda)。

这就是我想说的关于隐性课程的使用经历。不过,我还是希望你自己研究一下，想想如何把这个理论应用于自己的教学实践。列出课程需要涉及，但又不属于课程计划的那些内容。描述每部分内容可能产生的积极和消极的影响，权衡轻重，并考虑自己对此是否得心应手。

在课堂上

本理论适用于具有以下特点的课程：

- 包括教学大纲以外的学习内容。
- 有些学生可能不愿意接受课程计划的部分内容。
- 提供拓展学习的机会。

批判性视角

你认为隐性课程是一个有用的教学工具吗？

105

约翰·杜威
John Dewey
▼

杜威将"体验式学习"（见理论 7）的思想扩展到了课程设计领域。他认为教育的目的是促进成长。学生只有不断成长，才能拥有更高远的理想，并尝试不同方法去实现这些理想，从而进一步促进自身的成长。为了实现这一目标，杜威提出，教育的目的和情境应该由学生决定，而不是由教师决定。他将此称为"弹性课程"。

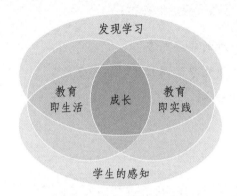

该模型的主要特点是强调课程应：

• 以学生对自我兴趣的感知为基础。
• 让学生充分参与课程设计。
• 帮助学生在生活中找到自己的定位。
• 围绕学生确定的相关项目开展实践活动。
• 强调从面对困难和解决问题的角度开展学习。
• 反对死记硬背，鼓励发现式学习。

弹性课程的支持者认为，教师的指导不应削弱学生的自主学习能力。而批评者则指出，它过于强调以学生为中心，削弱了教师的作用。

如何使用

我认为即便在杜威去世很久之后，他仍然是进步运动中最有影响力的人物之一，因为他的思想旨在鼓励学习者探索自我愿望和兴趣。作为学习者，我发现这是一个非常令人信服的基本学习原则。

在这里，我想跟大家讲讲佩姬·格威尔特（Peggy Gwilt）的故事。2009 年，

弹性课程
Flexible Curriculum

我第一次见到佩姬，那时我正在一所社区学院工作，这所学院致力于让学习走入社区。佩姬那时已经87岁了，住在一家养老院里。养老院里有8位老人被大家称为"学习女性"，佩姬就是其中之一。这8位老人的年龄都已经超过75岁，却都报名参加了一门名叫"可怕的计算机"的课程。佩姬上这门课的动机是，当她的孙辈们在谈论电脑时，她也想参与其中，不想被他们遗忘。在为期12周的课程结束时，佩姬已经可以查收和发送电子邮件、申请一些在线的优惠，甚至可以设计、打印养老院圣诞晚会的邀请函了。2012年，学校授予佩姬终身学习奖提名，以表彰她在学习上的努力。

前几天，我看到一则关于一个老年俱乐部的广告。它专为60岁以上的人设立，邀请他们到那里"喝喝茶，聊聊天，玩玩宾果游戏"。请不要误会我的意思，举办这些活动没有任何问题，只不过我觉得，如果我们将老年人可做的活动局限于此，这对像佩姬那样的人而言是极不公平的，我们不应该依据年龄、性别和环境等在人们身上贴上某种标签。我希望这个老年俱乐部能提供创意写作、数码摄影的课程，更好的做法是主动询问老年人想要学什么。

这就是杜威理论的精髓，即教育的目的应该由学生来决定，而不是由教师来决定。我并不是说教师不应该在学习过程中发挥作用，现实中某些学生的需求很可能会不切实际。但是，我主张应该尽可能让学生在对他们有意义的课程设计中享有发言权。

在课堂上

如果你想实践弹性课程，可以这样做：

· 允许学生对学习内容和方法有发言权。
· 强调学习过程的重要性。
· 围绕学生确定的相关项目开展实践活动。

批判性视角

杜威认为，教育的目的应该由学生而不是教师来决定，而他的批评者认为这样会削弱教师的作用。你同意谁的看法？

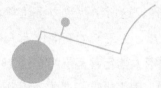

第 18 章
教学计划

在编写这一章时，我想到了两句很有名的话，与这一章的内容很贴切。一句是"失于计划就是计划失败"（To fail to plan is to plan to fail）；另一句是"糟糕的计划 = 糟糕的表现"（Poor Planning = Poor Performance），即"4P"。

大多数教学观察员，包括英国教育标准局的督察员，在听课前都会被告知，如果教师没有教学计划，他们可以拒绝听课。这就引发了很多问题：教学计划都包含什么？一定要写教学计划吗？教学计划必须符合某种特定格式吗？是否需要涵盖特定的要点？这些年来，我曾见过一些糟糕的课堂，即便教师写了 10 页长的教学计划；我也遇到过一些鼓舞人心的课堂，教师的教学计划可能在烟盒大小的纸上就能写完。

看来，教学计划不在长短。但是在上课前，编写教学计划确实是非常重要的，因为它们：

- 为课堂提供了一个框架。
- 列出了一系列有逻辑性的重要问题，例如"谁""什么""在哪""什么时候"以及"怎样做"。
- 建立了课程目标和评估方法之间的联系。
- 为所有人提供了一节课中的重要内容。
- 为听课者提供了本节课的相关信息，特别是他们观察不到的部分。

还有一点要特别注意，写教学计划的目的是帮助教师，所以教学计划不应该成为限制教师灵活性的绊脚石。教师在必要的时候，完全可以调整计划，以促进学生的学习。

本章收录了一些关于教学计划的当代理论，也涉及一些历史上的经典思想，比如 20 世纪五六十年代本杰明·布卢姆和同行提出的关于制定教学目标的相关论述。

贯穿本章的一个重要主题是，制订了一个好的教学计划并不意味着就能上好一节课，但这个教学计划是整个教学过程中必不可少的重要一环。

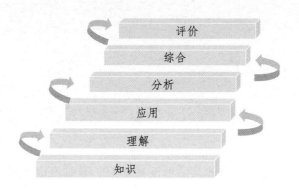

本杰明·布卢姆
Benjamin Bloom

▼

众所周知，布卢姆为认知、情感和动作技能三个学习领域分类法的发展做出了贡献。20 世纪 50 年代中期，他在认知领域的研究，为世界各地的教育工作者制定和使用学习目标提供了理论基础。总体来说，布卢姆分类法在认知领域的教育目标可分为以下六个层级：

评价
综合
分析
应用
理解
知识

每一层级可以概括如下：

- 第 1 级：**知识**——回忆或识别信息。
- 第 2 级：**理解**——理解信息的含义。
- 第 3 级：**应用**——将从信息中产生的想法付诸实践。
- 第 4 级：**分析**——解析和评估实践。
- 第 5 级：**综合**——开发新的实践方法。
- 第 6 级：**评价**——评估新方法的效果。

布卢姆认为，理解和应用知识是非常必要的，只有先达到这两个层级，才能向分析、综合和评价这些更高的认知层级发展。他认为这个模型在设计学习目标时是非常有用的，它能使学习目标与学生的能力水平和期望实现的学习成果相匹配。

如何使用

下文摘自诗人罗伯特·伯恩斯（Robert Burns）的《老鼠颂》（*Ode to A Mouse*）：

光滑、畏缩、胆怯的小东西，
啊，你心里是多么恐惧！

认知领域的层级
Levels in the Cognitive Domain

▼

你不用慌慌张张逃去，

猛地向前冲！

我不会拿着凶残的犁耙，

追杀你！

人的统治，真叫我遗憾，

中断了自然界的真实连接，

流传了那么一种偏见，

使你见了我这个人，

便会四处逃窜！

同样是可怜地球生的同伴！

阅读后请回答下面的问题：

1. 你知道老鼠的大小吗？

2. 你为什么认为老鼠在畏缩？

3. 为什么诗人不想杀死老鼠？

4. 这说明诗人的天性是怎样的？

5. 如何将诗人的这种信念应用于其他情境？

6. 你能从这首诗歌中学到什么？

下面我利用以上问题的答案，来帮助大家理解布卢姆分类法，并列举了在撰写不同层级的教学目标时可以使用的行为动词。

- 若要回答问题 1，你只需要知道老鼠体形很小这个常识就行了。若在此层级撰写教学目标，可用的关键动词有：陈述、回忆或列举。
- 问题 2 需要你理解，老鼠之所以畏缩，是因为它弱小又胆怯。若在此层级撰写教学目标，可用的关键动词有：解释、说明或描述原因。
- 问题 3 要求你思考发生了什么，体会诗人的怜悯之心。若在此层级撰写教学目标，可用的关键动词有：应用或解决。
- 问题 4 需要你去解释诗人对人类必须杀死老鼠的懊悔。若在此层级撰写教学目标，可用的关键动词有：比较和对比，或分解。
- 问题 5 需要你在其他情境中探究这种同情和自责的矛盾心理。若在此层级撰写教学目标，可用的关键动词有：概括或解释。

- 问题 6 需要你评估人类的存在对整个世界的影响。若在此层级撰写教学目标，可以使用的关键动词有：评判或调和。

上面列出的每一个问题，都对应布卢姆分类法——从基础层级的"知识"到高层级的"评价"——中的一个层级。如果你使用上面列出的动词，设定教学目标将会变得容易很多。尽管如此，请注意诗歌中的一句话："最周密的计划，不管人和鼠，常常会误入歧途。"

在课堂上

你在准备教学计划时，请注意：

- 确保你的教学目标层级是恰当的。
- 让学习目标与评估方法相匹配。
- 在学生没有达到"理解"和"应用"的层级之前，不要试图让他们达到"分析"和"评价"的层级。

批判性视角

查看你正在设计的教学计划，使用问题 1—6 答案中列出的动词，按照布卢姆分类法，为每一个层级撰写一个教学目标。你能看出这些动词是如何体现学习目标层次的吗？

在 动作技能领域的众多分类法中，诞生于 20 世纪 60 年代后期的戴夫分类法无疑是讨论成人学习最著名的，也是最常被提及的分类法。它由以下五级结构组成。

每一个层级可以概括如下：

- 第 1 级：**模仿**——观察和复制他人的动作。
- 第 2 级：**操作**——根据记忆重复某个动作。
- 第 3 级：**精确性**——在没有帮助的情况下准确做出某个动作。
- 第 4 级：**综合**——将一系列技能进行整合。
- 第 5 级：**同化**——自动化地掌握各种技能。

戴夫认为，必须先掌握观察和模仿的技能，然后掌握根据记忆重复动作的技能，才能实现更高水平的融会贯通。

此外还有两个值得研究的理论：一个是伊丽莎白·辛普森（Elizabeth Simpson）关于身体运动、身体协调、运用运动技能的理论；另一个是安·哈罗（Ann Harrow）关于反射、基础运动和复杂运动，以及体能训练重要性的理论。

如何使用

在阅读下面这首儿歌之前，请先遮住儿歌后面的解释，看看你是否能理解它。

兔子耳朵，兔子耳朵，在树旁玩儿。
交叉穿过树洞，想要来追我。
兔子耳朵，兔子耳朵，跳进树洞。

▼

跑到另外一头，漂亮又英勇。

这首儿歌是不是把你搞糊涂了？其实这是家长和教师用来教孩子如何系鞋带的口诀。先将鞋带打一个平结，当作树，"兔子耳朵"代表鞋带圈出来的两个环。怎样才能系好鞋带呢？需要让两个环彼此"交叉"和"穿过"，最后拉平。这不正是系鞋带的技巧吗？

下面我就利用这首儿歌来帮助大家进一步理解戴夫分类法，并针对撰写不同层级的教学目标时可以使用的行为动词给出一些建议。

- 第1层级：一边演示系鞋带的过程，一边给学生朗读儿歌，让他们一步一步地模仿你的动作。此时可用的关键动词有：复制、模拟或仿制。
- 第2层级：让学生大声朗读儿歌，同时自己完成系鞋带。此时可用的关键动词有：行动、实施或执行。
- 第3层级：在不朗读诗歌的情况下，让学生自己完成系鞋带。此时可用的关键动词有：掌握、校准或演示。
- 第4层级：向学生展示更复杂的打结图片，让他们尝试使用新的方法系鞋带。此时可用的关键动词有：改编、创造或建构。
- 第5层级：看看学生是否能设计出自己的打结方法。此时可用的关键动词有：设计、开发或完善。

我曾用系鞋带这个活动来培训实习教师。我先让团队里的一部分成员编辑一份指导孩子如何系鞋带的文字说明，但是不能包含图解。然后，在没有说明最终产品是什么的情况下，让团队里的其他成员两人一组背对背地描述这个过程。你也可以试试这样的活动，很有趣，同时也证明了"讲解—展示—动手做"是很重要的教学方法。

在课堂上

当你准备教学计划时，请注意：

- 做好准备：告诉学生在课程结束时他们将能做什么。
- 思考一下：向学生展示做这件事的最佳方式是什么，比如实操演示或视频演示。

拉文德拉库马尔·戴夫
Ravindrakumar Dave

▼

- 做好计划：让学生动手去做。

批判性视角

除了戴夫分类法，我建议大家也了解一下辛普森和哈罗在心理动机领域的分类法，看看哪一个理论更适合你的教学。

108

戴维·克拉斯沃和本杰明·布卢姆
David Krathwohl & Benjamin Bloom

▼

在 情感领域，克拉斯沃和布卢姆提出了态度和情感的发展结构，他们用五个层级描述了这个模型：

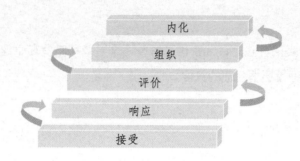

每一个层级可以概括为：

- **第 1 级：接受**——乐意接受价值观的改变。
- **第 2 级：响应**——参与可能挑战现有价值观的活动。
- **第 3 级：评价**——审视新价值观与已有价值观的冲突。
- **第 4 级：组织**——协调与现有价值观的内部冲突。
- **第 5 级：内化**——采用基于新价值观的信仰体系。

克拉斯沃和布卢姆认为，愿意接受具有挑战性的情绪和情感，并且发自内心地想要改变，是这个模型的基本要素。

对于大多数教师来说，这个模型可能是认知、情感和动作技能三个领域中最难的一个。与其他两个领域的分类法相比，它更复杂，层级上（特别是在第 3、4、5 层级之间）的差异更细微。

如何使用

我关注下面两位老师很多年了，希望他们的例子能给大家一些启发。

- 艾伦是一位教 16—18 岁学生政治史的老师。有一次，我看到他在课堂上讲授有关妇女参政运动的内容。课上他谈到了妇女为争取投票权而进行的斗争，以及她们当时不得不忍受的一些暴行。所有这些都给学生留下了深刻的印象，使学生感到获得投票权是多么宝贵，一定要珍惜手中拥有的权利。
- 伯尼则是一位教 14—16 岁学生环境研究的老师。有一次，我观察到她在课堂上给学生放了一些有关环境灾难的视频片段，还展示了几篇预测更大

情感领域的层级
Levels in the Affective Domain

▼

灾难的报告。这深深触动了学生，使他们意识到要想做一个对环境负责任的人，可以从回收、利用身边的废旧材料做起。

下面通过分析这两位教师与学生的交流方式，帮助大家进一步理解克拉斯沃和布卢姆的分类法，并针对在撰写不同层级的教学目标时可以使用哪些行为动词，给出一些建议。

- 第1级：你要确保学生愿意倾听你的讲解，可以使用一些引人注目的统计数据或研究案例来吸引他们。此时可用的关键动词有：跟随、识别或定位。
- 第2级：一旦你吸引住了学生的注意力，就让他们参与到小组讨论中来，以便他们表达自己的看法。此时可用的关键动词有：讨论、选择、讲述。
- 第3级：如果学生反对你对该主题的看法，不要惊慌。此时可用的关键动词有：区分、辩解、共享。
- 第4级：让学生协调小组成员目前持有的价值观，并尽量与文明社会的主流价值观保持一致。此时可用的关键动词有：保护、修改或关联。
- 第5级：如果学生愿意改变自己的观念，那就让他们将其内化于心，并按照新观念行事。此时可用的关键动词有：辨别、质疑或认同。

需要注意的是，作为教师，你可能无法影响学生的政治或文化信仰。

在课堂上

当你准备教学计划时，请注意：

- 准备一些能够吸引学生注意力的材料，包括一些引人注目的统计数据或与该主题有关的故事。
- 做好计划，让小组成员分享他们对主题的理解或感受。
- 制定一个策略，让每个学生反思自己对这个主题的价值判断，并质疑他们在判断是非时所产生的内心冲突。

批判性视角

如果你发现某个学生在课堂讨论中表现出了极端的政治或宗教倾向，你会采取什么行动？

109

约翰·比格斯和凯文·科利斯
John Biggs & Kevin Collis

▼

SOLO 是 "Structure of Observed Learning Outcomes" 的首字母缩写，意思是 "可观察学习结果的结构"。这是由比格斯和科利斯在 1982 年开发的一个模型，用来描述学习者对学习内容理解的复杂程度。从浅层学习到深层学习，该模型可分为五个层次，如下图所示：

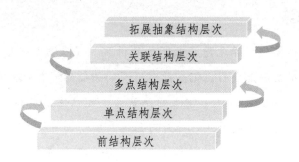

每一个层次的含义可概括如下：

1. **前结构层次**。学生获取的是不相关的信息，在学习上几乎没什么条理，很少获得成就感。

2. **单点结构层次**。学生在信息之间建立了简单而明显的联系，看不到任何联系的重要性。

3. **多点结构层次**。学生在信息之间建立了更多但不太明显的联系，看不到其中一些联系的重要性。

4. **关联结构层次**。学生看到了这些联系之间的关系及其重要性。

5. **拓展抽象结构层次**。学生与超出当前主题的信息建立了联系，有能力把具体的东西概括为抽象的东西。

比格斯和科利斯认为，SOLO 分类模型还可以作为一种评估工具，帮助学生思考自己学习中的优势和劣势。

如何使用

我在写这篇文章的时候，正值 2014 年圣诞节。我 9 岁的孙子查理刚刚告诉我，他今年想要《我的世界》（*Minecraft*）这款游戏中的人偶作为圣诞节礼物。我问他："什么是《我的世界》？"

查理马上意识到我正处在学习的 "前结构层次"，向我解释说，这个游戏就是教你如何找到积木，并开始建造堡垒来保证自己的人身安全。

好吧，我想，这听起来好像不太难，不会让一个有教育学博士学位的人大伤脑筋，于是我就让 9 岁的查理告诉我该怎么做。查理给我展示了一组图片，上面画着多种多样的积木。此时，我开始进入"单点结构层次"，知道如何搭积木了，但仍然没有掌握这款游戏的精髓。

让我印象深刻的是，当查理向我讲述游戏中的僵尸、爬虫和蜘蛛的潜在危险时，他是那么冷静。除非我能建造一个可以保护我不被侵害的堡垒，否则我的游戏就结束了。查理还告诉我，除非我进入"多点结构层次"，能建造出一种有墙、窗户和楼梯的堡垒，否则我永远都不能把那些危险生物挡在外面，也不能在它们闯进来时逃走。

现在我开始理解这个游戏的复杂性了。进入"关联结构层次"之后，我开始领会这款游戏的各方面是如何相互关联的，比如生存、创造力、观察和决策。

当我认为自己已经掌握了这款游戏的秘诀，并且建造了一座坚不可摧的堡垒时，查理提醒我，还要进入一个更高的思考层次，即"拓展抽象结构层次"。也就是，我要开始考虑防御工事，以便阻止那些生物靠近堡垒。我问："篱笆或护城河怎么样？"听了这句话他笑了，问我是不是也想让圣诞老人带来一些《我的世界》里的人偶。

上面的例子并不完全属实，但是，为什么一个好故事非要是真实的呢？

在课堂上

当你准备教学计划时，请注意：

• 了解每个学生对主题的理解正处于哪一个层次。

• 制定学习目标，将学生带到更高的层次。

• 确保学生已经完全掌握了本层次的任务后，再进入下一个层次。

批判性视角

比格斯和科利斯开发了 SOLO 分类模型来描述学习者对学科理解不断提升的复杂程度。你认为了解学生对学科的理解处于哪个层次有多重要？你如何在教学中将这个方面考虑进来？

110

普 里查德是一位教育学讲师，以务实的写作风格而闻名。他以实用主义的态度，为制订教学计划设计了一份教学清单，其内容包括：

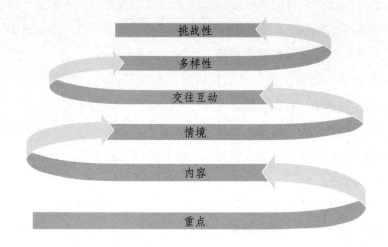

挑战性
多样性
交往互动
情境
内容
重点

清单中的每一个要点可以概括为：

• 是否有明确的学习重点和清晰的学习目标？

• 教学内容是否基于学生已有的知识？

• 教学情境设置得是否恰当？

• 是否为学生的社交和活动提供了空间？

• 教学方法是否具有多样性和选择性？

• 活动是否有挑战性，且创设了"大脑友好型"的学习条件？

普里查德指出，如果按照这份清单来制订教学计划，可以确保教学目标能促进学生的学习。但同时他也提醒说，不是所有教学都必须符合清单中的每一个条件，例如，有些教学可能就不适合互动合作。即便如此，教师依然应该按照清单中的要点而努力。

如何使用

多年以来，我翻阅过大量的教师教学计划，其中最好的一份来自一位信息技术教师，她的名字叫林赛。她将自己的教学计划制成思维导图，覆盖了教学清单中的所有要点。她把这些要点浓缩在一个易于访问的页面上，还使用了不同的颜色，突显了教学计划中的所有重点。

教学清单
The Lesson Checklist

▼

当然，无论你喜欢哪种形式，以下是你在制订教学计划时需要检查的关键点：

- 确保每个学习目标都符合 SMART 标准，即"具体、可测量、可接受、可实现、有时限"（详见理论 111）。要从学生的视角描述学习目标，要让学生知道教学结束时他们将能做什么，而不是教师想要他们做什么。
- 测试学生已有的经验，看看他们已经知道了什么或者能做什么，并基于此对教学进行定位。在测试的过程中，你还能发现一些有经验的学生，你可以让这些学生帮助其他学生。
- 确保学生能够看到所学内容与期望完成的学习成果之间的关联。
- 记住这句格言："我听见了——我忘记了；我看见了——我记住了；我做了——我理解了。"在课堂上永远不要错过组织团队活动的机会，让学生动起来。
- 不要害怕改变你的教学方法；用同样的方法做同样的事情，会让你和你的学生感到厌倦和疲劳。
- 可以挑战学生，但不要使用大量令人费解的信息，以免加重学习负担。
- 制订教学计划的目标，应是推动学生的学习和进步。

尽管教学清单是一个很有用的工具，但普里查德也提醒我们：没有一种理想的教学计划可以实现任何教学目标。所以从这个角度来看，教学设计更像一门艺术，而不是一门科学。

在课堂上

当你准备教学计划时，请注意以下事项：

- 学习目标要符合 SMART 的标准，并与学生分享。
- 保证教学内容与学生之间的关联。
- 不要害怕冒险，要敢于改变自己的教学方法。

批判性视角

看看你正在准备或已经准备好的教学方案，对照普里查德的教学清单，你可以自信地勾出多少个选项？

我们很难把 SMART 目标这个特殊工具的发明归功于某一个人，但是许多资料都提到了乔治·多兰于 1970 年 11 月发表在《管理评论》（*Management Review*）上的一篇文章。在这篇文章中，"SMART"这个词作为管理工具首次出现。"SMART"是一个缩略词，涵盖了任何一组目标都应该具备的五个关键特征。从教学计划角度来看，我们可以这样诠释它：

- **具体**（Specific）。学习目标应当清晰、明确。
- **可测量**（Measurable）。应该用某种方法追踪学习进程。
- **可接受**（Acceptable）。对于课堂上该做什么，师生应达成一致。
- **可实现**（Realistic）。学生应该能够完成教师要求他们完成的任务。
- **有时限**（Timebound）。应该设定一个实现目标的时限。

需要说明的是，有些人认为 SMART 目标中的字母 A 应该代表"Achievable"（可实现）而不是"Acceptable"，但也有许多人认为学习目标理应包含学生的贡献，因此使用"Acceptable"更为恰当。除此之外，我还想加上两个词：

- **令人兴奋**（Exciting）。每节课都应该有一个具有挑战性的目标。
- **奖励**（Rewarding）。应该适当认可学生取得的成果。

这样，目标就变得"更加聪明"（SMARTER）了。

如何使用

设定一个好的学习目标需要付出大量的努力，但也不要忽略这样一个事实，即学习目标是决定你与学生互动程度的垫脚石。

凯斯（化名）是我任教过的一所大学的图书管理员。大家经常邀请她向学生介绍如何使用图书馆的设施，因此她报名参加了一门基础教学课程，学习如何教学。这门课要求学生在课上向听众做一场 30 分钟的宣讲，以此来评估他们的学习效果。宣讲开始时，凯斯解释说，她将谈论一个深藏于内心的话题，并拿起了一本名为《如何获得性高潮》的书。在一阵目瞪口呆的沉默之后，凯斯继续说道："没错，在宣讲结束的时候，你在不到两分钟的时间内，就能够使用'杜威十进制分类法'从图书馆里找到一本书。"哇，我觉得这真是一个开启课堂的好方法！

SMART 目标
SMART Objectives

▼

以下是关于如何设定 SMART 目标的提示：

- 确保你能以清晰、明确的方式描述学生在教学结束时将能做什么，以及这与他们的长期学习目标有何关联。
- 告诉学生你会如何监测他们的学习进程。可以设计一系列重要节点，以便他们可以根据这些节点追踪自己的学习进度。
- 确保班上每个人都能接受这个设定好的学习目标。如果存在普遍分歧，不要惧怕修改原来的目标。
- 即便你想要设定具有挑战性的学习目标，也应该保证这些目标是学生可以完成的。如果设定过难的学习目标，会使学生士气低落或失去动力。
- 给每个重要节点附上截止时间。要意识到每个学生的学习速度是不同的，因此截止时间最好能够做到因人而异，而不是"一刀切"。

我不知道，凯斯在为新生介绍如何使用图书馆资源时，在多大程度上使用了上面提到的方法。但可以肯定的是，上述方法有助于她吸引新生的注意力，也会提高她在大学里的声誉。

在课堂上

当你准备教学计划时，请注意以下事项：

- 针对学生的需要制定教学目标，并寻找他们可接受的一致性意见。
- 建立一些过程监测系统。
- 不要让学习目标的难度过大，以免学生沮丧、泄气，也不要过于容易，以免学生自满。

批判性视角

看看你正在准备或已经准备好的教学计划。你能否自信地说，自己已经按照 SMART（ER）原则设计好了学习目标，清晰、明确地告诉学生在教学结束时他们将能做什么？

112

雪莉·克拉克、海伦·廷珀利和约翰·哈蒂
Shirley Clarke, Helen Timperley & John Hattie

▼

克拉克等人提出了"学习意图"这一概念，用于描述教学最终所能带来的学习结果。他们指出，学习意图需要综合不同层面的理解，比如表面化的理解、深入的理解或概念性的理解，还取决于教学如何适应更广泛的教学大纲。他们认为，好的学习意图可以让学生明确教师对自己的期望，从而明白自己应该在何时何地努力、使用何种策略，以及如何思考。克拉克等人对学习意图的论述可以概括为以下六个要点：

1. 教师应与学生分享学习意图，让他们对成功有一个美好的愿景。

2. 学习意图应具有包容性，因为并非所有学生都会以相同的速度或从相同的起点开始学习。

3. 因为课程设计具有复杂性，所以学习的发生不会是整齐、线性的。

4. 一个活动可承载多个学习意图，一个学习意图也可能需要多个活动来实现。

5. 学生可能会学习一些计划外的内容，不论这些内容是积极的还是消极的，教师都要意识到它们可能会带来意想不到的结果。

6. 教师应该在每节课结束时，帮助学生回顾自己完成了预期结果中的哪些内容。

克拉克等人指出，公开、透明的学习意图可以在师生之间建立更大的信任，使双方都能参与到学习过程中来，更利于学习目标的实现。为此，他们为学习意图设计了一个公式，可以表示为：

$$LI = 3C + HE + CU$$

其中：LI 即"Learning Intentions"，代表学习意图；3C 即"Challenge、Commitment、Confidence"，分别表示挑战、投入程度和信心；HE 即"High Expectations"，代表高期望；CU 即"Conceptual Understanding"，代表概念性理解。克拉克等人指出，"挑战"与预期的学习结果有关，也与学生当前的表现和理解水平有关；"投入程度"则代表了学生完成学习目标的决心；"信心"可能是学生天生就拥有的资质，也可以通过教师或同伴的积极反馈由后天培养获得。

如何使用

一个好意图之所以能成功，是因为它让我们知道应该走向哪里。所以，当一位新教师在课堂上不再说"今天我要教给大家……"，而是说"在教学结束时，

你们将能够……"时，我就知道他已经有了想法，知道什么时候开始更具体地介绍学习结果了。

我将使用前面介绍的公式，来解释如何利用学习意图来实现学习结果。

- 不要让挑战太难，否则学生会认为它无法实现而变得沮丧。相反，也不要让挑战太容易，以免学生变得自满。
- 衡量学生的投入程度。如果他们的投入不足以支持他们实现目标，那就让他们思考是否需要增加投入或降低目标。
- 我曾在某个地方读到过一个衡量标准，可以用来评估一个人的自信心水平。如果一个人从说"我认为我可以"发展到说"我知道我可以"，又从说"我原本以为我可以"发展到说"我原本就知道我可以"，就表明他的自信心增强了。教师就是要使用"我知道你可以"和"我原本就知道你可以"这两句话。
- 学生的期望通常是很现实的，他们常常因为过于谨慎而犯错误。你需要意识到这一点，为学生设定一个高于他们预期的目标。但是要注意，在某些情况下，低一级的目标可能更合适。
- 一节课至少会存在三个层次的理解水平——浅层的、深层的和概念性的。概念性理解是浅层理解和深层理解的结合（详见理论109）。

在课堂上

当你准备教学计划时，建议注意以下事项：

- 做好挑战学生的计划，但挑战不要太难或太容易。
- 鼓励学生要有较高的期望和信心来实现这些目标。
- 评估每个学生实现目标的决心。

批判性视角

克拉克等人认为，公开、透明的学习意图可以引导教师和学生更积极地参与学习过程。考虑一下，这种方法将如何影响你的教学？

第 19 章
教学实施

教学究竟是一门艺术还是一门科学？这是许多有经验的教师和实习教师都会争论的话题。有些人认为，教师在计划教学和实施教学时要有条理，要依靠不断研究以及结构完善的方法。有些人认为，教师更像一位表演者，应该凭借直觉和创造力，对学生的反应做出回应。还有些人认为，教学是这两者的混合体——是一门建立在科学基础上的表演艺术，或者说是一门富有艺术直觉和创造力的科学。

本章所选篇目并不尝试判断教学是艺术还是科学，而是根据本书第一部分涵盖的学习原理创建一个有一定阐释空间的结构。在第一部分，我们提到了以下学习原理：

- 教学是指导学生学习（行为主义）。
- 教学是将知识传授给学生（认知主义）。
- 教学是帮助学生处理信息（神经科学）。
- 教学是引导学生学习（人本主义）。

实际上，无论采用哪种观点，教学要想有效，都必须具备一定的条件。这些条件包括：

- 敢于冒险。
- 愿意尝试新想法。
- 不受特定内容的拘束。

- 尝试不同的教学风格。
- 花时间反思自己的教学。
- 建立一种适用于不同学生群体，也能满足学生各自需求的教学模式。

如果满足了上面这些条件，谁能想象你在课堂上会有怎样的意外收获呢？

113

约翰·哈蒂
John Hattie

▼

约翰·哈蒂提出了"可见的学习"这一概念，其观点主要基于以下两个关键原则：

1. 当教学是可见的时候，学生就知道做什么和怎么做。
2. 当学习是可见的时候，教师就知道学习是否正在发生。

哈蒂认为，正是这两个原则之间的相互作用，保证了学生能够实现预期的学习成果。他还提到，理想的学习状态应该是学生成为自己的老师，老师成为自己的学生。

哈蒂还认为，为了将教育的重心转向学生的学习，更好地对学生施加影响，教师需要发展不同的思维方式。他概述了八个思维框架，认为教师需要采用这八个思维框架，以便在课堂上充分实践"可见的学习"这一原理。这八个思维框架是指：

1. 教师应该接受这样一个事实，即自己的基本任务是评估教学对学生的影响。
2. 教师应该认识到，学生在学习上的成功或失败，取决于教师做了什么或没做什么。
3. 教师应该多谈论学习，而不是教学。
4. 教师应该将评估视为对自身影响力的反馈。
5. 教师应该多参与对话，而不仅仅是独白。
6. 教师应该享受挑战，而不是满足于尽力而为。
7. 教师应该相信，他们的任务是在教室和办公室里建立和发展积极的关系。
8. 教师应该让所有人都知道学习的语言。

哈蒂提出，这八个思维框架是促进教师对学生的学习和预期结果产生影响的基本要素，而且教师只有成为自身影响力的评估者，才能在教育实践中取得更大的进步。

如何使用

以下是如何应用"可见的学习"原则的一些提示：

- 你要始终寻找关于教学进展的反馈。你可以从学生、同事那里或从正式的听评课中获得这些信息。不要等到教学结束的时候才寻求反馈，此时再改变或改进你的教学方法为时已晚。

· 你要意识到你的角色是变革的推动者。你可能在本书的其他部分已经读到过，教师的角色应当是促进者或调解者。或许这让你感到有些困惑：教师究竟应该扮演什么角色？其实，无论你扮演什么角色，请记住，教学的基本原则是促进学生行为的改变。

· 不要过分关注教学方法领域的新潮流或趋势。只注重教学实践而完全忽视学习的讨论是没有意义的，你需要关注两者，才能使教学卓有成效。

· 请认识到，对学习过程的评估虽然主要是评估学生的表现，但它同时也会告诉你很多你自己的表现。在这方面，你的观念要从"评估什么"转向"为什么而评估"。

· 请接受这一点，即正式教学都需要一定的空间和时间，但重点应该是倾听学生的声音：了解他们的想法、遇到的问题、面临的障碍、取得的成功、经历的失败以及他们对你教学的看法。

· 当你感觉教学不再是一种挑战，当学生获得成就也不会让你兴奋时，你应该反思自己是否适合做教师。如果你认为这不公平，那就想象一下，当你坐在教室中，教师或教练只是在那儿机械地完成上课所需的规定动作，你感觉如何？

在课堂上

· 总是从可靠的渠道搜集对自己表现的反馈。

· 评估学生的表现，并以此作为你的绩效指标。

· 创造一个允许犯错的学习氛围。

批判性视角

哈蒂认为，八个思维框架是进行有效学习和取得学习成就的基本要素。考虑一下，这八个框架中的哪一个是你自己教学的基本要素？

▼

114

很难确定是布卢姆还是卡罗尔最先提出了"掌握学习"的概念，但很明显两个人都受到了 20 世纪 20 年代沃什伯恩（Washburn）和莫里森（Morrison）理论的影响。卡罗尔提出，所有学习者在进入下一阶段的学习之前，都应该先达到一个预先确定的水平，因此，我们应关注学生是否有足够的时间掌握每一个水平的学习内容。他的理论模型通常用下面的公式表示：

学习达成度 = f（实际学习时间 / 必要学习时间）

卡罗尔进一步解释说，在这个公式中，"实际学习时间"是由"学习机会"和"学习毅力"两个变量决定的。"学习机会"是由教师创造的，而"学习毅力"则是由学生通过努力实现的。

布卢姆支持卡罗尔的观点。他补充说，超过 90% 的学生能够掌握他们所学的内容，教师的职责就是寻找方法帮助学生做到这一点。他在"掌握学习"这一理论中，为教师设置了四个关键阶段，概括如下：

- 将要教授的内容整合为学生容易掌握的学习单元。
- 为每个单元制定具体的学习目标。
- 介绍适合的形成性和终结性评估的方案。
- 给学生足够的时间来更正错误，以达到需要掌握的水平。

卡罗尔和布卢姆都认为，有效地计划和实施教学策略，为评估和反馈留出足够的时间，是掌握学习理论的基石。

如何使用

2014 年 11 月 13 日，来自伯明翰的阿扬·奎雷希（Ayan Quereshi）成为微软公司认证的最年轻的计算机专家。他在 5 岁 11 个月大的时候，就通过了伯明翰城市大学计算机专业课程的考核。同一天，来自沃尔索尔市 87 岁的佩姬·格威尔特第一次使用 Excel 制作了一份电子表格，列出了她在活动中心的生活经历。佩姬曾是沃尔索尔成人与社区学院的学生，学习了"可怕的计算机"课程。阿扬和佩姬除了都生活在西米德兰兹郡之外，还有另外一个共同点——他们都为取得各自的成就付出了相当多的时间和努力。他们在犯错误的时候，都会感到沮丧，而教师提供的专业知识和支持，给了他们成功所需的动力。

掌握学习
Mastery Learning
▼

以下是支持学生掌握学习内容的一些提示：

- 将主题分解成一系列小组块。将这些组块整理成具有逻辑性的课程序列，环环相扣、循序渐进（见理论29）。
- 告诉学生，一旦他们掌握了每节课的主题内容，他们将能够做什么。
- 给学生足够的时间来掌握课程内容。
- 经常进行评估，确认学生是否已经掌握了所学内容。评估可以是简单的问答、小测验或笔试。
- 在确认学生已经掌握了当前的内容之前，不要进入下一个水平。
- 在评估结果不理想时鼓励学生不要惊慌失措，而要从错误中吸取教训并不断改正。

如果你教的是一群学习能力参差不齐的学生，那么一份课程计划就不足以应对了。此时，你需要为学生制订个性化的学习计划，以确定每个人能达到的水平。当然，这意味着更多的工作，但结果却是值得期待的。

在课堂上

- 为小组的每个成员制订个人学习计划。
- 将每个计划分解为一系列的学习节点。
- 不要让学生急于学习后面的内容，除非他们已经掌握了当前的内容。

批判性视角

"掌握学习"建立在管理学习而不是管理学习者的理念的基础上。尽管如此，批评者却宣称，这一理论的教学方法是僵化、机械的，所涉教学策略只能给学生提供在封闭社会中生存所需的简单技能，并不能让学生理解学校生活的复杂性。你怎么认为？

比起同类型的书，里斯和沃克的书可能更受实习教师的欢迎，因为他们通过提炼教师的经验，提供了一些非常实用的指导，几乎涵盖了与教学相关的所有问题。下面列举了一些他们提出的非常有效且易于使用的激励技巧：

- **口头表扬**。表扬学生付出的努力和取得的成就，而且要在其他人面前公开表扬，这样会对他们产生非常积极的影响。
- **作业反馈**。定期、及时地对作业进行反馈，这对学生了解自己正在取得的进步非常重要。
- **唤醒**。利用令人困惑、费解的问题唤起学生的好奇心，以此来激发他们探索的本能。
- **出人意料**。尝试不同的教学方法，降低学生厌倦的风险，使学生始终保持兴奋状态。
- **喜闻乐见的材料**。紧跟最新的时尚潮流和流行趋势，有助于学生接受课程内容。
- **创设多种情境**。鼓励学生在不同的情境中应用新学的知识，加深对所学主题的理解。
- **游戏和模拟**。使用游戏和模拟活动，提高学生的兴趣和参与度。

里斯和沃克认为，抑制学生学习热情的因素有很多，可能有些因素已不在教师的影响范围之内，但是课堂上发生的一切都不应脱离教师的控制。里斯和沃克指出，教师应尽量减少不良教学技巧带来的不利影响。例如，不要让课堂变得枯燥乏味，教学难度和节奏要适当，教室内要有舒适的温度、光照以及合理的座位安排，不要让学生长时间坐在同一个位置，不要让讨论的话题太难或太简单，在任务或作业完成后要尽快给予建设性的反馈，等等。

如何使用

我选择了一些以前观察过的课堂案例，来展示如何应用里斯和沃克的理论。在这些课堂案例中，教师对技巧的使用，有的很成功，有的则不太理想。

- 格莉妮丝总是迅速地表扬学生的努力以及他们取得的成就。当学生做得好时，仅仅点头赞同或竖起大拇指，都会令学生很高兴。
- 在同事和学生的眼中，比尔是一位公认的杰出教师，因为他总能全身心地

▼

投入教学。但是他也有一个问题，就是他认为批改作业和提供反馈是件乏味的事。他还没有意识到，作业反馈对学生来说很重要，因为反馈可以让学生看到自己的进步。

- 克里斯蒂娜喜欢引入似乎与学习主题毫不相关的话题，以此来迷惑学生，激发他们的兴趣。在学生搞清楚了两者的联系后，最初的费解和恼火随即烟消云散。学生一个个恍然大悟的样子，特别让人着迷。

- 戴夫讨厌一切都是计划好的、可预测的。我观察过几次他的教学，我记得他的教室每次布置得都不一样。他采用过会议室风格、剧院风格和夜总会风格以及马蹄形设计。他把正式的教学和小组活动融合在一起，甚至有一次他坐下来，让学生教他这个主题的内容，还让学生测试他的理解程度。

- 卡伦教那些听力有障碍的学生识字和算术。她将学生熟悉的材料（例如签名卡）融入游戏。当她把棋盘拿出来时，学生脸上写满了期待。在玩儿游戏的过程中，学生更是无比喜悦。这些场面真是让人难以忘怀，而且卡伦还总是在课堂的最后以巩固要点做结。

其实，还有许多方法可以激发学生的兴趣。但也要牢记，过犹不及。不要过度游戏化，不要滥用表扬，也不要过于天马行空、不可预测，否则学生会感到困惑和混乱。

在课堂上

- 表扬学生付出的努力和取得的成就。
- 在教学中寻求创新。
- 尽可能及时对学生的表现给予反馈。

批判性视角

里斯和沃克认为，学习的发生需要外部刺激和激励。学生在对刺激做出反应时，更多扮演的是被动的角色，因为是教师在制定学习目标、选择激励方法、确定授课顺序。你认为这个论断在什么情况下成立？

116

迈克尔·沙耶尔和菲利普·阿迪
Michael Shayer & Philip Adey

▼

20 世纪 80 年代，沙耶尔和阿迪提出了"认知加速"这一概念。他们的研究以皮亚杰（见理论 20）和维果茨基（见理论 19）的理论为基础，视教师为调解人。他们认为，教师要为学生创设良好的学习情境，并且只有通过干预，才能引导学生朝着学习目标前进。他们还提出了以下观点：

- 学生如果在没有准备的情况下接受挑战，将很难完成学习任务。
- 如果教师直接给出答案，学生可能只会记住表面知识。
- 学生如果自己研究并获得答案，就会理解所学的内容。
- 如果教师能够鼓励学生讨论如何应用思维过程，学生将变得"更聪明"。

"认知加速"的教学一般包括以下几个阶段：

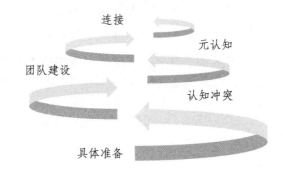

每个阶段可以概括为：

- **具体准备**。引导学生将已经知道的知识与将要学习的内容建立联系。
- **认知冲突**。以问题的形式为学生呈现学习内容，且答案不是显而易见的。
- **团队建设**。鼓励学生合作、共同解决问题，不要干扰他们的学习过程。
- **元认知**。要求学生反思自己的思维过程，并解释自己是如何解决问题的。
- **连接**。要求学生反思如何将新学到的内容与已有经验建立联系，并思考如何将所学内容应用到日常生活中。

20 世纪 80 年代，沙耶尔和阿迪对多所学校进行了测试。结果证明，"认知加速"的教学方法可以显著提高学生科学课和数学课的成绩。

如何使用

以下是如何使用"认知加速"方法的说明：

认知加速
Cognitive Acceleration

- 教师要扮演调解人的角色，其主要任务是创建一个良好的学习情境，并且只有通过干预，才能引导学生朝着学习目标前进。
- 要通过介绍自己的角色来引入学习情境，并明确重要的课堂规则以及小组合作的时间要求。
- 向学生描述学习任务，这可能是一个问题或一个挑战。你要向学生说明，你会澄清与任务相关的任何问题，但不会告知解决问题的流程和方法。
- 让小组成员独立完成学习任务。如果你所在机构的政策允许，你可以考虑离开教室。至少要坐在离学生尽可能远的地方，告诉学生如果他们找到了解决方案，可以招呼你。
- 你如果担心学生在完成学习任务的过程中会遇到困难，可以时不时地来到他们身边给出一些提示，这样可以确保学生不偏离方向。但你提供的线索不要太明显，那样就等于告诉他们答案了。这就与我们的目标背道而驰。
- 你如果把一大组学生分成了若干小组，那么就让每个小组解释他们是如何找到解决方案的，讨论其他小组解决方案的优缺点，并据此寻找更有效的解决方案。
- 让各个小组讨论如何调整并采用该流程解决其他问题。

请注意，并不是所有学生都会积极响应这种方法。对那些拒绝参与的学生，你要做好准备。如果真的发生这种情况，本书其他章节可能会有提示。

在课堂上

- 扮演调解人的角色。
- 设定的挑战不要太难，以免他们感到沮丧；也不要太容易，以免他们自满。
- 要求小组成员描述他们解决问题的过程，以及如何将其应用于其他问题。

批判性视角

沙耶尔和阿迪的"认知加速"理论有一个前提，即学校允许教师在为学生创建了学习情境后坐在教室后面，让学生自己完成学习任务。你是在这样的机构工作吗？在课堂上扮演这样一个相对被动的角色，你有多少信心？

117

罗宾·亚历山大
Robin Alexander
▼

在过去的十年里，亚历山大撰写了大量关于课堂有效对话的文章，这些文章对学生如何有效参与课堂学习产生了深刻的影响。他认为"通过说话来学习，就像学习说话一样重要"，并用下图描述了"对话课堂"的基本原理：

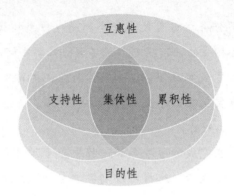

这些原理可以概括为：

- **集体性**。教师与学生结成一个小组，以团队的形式共同处理学习任务。
- **互惠性**。教师和学生相互倾听，分享想法，思考彼此的观点。
- **支持性**。教师鼓励学生自由表达自己的想法而不必担心尴尬或负面反馈。
- **累积性**。教师和学生以彼此的想法为基础，形成一个连贯的思路。
- **目的性**。教师在制订教学计划时，心里要有明确的学习意图和教育目标。

亚历山大认为，课堂对话是一个重要的学习工具，可以让学生始终参与到课堂教学中来。他还指出，在大多数教室里，为学习而进行的对话应取代那些为教学而进行的无效对话。

如何使用

我常常对"通过说话来学习"这样的口号持怀疑态度，因为我已经观察教育潮流和教育趋势很长时间了，它们大多只是风行一时。20 世纪 60 年代至 70 年代早期，我还在上学，我记得那时候的教育格言是："看着老师，不要插嘴。"

如果你想创建一个对话课堂，可以参考下面的一些建议：

- 不要认为好的教学仅仅是技巧的问题，它还涉及很多因素，包括耐心、宽容、善解人意以及乐于倾听等个人素质。

- 鼓励学生表达自己的想法，敢于冒险，不怕犯错。营造一种课堂文化，让学生在表达自我、勇于尝试的过程中不用担心尴尬。这一点也很重要，它会促进学生自由表达。

- 根据学生要达到的预期结果来计划每节课，将学习评估与预期结果结合起来。例如，如果预期结果是制作一架纸飞机，并确保它在房间里飞行六米远，那么评估就不应该是一个有关航空史的测试。

- 抓住每一次机会与学生分享你的想法，也要向他们学习。师生借鉴彼此的想法，共同向预期的结果迈进。

本篇文章可能是我唯一使用到俗语的篇目，"开弓没有回头箭"，顺便再加上一条："少说多听。"

在课堂上

- 每节课都要明确关注学生的预期结果。
- 鼓励学生表达自己的想法，不要害怕负面评论。
- 在做教学计划和实际教学中，不要害怕冒合理的风险。

批判性视角

亚历山大认为，对话教学可以促进学生参与课堂活动，加深思考，拓展理解。但他的批评者认为，一旦学生开始自发交流，教室里就会变得非常嘈杂。此时，教师将很难决定应该关注哪个学生。你是赞成还是反对这种教学方法？

118

卡萝尔·汤姆林森
Carol Tomlinson

▼

汤 姆林森认为，差异化不应被定义为一种教学方法或一种教学策略，而应被视为一种思考教与学的方式。她的主要观点是：

- 每个学生的学习动机、掌握的学科知识，以及偏爱的学习方式都是不同的。
- 这些差异将影响学生的预期目标以及他们实现这些目标所需要的支持。
- 当任务难度略超过"没有帮助，学生也可以独立完成"的水平时，学生便来到了最近发展区，此时的学习效果是最好的。
- 学生需要看到教师教授的内容与自身兴趣之间的联系。
- 每个学生都应该有机会去探索他们想从这门学科中得到的东西。
- 学生在能够感受到意义和尊重的课堂环境中，会学得更好。

汤姆林森建议，学校的首要目标，应该是最大限度地提升每个学生的能力，以便他们都能实现预期的学习结果。她进一步提出，如果教学的计划和实施不能满足每个学生的需求，如果学生在学习上没有选择权，如果学生没有参与学习目标的制定，如果学生没有意识到所学内容与自身的联系，那么上述提升学生能力的目标将很难实现。

如何使用

在成人教育中，教师面临的最大挑战是如何处理学生能力不均衡的问题。通常在一个班里，学生的差异很大，可能涵盖4—5个不同的级别，比如，从零基础入门一直到2级、3级、4级、5级水平。在中小学和大学，虽然也存在这样的问题，但是由于分流和标准化的入学资格，学生的个体差异不会像成人教育那么明显。无论你在哪类学校教书，如果想要创建一个差异化的课堂，这里有一些建议供你参考：

- 了解每个学生在学习进程中的位置、优势和劣势、学习的目标，以及在学习过程中需要的支持。
- 灵活地对学生进行分组，使他们可以独立学习。这样你就可以充分利用他们的异同，创造更多的学习机会。
- 为那些提前完成任务的学生准备好额外的学习材料或拓展任务。

差异化
Differentiation

▼

- 让相对有经验的学生与缺乏经验的学生结对，提供同伴支持。
- 密切关注所有小组的进展情况，以便掌握学生的真实学习状态。
- 请记住，平等并不意味着对每一个人都一样。可能你会在某个学生身上花费更多时间，但只要有必要，而且也没有影响团队中其他成员的学习，这样做就是合理的。

我经常用制造业的生产过程来类比教师的教学过程。比如，一块 50 厘米 × 30 厘米 × 20 厘米的金属经过车床加工，可以变成一个比原材料更有价值的烛台。帮助学生学习不就是这样一个过程吗？经过学习，他们的自身价值得到提升。我想这里有很多相似之处，当然，不是每个学生都是同样的金属块，也并不是每个学生都会以相同的速度完成学习过程，最终结果没有统一的标准。这正是差异化的意义所在。

在课堂上

- 了解每个学生的水平和他们想要达到的目标，据此制订教学计划，帮助他们实现目标。
- 让实力较强的学生与实力较弱的学生结对，提供同伴支持。
- 为那些提前完成任务的学生准备额外的拓展任务。

批判性视角

汤姆林森认为，任何一组学习者在学习动机、学科知识和偏爱的学习风格上都是不同的。你是否同意这一观点？

119

格洛丽亚·拉德森－比林斯
Gloria Ladson-Billings

▼

众所周知，格洛丽亚·拉德森－比林斯是将批判性种族理论应用于教育领域的一位重要思想家。她曾担任美国威斯康星大学课程与教学系城市教育专业的教授。尽管她的研究源于她作为美国黑人学生和教师的经历，但许多人认为，她所提倡的原则同样适用于大多数的国家和文化。

批判性种族理论在教育领域的发展，可以追溯到她的两项贡献，这两项贡献对我们理解如何激发有色人种学生的潜能很有帮助，因为他们的上课方式与他们的生活背景息息相关，并有助于他们在智力、社会、情感和政治方面的发展。

拉德森－比林斯的第一大贡献是对文化关涉式教学法（Culturally Relevant Pedagogy）进行了定义：一种要求教师鼓励学生在学校的日常学习中融入能代表其文化的要素，并要求课程更具文化相关性的教学方法。她认为，学生如果没有看到自己或他们的文化在课堂上得到体现，或者感到他们必须接受另一种文化（主要是白人中产阶级教师的文化）才能融入学校生活并取得优异成绩，他们就更容易在学业上失败。她将文化关涉式教学法的重要性归结为以下三点：

- **学业成就**。如果教师对有色人种学生的期望很低，并且未能根据他们自身的成就助其建立信心，那么这些学生在学校里很可能举步维艰。
- **文化素养**。学生的兴趣和文化背景是学习的桥梁，教师善加利用就会创造出具有吸引力的学习环境。如果学生的文化背景未得到充分尊重，他们就会认为只有放弃自己的文化才能在学校立足。
- **批判性意识**。教师应鼓励学生探索社会中的不平等如何使有色人种更难成功，以及如何改变这种更大的结构，从而为所有人创造一个更加公平的世界。

拉德森－比林斯的第二大贡献是引入了教育债务理论（Education Debt Theory）的概念。她提出的这一概念试图解释在解决因种族成就差距导致的一系列社会问题时，教育政策制定者在教育资源投入方面的缺失。她认为，教育债务理论由历史、经济、社会政治和道德等方面组成。总结如下：

- **历史债务**是一种信念，即在历史上，种族、阶级和性别的不平等，阻碍了少数族裔接受优质教育。
- **经济债务**产生的原因是各学校资金的不平等。
- **社会政治债务**是指有色人种社区被排除在公民进程之外的程度。

批判性种族理论
Critical Race Theory
▼

- **道德债务**是指我们对"正确之事"的认知与实际行动之间的差距。

了解了她早年的研究工作，我们就更容易理解批判性种族理论的发展过程。她认为，社会中存在系统性的、根深蒂固的种族主义压迫，而这种压迫我们早已习以为常，以至于除了最极端的种族主义之外，所有人都已司空见惯、一切如常，这是我们必须解决的社会问题。

如何使用

从课堂上应如何处理种族问题的政治言论中可以清楚地看出，并非所有政客都认可拉德森 - 比林斯的理论。批判性种族理论对英美社会如何看待种族平等问题提出了挑战和直接质疑，因此受到了两国保守派的攻击。2020 年，当时的美国政府成立了一个致力于促进爱国教育和亲美教育的委员会，以对抗它所谓的"学院和大学正在编织一个扭曲的谎言网，让学生相信'美国是一个邪恶的种族主义国家'"，并激励教育工作者向学生教授有关"美国历史的奇迹"的内容。

拉德森 - 比林斯对委员会制定法规来禁止课堂上讨论"黑人人权运动"等关键概念的企图表示担忧。她鼓励教师不要害怕以公平和理性的方式在学校中解决这些问题。

在课堂上

- 明晰学生的学习情况：在课程结束时，他们对批判性种族理论了解了多少，或者能够对自己经历的种族主义做出哪些行动。
- 鼓励学生充分利用自己的背景、语言、历史、习俗和经历，并勇于在课堂上与他人讨论这些问题。
- 告诉学生，他们所学的知识能够用于解决日常生活中面临的问题。

批判性视角

拉德森 - 比林斯认为，种族主义已渗透进国家的社会结构、政策和制度当中，这对白人有益而对有色人种不利。请思考，这一观点会对你和你的学生产生怎样的影响？

第 20 章
评估与反馈

评估与反馈对教学过程来说至关重要。评估服务于目的，用来评判学生的能力；反馈是教师告知学生学习进展的一种方式。

然而，不论是评估还是反馈，都不应该在教学结束时才进行，它们应该贯穿学生学习、教师教学的过程。评估的形式有多种，概括如下：

- **归纳性评估。**在学习之旅开始之前，先评估学生与课程的匹配度，即学生是否适合学习这门课程、这门课程是否适合学生。
- **形成性评估。**评估贯穿课程始终，以确定学生是否掌握了学习内容。
- **终结性评估。**在每节课结束时，评估学习目标是否实现。
- **演绎性评估。**在课程结束时，评估课程的教授方式是否恰当，以及学生是否实现了他们预期的结果。

本章将探讨当代关于评估的一些观点，讨论评估作为衡量师生表现和进步的尺度所具有的价值。除此之外，我还将介绍"乔哈里视窗"这种较为传统的测量方法，以衡量我们在提供和接受反馈时的表现。

120

保罗·布莱克和迪伦·威廉
Paul Black & Dylan Wiliam

▼

在形成性评估领域，布莱克和威廉是最具影响力的两位思想家。尤其是威廉所做的关于形成性评估的讲座，具有开创性的意义，影响了教育政策和实践的变革。1998 年，他们二人合作，探索学习过程中的"黑匣子"，提出了基于以下五个关键原则的学习评估：

1. 学生要积极参与学习过程。
2. 有效的反馈必不可少，而且应该基于明确的学习意图。
3. 教学方法灵活多样，要根据评估结果不断做调整。
4. 学生愿意并且能够进行自我评估，还能够对同伴进行评估。
5. 重视评估对学生动机和信心的影响。

布莱克和威廉始终认为，有效使用形成性评估，在提高每个学生基本水平的同时，也全面提高了学习结果的标准。他们还认为，当鼓励学生对自己的学习和评估负责时，他们的学习效率会更高。

为了确保形成性评估的有效性，他们给出了以下建议：

• 教师要深入学生的内心，了解他们的思想和感受。
• 学生要知道自己应该学习什么，知道自己是否达到了目标。

根据布莱克和威廉的理论，学习评估不仅能够帮助教师更有效地教学和评估，还可以鼓励和促进学生对自己的学习过程承担更多的责任。

如何使用

我很喜欢布莱克和威廉的一个比喻。他们将形成性评估比作旅行，在旅行中任何旅行者都要搞清楚三件事："我要去哪里？""我怎么能到那儿？"以及"接下来我要去哪里？"

记得在刘易斯·卡罗尔（Lewis Carroll）的《爱丽丝梦游仙境》（*Alice in Wonderland*）中，有一幕经典的场景。爱丽丝问柴郡猫："从这出发，我应该走哪条路呢？"柴郡猫回答说："这在很大程度上取决于你想去哪。"爱丽丝说："可我并不在乎去哪里呀。"柴郡猫便答道："那你走哪条路都无所谓了。"

形成性评估就是要帮助学生提升他们在学习过程中的表现，指明前行的正确方向。下面是一些实用的提示：

探秘黑匣子（形成性评估）
Inside the Black Box (Formative Assessment)

- 向学生阐明预期的学习结果是什么，以及成功的标准是什么。必须让所有学生都清楚他们应该做什么。
- 不要等到快下课的时候，甚至整个课程结束的时候，才告诉学生他们表现得怎么样。在学习进程中，要经常向学生反馈他们的学习情况。可以与学生商定一系列学习的节点，让他们感觉朝着这个目标努力很舒服。
- 让学生养成自我评估和同伴互评的习惯（见理论122）。
- 要做学生学习的促进者，而不是控制者（见理论25）。

你也要接受这样的事实：使用形成性评估可能会占用你更多的时间，而且因为这种评估是针对每个学生的，所以可能会比其他形式的评估更主观。

在课堂上

- 始终向学生阐明学习目标是什么，以及怎样衡量他们是否实现了目标。
- 在整个课程的学习过程中，要经常对学生的学习进行评估。
- 在课堂上要鼓励自我评估和同伴互评的课堂文化。

批判性视角

布莱克和威廉认为，在课堂一开始就应该让学生明确预期的学习结果是什么。而有些课堂很容易完全改变计划的方向，你如何协调这种情况与布莱克和威廉的观点？

121

萨莉·布朗、菲尔·雷斯和布伦达·史密斯
Sally Brown, Phil Race & Brenda Smith

▼

布 朗等人提出的 10 条评估宣言包含 500 条评估建议。宣言的主旨是，学生需要理解别人对他们的期望，能够将其与自己预期的学习结果联系起来，并相信使用的评估工具是有效和可靠的。

10 条宣言可以概括如下：

1. 评估应该在了解学生如何学习的基础上进行。

2. 评估应该在学生学习过程中发挥积极的作用。

3. 要解释清楚评估内容。

4. 评估要能够达到有效的测量目的。

5. 评估应该具有可靠性和一致性，尽可能不受主观因素影响。

6. 应向学生反馈他们的表现情况。

7. 应鼓励教师和学生反思自己的表现。

8. 评估应该成为完整课程设计的一个组成部分，而不是事后才考虑的附加内容。

9. 评估的内容量要适度。

10. 评估应该通俗易懂、清晰明了，并能接受公众监督。

布朗等人认为，有效的评估能够促进学习，影响学生对课程中重要学习目标的认知，并使他们形成不同的学习风格。

如何使用

阿尔伯特·爱因斯坦曾经写道："不是所有有价值的东西都可以被量化，也不是所有可量化的东西都有价值。"可量化的东西因为比较容易评估，所以教师和学生一般都倾向于以此作为评估的基础。正因为如此，一些学者认为，评估可能会避重就轻，漏掉了一些有价值的东西。

以下是在设计评估策略时可以使用的检查清单：

• 不要依赖单一形式的评估。你应该使用不同的评估工具，以满足学生的个性化需求，为他们的学习做出积极贡献。

• 确保向学生讲明评估的目的，并让学生以及与学习过程有关的其他人都能理解。

终结性评估的 10 条宣言
The Ten-Point Assessment Manifesto for Summative Assessment

▼

- 确保评估工具能够真实承载你想要评估的内容。
- 确保评估工具在不同时间、不同地点或面向不同学生时，都能够获得可比较的和一致的结果。
- 使用评估方法，给出有意义的反馈，帮助教师和学生反思自我的表现。
- 设计课程的教学要素时，应充分考虑学生将遇到的各种评估类型。
- 避免不必要的评估，以免加重学生或教师的负担，影响教学质量。

请记住，你所设计的作业也是评估学习的方法。因此，作业应该始终与课程目标和教学目标保持一致。比如，如果教学目标是学习如何煎蛋饼，那么就不要组织学生辩论"是先有鸡还是先有蛋"的问题了。

在课堂上

- 不要让学生感觉评估测试的题目太难理解。
- 确保你对学生的评估是一致的。
- 确保评估是你教学计划的组成部分。

批判性视角

在本篇中，我引用了爱因斯坦的名言："不是所有有价值的东西都可以被量化，也不是所有可量化的东西都有价值。"这句话是什么意思？这对你的教学有什么影响？

122

雪莉·克拉克
Shirley Clarke

▼

克拉克曾是一名小学教师，在伦敦大学教育学院做过研究员。她因在评估方法特别是在同伴评估方面所做的贡献，受到了人们的广泛尊重，其观点经常被教育文献引用。她描述了不同形式的同伴评估，包括对照成功标准进行互查、讨论和比较质量、使用开放式学习目标来鉴定成功，以及使用各种工具进行评估。

克拉克认为，完成一个好的同伴评估项目需要付出时间和努力，主要经历三个阶段：

1. **发展阶段**。教师规定同伴评估策略和评估过程，并且向所有相关人员说清楚成功的标准，避免大家对评估产生误解。
2. **建立阶段**。教师向学生概述成功的标准，允许学生就他们希望进行的评估过程达成一致。
3. **加强阶段**。教师和学生一起研讨，确定什么样的成功标准能够满足预期的学习结果，以及什么样的评估过程最有效。

克拉克认为，如果只有教师对学生的表现给予反馈、做出评估，而学生没有评估的权利，他们就不会积极地参与学习过程。她进一步指出，经过适当的培训，学生可以使用自己的语言和表达方式向同伴提供反馈，而这种同伴间的互评有时是教师很难做到的。

如何使用

我想从两个角度来看待同伴评估的应用：一个是教师对教师，一个是学生对学生。我们往往想当然地认为，在同伴评估中不存在什么既得利益，所以评估结果会更客观，但这只是美好的期望而已。

其实，同伴评估已经成为企业绩效评价的重要组成部分。记得我第一次接触同伴评估，是在一家大型汽车公司当培训师的时候。这家公司对员工的绩效评价基本上来自同事和部门经理。我曾问过一个实习生对同伴评估的感受，他回答道："肯定有人在背后说我的坏话，而且我知道是谁干的。等轮到我评价他时，我也要让他尝尝这种滋味。"

所以要成功地应用克拉克的思想，还需要做到以下几点：

同伴评估
Peer Assessment

▼

- 让同伴评估清晰透明，并在进行评估之前获得参与者的赞同与支持。
- 就评估的具体性质达成一致，这将关系到师生在评估内容上的表现。
- 愿意对同伴的反馈进行反思，并不意味着一定要赞成同伴提出的意见。当然，不加考虑就断然拒绝同伴给予的反馈，也会使整个评估变得毫无价值。
- 愿意与同伴分享有关评估的想法，对双方来说都是一个很好的学习机会。这可以让他们重温评估过程，并决定在未来的同伴评估中做哪些改进。

同伴评估只有在学校或教室氛围非常融洽的时候才适用。如果是在一种惯于指责他人的文化中，或是评估的结果会影响到资格考核、薪酬奖励、职级晋升等，同伴评估就不适用了。

在课堂上

- 让同伴对你某个特定方面的表现发表评论。
- 就如何评估与学生达成一致意见。
- 根据评估采取行动。你如果认为同伴给出的评估不恰当，就不必采取行动。

批判性视角

同伴评估的一个明显弱点是，学习者之间的同伴压力、友谊和竞争可能会过度影响评估。在评估学生的学习时，你如何减轻这一过程的影响？

123

约瑟夫·勒夫特和哈林顿·英厄姆
Joseph Luft & Harrington Ingham

▼

勒 夫特和英厄姆认为，我们越开放、越接受他人，就越能更好地与他人进行沟通。他们开发了"乔哈里视窗"（两人的名字组合而成）来描述这一现象。根据我们对自己的了解程度，以及他人对我们的了解程度，该视窗可以分为四个区域：

致谢：本图由雷切尔·勒夫特（Rachel Luft）授权使用。

这四个窗格的含义是：

1. **开放区**。自己知道、别人也知道的信息。
2. **盲目区**。自己不知道、别人可能知道的盲点。
3. **隐藏区**。自己知道、别人可能不知道的秘密。
4. **未知区**。自己和别人都不知道的信息。

勒夫特和英厄姆设计了一个性格测试，帮助人们衡量对自己的了解程度，以及这种自我了解与他人对他们的了解程度有何关联。勒夫特和英厄姆建议将测试结果绘制到一个网格上，从而生成一个拥有大小不同窗格的视窗。有效沟通的理想视窗应该是开放区的窗格面积最大。

如何使用

仅仅向学生或同事分享你自己的信息还不足以扩大开放区的面积，你还应该学会接受学生或同事对你的看法。

如何拥有一个更开放的交流视窗，这里有一些建议：

• 不要害怕获取反馈，要让你的学生和同事知道你希望得到他们的反馈，关心他们所说的内容。不要给人留下你无所不知的印象，要学会倾听。并非

乔哈里视窗
Johari Windows

▼

一定要同意他们的观点，但别人讲话时你需要理解并尊重他们。

· 要乐于分享你自己的事情。让学生和同事了解你的想法，让他们知道你在想什么，这将有助于他们理解你想要达到的目标。

· 要乐于发现更多关于自己的信息，这个自我发现的过程常常被教师忽视并且被看作一个单向的过程，可当你和学生或者同事合作时，这个过程实际上就变成一个共享发现的过程。

· 要意识到，当你缺乏改变的意识时，你无法改变自己，也无法改变别人。自我发现和分享发现的过程可以帮助你解决这个问题。

诗人罗伯特·伯恩斯曾经写道："啊！请赐予我们一些力量吧，让我们能以别人的眼光来审视自身。"我很喜欢这句话，但是不知道别人在我们身上看到的东西，是否我们自己也能清楚地看到。然而，在涉及教学的时候，教师无论如何都要通过不同的渠道了解自己做得如何。

在课堂上

· 作为教师，你不要害怕别人对你的表现做出反馈。

· 对于自己不太确定的教学内容，例如，如何使用信息技术或如何对学生进行行为管理，可以邀请同事做同行观察，听听他们的反馈。

· 认真反思别人对你的表现做出的评价。你可能不一定都同意他们所说的内容，但至少要表明你已经认真思考过了。

批判性视角

勒夫和英厄姆观点的一个明显弱点是，一些老师可能不想了解别人对他们的看法。你认为为什么会这样？

124

吉姆·古尔德和乔迪·罗菲 – 巴伦森
Jim Gould & Jodi Roffey-Barentsen

▼

古尔德和罗菲 – 巴伦森共同提出了六个阶段的反馈模型，为反馈提供了一种系统和一致的方法。它是一个渐进式模型，如下图所示：

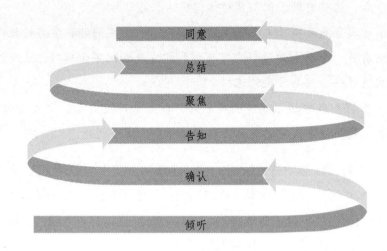

同意

总结

聚焦

告知

确认

倾听

这个反馈模型的六个阶段可以概括为：

• 倾听学生的自我评价。

• 确认你已经听懂并理解了学生表达的内容。

• 告知学生你为什么对他们的表现做出这样的评估。

• 关注学生表现中的某些具体要点。

• 总结曾经讨论过的那些要点。

• 与学生共同确定为改进表现而采取的行动。

古尔德和罗菲 – 巴伦森强调，一个成功反馈的核心是提供具有建设性的有益反馈。如果教师对学生的发展优势和发展领域给予清晰和诚实的反馈，他们将更有动力提升自己。

如何使用

在教师培训，特别是在成人教育和继续教育领域，古尔德和罗菲 – 巴伦森具有丰富的经验，是备受尊敬的学者。不过，我要在他们六个阶段反馈模型的初始阶段之前，再增加一个阶段——"向学生解释评估的目的"。下面是我对如何应用这个模型的一些想法。

反馈的六个阶段
Six Stages of Feedback
▼

- 首先向学生解释评估的目的，这应该在评估之前完成。在给予评估反馈之前，应与学生简要回顾评估的目的，这不会有什么损失。
- 询问学生的自我评价，认真倾听他们的回答。你常常会遇到敷衍的回答："表现还好。""我做得还可以。"如果是这样的话，那就让他们回答得更具体一点儿。你可以继续追问："你觉得自己哪些地方做得很好？""你觉得还有哪些地方可以改进？"由此，你就能够衡量他们的自我意识水平，并判断如何给予他们反馈了。
- 通过总结学生讲述的要点，向他们展示你已经听懂并理解了他们的想法。
- 在讨论评估的具体问题之前，不要给出任何评价等级或分数。在讨论的时候，你可以从同意或不同意学生的某个观点切入话题。我通常都是从一些积极的方面开始，然后提出需要重点改进的内容，最后以一些更积极的内容结束。其实，无论采取什么样的方法，都要记得把重点放在具体细节上，而不要针对人。"你总是这样做"或"这就是典型的你"之类的话，无论如何都要避免。
- 总结并记录下需要提升和改进的要点，与学生就需要采取的必要行动达成共识，并为他们的改进行动创建某种形式的标准和时间表（见理论111）。

在课堂上

- 始终倾听学生对自我表现或评估过程的看法。
- 在评估期间，关注具体事件并提供反馈。
- 共同讨论并记录下需要改进的地方，以及必须完成的截止时间。

批判性视角

考虑通过询问学生对自我表现的看法来开启整个反馈过程这一建议，想想学生的初始反应会如何影响你随后对他们的反馈？

125

舒特将反馈比作一场谋杀，因为两者都需要动机、时机和手段。然而舒特认为，即使动机、时机和手段俱备，反馈对学生表现的影响仍然存在着巨大的差异。

她提出的用反馈促进学习的教学指南包括九个方面，概括如下：

1. 针对学习任务进行反馈，而不是针对学生个人。
2. 提供详细的反馈以促进学习。
3. 用方便的方法呈现详细的反馈内容。
4. 反馈要具体、清晰。
5. 尽可能让反馈简单明了。
6. 区分表现和目标。
7. 提供反馈时要公正、客观。
8. 通过反馈，确保学习始终朝着目标方向进行。
9. 在学生完成一项任务后，立即给予反馈。

舒特还提出，针对不同类型的学生，应该使用不同的反馈方法，以促进他们的学习。例如，对于成绩较好的学生，反馈可以稍微延迟一些，起到辅助作用；对于成绩稍差的学生，反馈则应该及时，并且要起到指导作用。

如何使用

舒特在教育理论界虽然知名度不高，但她的作品常常被引用，特别是她的"用反馈促进学习"的理论非常值得一读。我特别喜欢她引用电影《黑客帝国》（*The Matrix*）中的一段台词："我正在试图解放你的思想，尼奥。但我只能把你带到门口，你必须自己穿过这扇门。"对我而言，这就是反馈的全部意义。

以下是如何运用这个理论的一些建议：

- 始终将你的反馈集中在学生做的事和需要改进的内容上，而不要对学生的个性和品格进行评估。
- 任何时候都不要一次性给学生大量反馈，这样会让学生感到压力过大。在开始下一步的反馈之前，可以先以小组块的形式给出反馈，让学生对每个组块进行反思或展开行动。

用反馈促进学习
Using Feedback to Enhance Learning

▼

- 在给出反馈时要具体清晰、简单明了。
- 向学生反馈他们在某项特定任务中的表现，解释他们所做的与预期目标之间的差距，从而帮助学生理解短期目标和长期目标。
- 在学生尝试解决问题之前，先不要给出答案。

我不确定自己是否完全理解了《黑客帝国》的剧情，但一旦有人向我做出解释，就像舒特的理论一样，我就会发现它很有吸引力。

在课堂上

- 针对学生所做的事情进行反馈，而不是针对学生个人。
- 反馈要具体、清晰。
- 不要一次性给学生大量反馈，以免他们感到压力过大。

批判性视角

舒特建议，学生的成绩不同，反馈的目的和时间也应该不同。你认为在对所有学生公平的情况下，这可能吗？

第21章
评价教与学

如果让人们说出一款优质手表或汽车的名字，"劳力士"和"劳斯莱斯"这样的品牌很可能在榜单上名列前茅，因为人们倾向于用价格和声誉来衡量产品质量。这也意味着，大多数人因为买不起这样的奢侈品而无法享用高质量的产品。但是，我们在衡量教育质量的时候，不要以上述条件为依据，而要以是否适合教育目标为依据。我们需要反问：教学满足了学生的需求吗？价格和实用性方面是否合适？所提供的教育是否完整？本章对教学质量的关注主要体现在教学的反思和评价上。

许多教师、教练和导师的专业标准都强调，每个在教育和培训部门工作的人，都需要对自己的实践进行反思和评估，这是他们个人和专业持续发展的一部分。因为专业的要求而选择成为一名反思型实践者，这个理由并不充分。如果没有成为反思型实践者的坚定信念，那么想成为一名教学卓有成效的教师几乎是不可能的。

"反思"和"审辨性反思"在工作实践中越来越受到欢迎。许多人认为，反思是个人和职业发展的重要方面，一些通过理论文献无法直接领悟的，却可以通过反思弥补。一类观点强调，反思是一种系统的、科学的方法（例如亚里士多德和杜威）。另一类观点认为，反思是隐性的、直觉性的活动（例如舍恩、布鲁克菲尔德和博尔顿）。这两种截然不同的观点，引发了有关反思的范围、客观性和质量问题的讨论。

如下所述，本章的前三篇内容，关注的是隐性和直觉性的反思模型，它们比那些系统和科学的方法更有深度。

- 舍恩的模型区分了事件发生过程中的反思和事件发生之后的反思。
- 布鲁克菲尔德的模型建议从不同的角度进行反思。
- 博尔顿的模型提倡一种更加深入但又常常令人不安的反思方法。

本章接下来的四篇，将关注的重点从反思转向了评价和质量监控。每篇内容都可以从组织管理或个人教学水平的不同视角来阅读。最后两篇则是从组织的视角来看待学习。

126

唐纳德·舍恩
Donald Schön

▼

舍恩提出了很多方法，来帮助教师发掘他们的隐性知识，利用课堂内外的经验进行学习。舍恩认为，反思始于工作实践，尤其是教师在面临特殊的或有冲突的工作状况，也就是舍恩所说的"沼泽洼地的烂摊子"时，反思显得尤为重要。他认为，正是通过这些反思，教师在理论和实践之间建立起自己的联系，这有助于他们日后的工作。

舍恩提出了两种反思形式：

- **行动后反思**。指的是在行动过后进行思考和反思。教师通过对过往的实践进行回顾、描述、分析和评估，获得洞察力，改进未来的实践。
- **行动中反思**。指的是边行动，边思考，在过程中反思。通过这种方式，教师可以检查、反思他们正在进行的工作。这需要教师独立思考，并迅速决定下一步该做什么。

舍恩认为，虽然"行动后反思"很重要——教师通过这种反思，可以获得深入的洞察，改进未来的实践——但是能够在"行动中反思"、随机应变，才是发展专业性和艺术性的核心。当然，无论哪种类型的反思，舍恩都建议教师通过建立新的理解，来重塑自己的行为。

如何使用

需要说明的是，在现实中，我们都会碰到这两种反思型实践，这正是我们区别于机器的地方。关于这个话题，你是否读过艾萨克·阿西莫夫（Isaac Asimov）的短篇小说《转圈圈》（*Runaround*）和他提出的"机器人三定律"？把这三条定律应用到教学上，不知道会是什么样子？

下面就是我猜想的教师版机器人三定律：

1. 教师不能伤害学生（不论是身体还是心理），也不能因为无所作为而让学生受到伤害。
2. 教师应该遵守上级的规定，除非这些命令与上一条定律冲突。
3. 在不违背以上两条定律的前提下，教师必须保护自己不受伤害。

虽然教师不会像机器人一样，一旦违反了任何一条定律就会自爆，但是我认为这个比喻揭示了教师在课堂上面临的一些窘境，以及独立思考的重要性。我曾

反思型实践者
The Reflective Practitioner

▼

观察过一个课堂上的突发事件，那位教师的处理能力给我留下了深刻印象。

在 21 世纪初，我曾看萨拉（化名）上课。她是一名西班牙语教师，被安排在一家保释管理所教授西班牙语。在那里，人们对不当行为是零容忍的。在一次课上，萨拉准备带着大家做一个体验活动，这是专门为这些缓刑犯人设计的读写和算术活动，与传统的课程有所不同。但是有一名叫古姆的学员拒绝参与这项活动，看起来这节课是无法进行下去了。这时，萨拉对吉姆说了句 "Allí está la puerta. Úsala!"，吉姆问这是什么意思，萨拉便告诉他："门就在那，你现在就可以出去！"吉姆知道萨拉老师是认真的，如果自己真的离开这个教室，很可能就要回到监狱去了。萨拉也深知，如果这样的事情真的发生了，她可能要面对其他学员对此事的反应。最终，吉姆选择留下来。到了第三节课的时候，他已经在帮助一些能力较弱的学员学习西班牙短语了。

萨拉老师对形势的评估能力和独立思考能力，帮助她避免了可能对所有人都会造成伤害的局面，这令我印象深刻。沉着自信地处理类似的情况，需要时间和努力。

在课堂上

- 课堂上有可能发生不太好处理的事情。
- 当这些事情发生时，请保持冷静。
- 在处理问题时，要表现得沉着自信。

批判性视角

舍恩认为，教师往往无法处理课堂上发生的所谓"沼泽洼地的烂摊子"的事情。在本篇中，我举了萨拉老师在西班牙语课上遇到破坏性因素的例子，你会像她那样去处理吗？

127

斯蒂芬·布鲁克菲尔德
Stephen Brookfield

▼

布鲁克菲尔德认为，杰出的实践者都会经历一个自我审辨性反思的过程。在这个过程中，他们会通过四个互补的视角，不断评估和反思自己的实践过程。正是通过这些视角，实践者能够获得多个明显不同的有利角度来审视整个实践历程。

布鲁克菲尔德提出的"审辨性视角"由以下四部分组成：

- **自传体视角**。教师通过回想自己曾经做学生时的经历，反思自己目前作为教师所做的事情是否合适。
- **学生视角**。教师通过观察学生的情况，反思自己的行为是否与预期的目标一致。
- **同事视角**。教师请同伴帮助自己反思在实践中是否有做得不合适的地方。
- **理论文献视角**。教师通过研究理论文献，来理解或质疑自己所进行的教学实践。

布鲁克菲尔德认为，要提升审辨性反思能力，我们应充分利用上面的四种视角，它可以让我们以全新的眼光看到"我们是谁，我们在做什么"。即便如此，布鲁克菲尔德对教师与同事分享反思的价值持谨慎态度。他指出，公开披露反思内容，很有可能会招致一些不合理的偏见，给当事人带来伤害。他还认为，有些教师存在谦卑的倾向，不愿意出风头，总觉得自己不称职，他称之为"冒名顶替综合征"。

如何使用

任何职业都存在这样一个危险点，即我们意识到旧的思维和行为方式已过时，而取而代之的新思维方式尚未形成之时。教师这一职业就更不用说了。此时，利用不同的视角进行反思，或许是规避风险的好办法。

- 自传体视角是让你反思做学生时的经历对目前做教师时的行为所产生的影响。例如，你是否因为自己曾是一名糟糕的学生而成了一名糟糕的教师？或者，你是否通过这个视角的反思而变成一位好教师？如果是前者，说明你的坏习惯已根深蒂固，那就请尽快离开教学领域吧。如果是后者，那就很棒！这说明你在进行审辨性反思。

审辨性视角
Critical Lenses

▼

- 学生视角不仅仅是让学生为你填写评价调查表，而且要"走进学生的内心"。你应该知道每个人都是不同的，你的言行在不同人眼里可能会有不同的含义。你可以通过与学生交流他们的学习经历，倾听他们的心声，了解他们的能力水平和实际需求，来发现学生对你的看法。
- 如果你做的事情没有达到预期的效果，同事视角可以帮你更加清楚地了解出现的问题。其原因可能不在于你自己的表现，而在于你没能满足学生的个性化需求。
- 如果你想解释某件事情发生的原因与合理性，而又没有人可以与你讨论，一个好办法就是进行文献研究，寻找理论模型来帮助自己反思。

仅仅在一节课上没有取得预期的结果，并不意味着整个教学过程都有缺陷。审辨性反思并不是全盘否定，而是要发掘这节课的闪光点。

在课堂上

- 承认课堂上会发生好的事情，也会发生糟糕的事情。
- 不要害怕让其他人参与进来并帮助你分析哪些是对的，哪些是错的。
- 根据你的反思和分析，进一步调整教学。

批判性视角

布鲁克菲尔德建议，我们可以从自己的视角、学生的视角、同事的视角以及理论文献的视角进行反思。请选择你最近在课堂上遇到的一件事情，思考如何通过这四个视角进行反思。

128

吉利·博尔顿
Gillie Bolton

▼

博尔顿认为，教师工作是一种振奋人心的生活体验，既充满了困境和不确定性，也充满了满足感。她谈到，如果仅仅把反思作为分析工具，还不足以发挥它的效用，实践者应该采取镜像法，去探索反思那更广阔、更令人困惑的另一面。

博尔顿提出，任何一个穿越反思之镜的人都会经历如下三个悖论，而这三个悖论恰恰是反思的核心。

- 为了获得信心，你就要放弃确定性。
- 如果你对一件东西一无所知，你就寸步难行。
- 当你不知道该怎么做的时候，不要贸然行动，否则将一无所成。

博尔顿提出，正视这些悖论是实践者反思时必不可少的先决条件。他鼓励教师要尊重和相信自己，并且要信任反思的过程，认识到不确定性对学习和变革来说至关重要。

如何使用

我很喜欢阅读博尔顿的作品。她以刘易斯·卡罗尔《爱丽丝镜中奇遇记》（*Alice Through the Looking-Glass*）中的故事为喻，向你介绍如何使熟悉的事物变得陌生，并在此过程中构想改变熟悉事物的方法。在这个隐喻中，爱丽丝发现自己身处一个完全不可预测的世界，唯一确定的就是"不确定"。她灵活而富有创造性地应对了一系列不可预见的事情，才得以幸存下来。

在爱丽丝的旅行中，你可以在她遇到的人物、这些人物的特点以及悖论中发现自己的影子。你既可以把《爱丽丝镜中奇遇记》看作一个儿童故事，也可以把它看作一次对内心旅程的深刻反思、一个自我发现的过程。

我敢打赌，你从没想过一本关于一个小女孩探索镜中世界的书，会包含这么深的内涵。如果你也想一头扎进镜中，开启一段神奇之旅，下面是博尔顿给出的一些建议：

- 不要成为那种认为自己知道所有正确答案的教师，而要成为一名随机应变、富于创造力的教师。这样的教师可以应对学生的各种问题、需求和期望，能够处理教学中各种意外的事件。

镜像反思
Looking Through the Mirror

▼

- 以开放的心态处理问题。镜像法的有趣之处在于，我们不知道将会发生什么，也不知道这个过程会将我们引向何方。但要相信，通过这个过程，我们处理不确定问题的能力会不断提高。

- 不要冲动。尽管你需要迅速做出反应，并且相信自己有能力把事情处理好，但作为教师，你在行动前还是要仔细思考一下，否则会降低工作的有效性。

博尔顿用爱丽丝探险的例子，为我们提供了一个奇妙的隐喻，帮助我们理解如何通过反思来促进学习。

在课堂上

- 不要让人觉得你是个无所不知的人。
- 以开放的心态对待课堂上的各种情况。
- 遇事要三思而后行。

批判性视角

在我看来，博尔顿用爱丽丝的探险来描述自己的方法，真是一个"奇妙的隐喻"。在刘易斯·卡罗尔《爱丽丝镜中奇遇记》的第一章，爱丽丝表达了她的担忧："如果我不抓紧，我就得回到镜子外面去了，那样就看不到镜子屋的其他地方了。"从反思的角度来看，你认为这句话是什么意思？

129

乔纳森·图蒙斯
Jonathan Tummons

▼

图蒙斯是一位著名的教育辩论者，无论是在他的著作中，还是在电视上播放的学校节目里，我们都能听到他的声音。他在著作中针对如何有效评价课程的实施，列举了一系列实用性的原则，可以概括如下：

- **评价什么？** 评价那些对绩效有影响的因素。例如，物资保障、有利条件和不利因素、雇主的反馈、持续时间、审核与验证、学生、审计与检查、导师等。
- **如何评价？** 使用技术手段收集绩效数据。例如，问卷调查、安全检查、教学观察、教工—学生委员会、自我评估报告、审计报告等。
- **何时何地进行评价？** 评价可以在组织内部进行，也可以在组织之间进行；可以是项目结束时的正式评价，也可以是在项目进行过程中的非正式评价。
- **谁来参与评价？** 与评价过程有关的利益相关者，包括教师和教练、学生、管理者、雇主、家长、审查和奖励机构、资助机构、地方和中央政府。

图蒙斯认为，当今的评价已经偏离了对学科和课程的有意义的探索，而变成对教师工作的监督和干预。他认为，过度关注评价文本和评价程序，掩盖了评价的真正目的——提高学习质量。他提出，在做学习评价时，创造一个能帮助个人发挥潜能的环境才是最重要的。

如何使用

在任何一个教育机构中，所有事物都是相互联系的。人们常说，一个链条的强度取决于它最薄弱的那一环。这句话用在此处再恰当不过了。学生能否实现目标，庆祝取得的成绩，就看这个最重要的连接点了。

20世纪初，残疾儿童即便在幼儿期幸存下来，他们中的大多数也注定要在全托机构、医院、福利院甚至收容所里度过一生。伯明翰残疾人资源中心成立于1992年，专为残疾人提供就业和独立生活的培训机会。2014年在考察土耳其成人教育期间，我有幸与该中心的两名培训师共度一周。他们两位对工作的热情和激情，给我留下了深刻的印象。他们在资源中心培训过2000多名残疾学生，并为自己取得的成就感到骄傲。从土耳其考察回来后，我亲自参观了该中心，理解了他们为什么会如此自豪。从良好的设施，到工作人员的态度，再到满足学生需求的课程理念……我所看到的一切，都很好地诠释了图蒙斯的观点。

以下是一些建议，可以帮助你效仿伯明翰残疾人资源中心的工作。

- 考虑一下室内装饰。拥有一座便于停车的高大建筑当然很好，但只要有思想和一点点想象力，即使是最老旧的房屋也可以让人感到惬意。当人们走进去的时候，明亮的颜色和引人注目的墙壁设计，会让人有美好的感受。
- 确保学生有充足、合适的学习资料。
- 对于所有利益相关者对你的组织发表的意见，你要保持敏感。如果他们提的意见合理，就要根据他们的意见采取行动。不要坐等他们的意见，而要主动倾听他们的想法。
- 出去走走，看看类似的组织都在做什么，有哪些适合你所在的组织。
- 问问自己是否积极参与了评价过程。如果不是，那就积极参与。

在课堂上

- 确保课程在内容和实施方面，都能够满足学生的需求。
- 创造一个有吸引力和受欢迎的学习环境。
- 倾听人们对你课堂的看法，寻找你可以学习和借鉴的课堂范例。

批判性视角

图蒙斯认为，当今的评价已经与改进学习体验的初衷离得越来越远，更多变成各种毫无意义的听评课和文书工作，让教师疲于应付。在你的教学环境中，你认为评估过程多大程度上支持了学生的真实需求？

130

克里斯·阿吉里斯和唐纳德·舍恩
Chris Argyris & Donald Schön

▼

阿 吉里斯和舍恩认为，无论是机构还是个人，其学习的特征都可以用一个三级进化模型来表示。这三个级别是：单环学习、双环学习和三环学习。

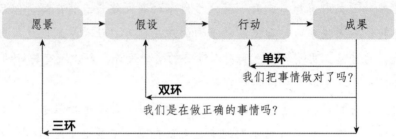

致谢：改编自阿吉里斯（Argyris，1990）和尼尔森（Nielsen，1993）。

单环学习、双环学习、三环学习的特点分别是：

- 单环学习是衡量表现的基础层级。它聚焦于行动，关注的问题是：我们把事情做对了吗？
- 双环学习强调保证质量。它聚焦于错误预防，关注的问题是：我们是在做正确的事情吗？
- 三环学习是自我检查的最高形式。它聚焦于组织未来发展的愿景，关注的问题是：我们怎样确认所谓正确的事情是真的正确呢？

阿吉里斯和舍恩认为，变革不一定是一个引人注目的大事件，而更多的是解决一些需要改变的小事情。

如何使用

有一次，在一所表现不佳的大学里，有人问我另外一所大学的情况，那所大学在最近一次英国教育标准局的检查评估中被评为"优秀"。他们问我："我们怎样做才能赶上他们呢？"我回答："我没觉得他们正在等你们。"

现实中，我们重视的绩效评价，都是建立在旧的质量控制流程上。它一般包括"检查—发现—整改—惩罚"四步，具体说就是：让我们看看员工们正在做什么，让我们发现他们做错了什么，让我们督促他们进行整改，让我们找出谁应该承担责任、受到惩罚。如果这是你所在的组织正在做的，那么说明你们已经陷

三环学习
Triple-Loop Learning

▼

入了单环学习，还处在关注把事情做对的基础层级上。那么，组织或个人如何进行双环学习和三环学习呢？以下是一些建议：

- 不要让自己陷入指责的文化之中。你的组织、你本人，或者你的学生都不可避免地会犯错误，而双环学习的精髓就是从这些错误中吸取教训。
- 通过充分应用双环学习，你可能已经确保了你的教学质量，但是如何衡量其他人正在做什么呢？
- 不要消极等待。如果这是你所在组织的文化，那你自己就要主动出击，走出去看一看其他人正在做什么，寻找可以改进之处。去观察你所在组织的教师，以及其他组织的教师，看看能从他们身上学到些什么。
- 反问自己，你对组织的愿景是否与组织领导者和管理者的愿景匹配。如果不匹配，那就要反思你能做哪些改变。

你可能有能力影响组织的变革，也可能你的观点会被置若罔闻。无论如何，你都需要问自己："如果不去尝试做些什么，我的生活还有什么意义？"

在课堂上

- 不要陷入指责的文化之中。你和你的学生都会犯错误，如何从错误中吸取经验，将决定你成为一个什么样的教师。
- 永远不要对自己的教学骄傲自满。可能你已经很优秀了，但一定还可以做得更好。
- 观察其他教师在做什么，看看哪些可以为己所用。

批判性视角

阿吉里斯和舍恩声称，个人和组织的学习可以用三级进化模型来表示。我批评一些教育机构过分注重单环学习和"检查—发现—整改—惩罚"的质量控制流程，你认为我这样说公平吗？

131

托尼·布什和戴维·米德尔伍德
Tony Bush & David Middlewood

▼

布什和米德尔伍德认为，由于教育要发展人的潜能，所以教育的领导者和管理者面对着独特的挑战。他们认为，一所学校如果将学生的发展作为学校所有工作的核心，那么领导者和管理者就要重视为学生提供服务的教职员工。领导者和管理者如果希望教师能够积极工作，可以借鉴布什和米德尔伍德的以下建议：

- **成为好榜样。**领导者和管理者需要在自身学习、个人发展和职业发展方面做出表率。
- **以学习者的身份支持所有员工。**领导者和管理者需要认识到，所有员工都是不同的，他们在个人发展和职业发展上有不同的志向。
- **鼓励分享学习的成果。**领导者和管理者应该有一个与教师交流的网络，大家可以分享彼此的知识和经历，相互学习，相互影响。
- **在所有管理过程中都强调学习。**领导者和管理者应该避免进入这样一个陷阱——即便事实证明自己的做法无效，还是按照自己一贯的方式去做事。
- **培养探究和反思的文化。**批判性反思不应该孤立地进行，领导者和管理者应该建设反思型实践的团队，让探究和反思成为一种共享的活动。
- **评估员工学习的有效性。**领导者和管理者需要了解员工的学习策略和做法是否有效。

布什和米德尔伍德指出，对员工的认可和培养，可以为组织提供提高和可持续发展的最佳前景。但是实际发展过程可能不是一帆风顺的，甚至可能是充满动荡的，他们认为，解决这一问题是领导者和管理者的终极任务。

如何使用

在支持员工成长方面，我强调了领导者和管理者所起的重要作用。同样，我也可以利用这一模型，思考教师对学生的作用。无论你是支持员工发展的领导者或管理者，还是支持学生学习的教师，以下几个关键问题都值得思考：

- 我是一个好榜样吗？我能否向我支持的人们表明，我可以以身作则，将自己的学习、个人和专业的发展视为最重要的事情？
- 我是否认识到，我支持的人是不同的个体？无论是个人发展还是专业发

▼

展，他们都有不同的需求和志向？

- 我是否愿意向包括管理者、同事、员工和学生在内的更广泛的群体学习？
- 我是否能接受一种新的做事方式？
- 我是否会对我的工作实践进行反思？是否愿意与他人分享我的反思？

如果你对大多数问题回答"是"，那么你能够很好地应对布什和米德尔伍德提出的挑战。如果你对所有问题都回答"是"，那就太过完美，有点儿不像是真的了。

在课堂上

- 成为学生的好榜样。
- 准备倾听学生的意见，并愿意向他们学习。
- 反思每节课的进展情况，并寻找改进自己工作的方法。

批判性视角

布什和米德尔伍德认为，对员工的认可和培养，可以为组织提供提高和可持续发展的最佳前景。考虑一下，你是否觉得自己受到了学校的重视，以及学校是否给了你很多发展机会？如果没有，你可以采取什么行动来解决这个问题？

巴伯于 1997—2001 年间，一直担任英国教育大臣的首席顾问，他也是美国教育教学学会的创始人。巴伯与麦肯锡咨询集团的莫菲特和基恩合作，为组织的领导者开发了一套模型，以确保教育组织对学习过程产生更积极的影响。他们将这种模型称为"交付之道"，并将其定义为"在政府和公共部门推动进步和取得成果的系统过程"。

该模型包含五个基本原则，概括如下：

1. **建立交付的基础。**这个阶段的关键步骤包括：确定一个发展目标；审视当前的状态；建立新的交付单元和指导联盟，以便能在关键时刻破除障碍，影响并支持交付单元的工作，并为其提供咨询和建议。

2. **了解交付面临的挑战。**在这个阶段，重要的是评估过去和现在的表现，搞清楚有哪些因素可以影响表现和相关的系统活动。

3. **制订交付计划。**在这个阶段，需要确定改革的战略和发展目标，制定发展路线和实践方案。

4. **推动交付过程。**在这个阶段，要建立常规制度，来驱动和监控日常的行为表现，及早发现问题，认真解决问题，并保持和推动发展势头。

5. **创建不可逆的交付文化。**在最后一个阶段，要提升系统的整体实力，分享交付信息，营造交付文化。

巴伯等人认为，"交付之道"的核心是建立有效的人际关系，他们称其为"释放关系的魔力"。

如何使用

在上述叙述中，虽然我把"交付之道"当作一个确保组织质量的宏观模型来介绍，但是，我也可以很容易从微观视角来看待这个模型，并将其应用于教学。为了避免重复第 19 章中的理论和模型，我选择从宏观和微观两个层面展示如何应用这个模型。以下是需要思考的几个关键问题：

• 组织或学生想要达成什么目标？他们目前认为自己处在什么阶段？他们需要做什么才能实现目标？回答完这些问题，就要着手采取行动，以实现预期的目标。

• 我们对组织或学生过去的表现了解多少？证明他们表现的依据是否可靠、

有效、有相关性？我们知道是什么导致他们成绩不佳吗？我们有能力解决这个问题吗？回答完这些问题后，找出能做出改变的人。

- 组织或学生为抵制变革设置了哪些障碍？接受改变可能需要时间，你需要确认让组织或学生拒绝改变的因素。发展规划是非常重要的，组织和个人需要不停地反思、修订、改进，以及有针对性地支持。

- 我们可以投入多少时间和精力，来支持组织或学生做出改变？你要承认这样一个事实，即不论是组织还是学生，影响他们变革的障碍和问题都是真实存在的，你需要认识到问题的严重性，了解他们对解决方案的重视程度。如果你认为这些因素都很重要，那么就要坚持不懈地去解决。

- 一旦你让组织或学生开始积极地思考变革，就要一鼓作气。要让每个人都知道取得了什么成就，以及为实现目标还需要付出哪些努力。

变革应该被视为一个过程，而不是一个产品。或者也可以将其比作一段旅程，而不是一个目的地。非常重要的一点是，不论是组织的领导者还是管理者，也不论是教师还是学生，都需要不时地停下脚步，反思和分析自己在旅途中所处的位置。变革的基石，是所有利益相关方都能够思考自己的作用、影响、成功、失败和努力。

在课堂上

- 确定学生想要达成的目标。
- 找出每个学生面临的障碍。
- 支持学生充分挖掘自己的学习潜能。

批判性视角

巴伯、莫菲特和基恩提到"释放关系的魔力"，你觉得这句话是什么意思？它将如何影响你的教学？

133

菲尔·克罗斯比
Phil Crosby

▼

克罗斯比在 1980 年出版了《质量免费》(*Quality is Free*)一书。在这本书中，他从产品保修期索赔和不良公共关系的角度，讨论了组织提供不合格产品或服务的成本问题。他认为，一个建立了质量保证体系的组织，不但可以节约成本，还可以弥补推行该体系所花费的成本。他的理论模型如下：

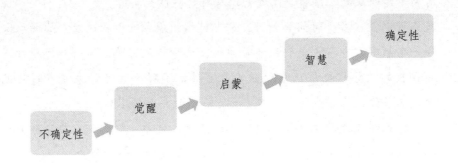

支撑这一理论的一个重要原则是：第一次就把事情做对，才能次次做对。他认为，只有当你达到一定的操作熟练度时，才能实现上述原则。从教学的角度来看，这需要经历以下几个阶段：

- **不确定性**。不知道为什么自己的教学质量会出现问题，因此想责怪他人。
- **觉醒**。意识到自己教学质量存在的问题，但仍不愿意投入资源去解决。
- **启蒙**。开始寻找并投入足够的资源去解决教学中的问题。
- **智慧**。相信预防错误的价值，将其纳入所有课程计划和教学过程的常规内容。
- **确定性**。知道为什么自己的教学质量没有问题。

克罗斯比指出："从不确定性发展到确定性是一个漫长的过程，但是沿着这条路走下去，才是管理或教学的乐趣所在。"

如何使用

克罗斯比认为，"质量"与"性"有很多相似之处。他通过这样的类比来描述其复杂性：

每个人都需要它（当然是在某些条件下）；每个人都觉得自己理解它（即使他们不想去做解释）；每个人都认为它的发生只是顺其自然的结果（如果真是这

质量免费
Quality Is Free

▼

样岂不很好）；当然，大多数人认为这两个领域的所有问题都是他人造成的。

以下是一些关于如何在教学中使用克罗斯比的模型的建议：

- 在开启从不确定性到确定性的旅程之前，先全面审视你现在所处的位置。让组织中尽可能多的人对你的教学给予反馈，请他们开诚布公地发表意见。
- 如果人们普遍认为你还处在发展的初期，尚不成熟，请不要担心。从未能觉察做错了事的"无意识且不胜任"阶段，逐步走向能意识到做错了事的"有意识但不胜任"阶段，是你需要跨出的第一步（见理论39）。这可以视为你的觉醒。
- 解决问题的前提是根据学生的需求，对应该做的、正确的事情进行精确的测量。不要因过度分析而丧失行动力，但对问题要有一个完整的认识，然后确保你将投入足够的资源来解决它（启蒙）。
- 当然，是否有效（智慧），主要取决于对问题和错误的预防，而不仅仅取决于你解决问题的能力。了解学生的需求，在开始教学前就表现的标准达成共识，然后确保它不会因为任何情况而改变。

请记住，质量成本可以抵消做错事要付出的代价。如果你不知道教学中存在的问题，并在不经意间影响了学生，就可能会带来一场灾难，不仅是对学生，对你自己也是如此。

在课堂上

- 不要处于"无意识且不胜任"的状态。
- 寻找关于自己教学情况的反馈。
- 根据反馈采取改进行动。

批判性视角

克罗斯比提出质量免费的观点，请思考如何用它来评估你所在组织的教与学？

134

迈克·佩德勒、约翰·伯戈因和汤姆·博伊德尔
Mike Pedler, John Burgoyne & Tom Boydell

▼

佩德勒等人在 1988 年出版了《学习型公司》(*Learning Company*) 一书。这是一本颇具影响力的著作，催生了一大批有志于成为学习型组织的公立和私立机构。佩德勒的理论基于这样的信念：学习型组织需要不断变革，以不断满足员工和学习者的需求。建立这样的组织，需要解决以下五个关键领域的问题：

1. **战略**。是指有意识地将组织政策、发展战略、实施和评估构建为一个所有成员都能参与进来的学习过程。

2. **公司内部学习**。推广换位思考的理念，让所有部门都将彼此看作客户或供应商，以此促进部门之间的建设性对话和谈判，并为彼此提供更优质的服务。

3. **组织结构**。目标是在组织内部创建结构，使之不仅能满足现有的需求，还能应对未来的变化。

4. **公司间学习**。密切关注竞争对手和其他组织正在做什么，吸收他们好的做法来改进自己的组织。

5. **学习氛围**。鼓励大家与他人分享知识和经验，不断寻找专业发展和个人发展的机会。

1998 年，《学习型公司》的第二版出版时，佩德勒等人承认，他们提出的一个基本原则在本质上是有缺陷的："需要不断变革"这一观点，可能会引发组织内部的混乱和灾难。他们建议将"不断"这个词替换为"有意识"。这就意味着，为了提高变革的有效性，一个组织首先要搞清楚自己所处的位置，在哪些方面需要变革，以及想变革的意愿或渴望程度。他们还建议，变革不是一条持续的曲线，我们需要一步一步向前走，随着改革成果的巩固而逐步增大改革的力度。

如何使用

佩德勒等人提出，这一理论将帮助你制定组织转型的方案，包含实施、评估和改进的过程。它并不是一种大张旗鼓的方法，而是一种让组织在实践中不断发展、沉淀和修正的方法。以下是学校可以遵循的一些步骤：

- 让教职工描绘学校的愿景，运用比喻就是一个不错的方法。然后让他们用相同的方法描述自己目前所处的状态，比较这一状态与愿景间的差异，并

讨论如何实现所描绘的愿景。

- 通过观察、分析学校内部的优势和劣势，让教职工从比喻中走出来，进入真实的世界。要特别关注内部的关系、系统和结构，反思这些问题是否有助于他们实现愿景。

- 让他们看到其他学校正在做什么，明确应该努力模仿或超越的地方，建立绩效的评价标准，以使他们做得更好。

- 然后，让他们看看除了竞争对手以外的其他组织，看看和自己相似的组织框架（如接待、财务和人力资源管理），了解其他组织都在做什么，搞清楚哪些是自己应该努力效仿学习的，哪些是自己应该改进超越的。

- 在学校里营造学习氛围，树立榜样，为所有教职工提供自我发展的资源和设施。

- 用一个简单的陈述句或所谓的"使命宣言"来描述学校的愿景。比如，"对我们的教职工和孩子来说，没有最好，只有更好，为此我们需要不断努力"。

如果你不喜欢在实践中使用比喻，那么就请跳过这一部分，直接聚焦现实世界。

在课堂上

- 我是否已经让教职工明确描绘了学校的愿景？
- 我是否鼓励教职工在学校内营造一种学习的氛围？
- 我能做些什么来帮助教职工了解其他学校的做法？

批判性视角

在第二版《学习型公司》一书中，佩德勒等人把"不断"这个词替换成"有意识"，你认为他们做得对吗？

第四部分
小结

本书的第四部分是关于课程规划、实施、评估和评价的内容。

本部分首先介绍了九个模型，讨论了在决定课程形式时需要考虑的一系列因素。那些特别看重学生取得某种资质的学校，可能更倾向于以产品为基础的课程；而那些更关注学生个人发展的学校，则更青睐于以过程为基础的课程。

接下来的三章关注的重点从宏观层面的课程规划，转向了微观层面的教学计划、实施和评估。这三章介绍了多种理论和模型，从 20 世纪 60 年代的早期学习分类法，跨越到更现代的新理论，比如 SOLO 分类模型、学习意图和认知加速理论。

最后一章是关于评价的内容。前三篇介绍了三种适用于不同范围和规模的反思模型，后三篇介绍了与评价有关的内容，既适用于学校又适用于个人教学。

整个第四部分可以看作一个工具箱，方便教师、培训师、教练或导师在与学习者打交道时使用。但是没有人告诉你哪种工具更合适，你的选择取决于学习者、学习主题以及学习情境。

以下是这部分的一些要点：

- 以产品为基础的课程设计，更适合那些靠学生取得某项资格认证进而获得资金支持的学校。
- 以过程为基础的课程设计，更适合那些关注学生个人发展的学校。

- 隐性课程可以服务于良好的意图，而不必偷偷摸摸地进行。
- 课程设计和实施应考虑到学生需求和能力的差异。
- 教学目标应该具体、可测量、可接受、可实现、有时限。
- 教学意图应该对所有利益相关方公开和透明。
- 如果给学生提供足够的时间和支持，他们可以掌握任何学习主题。
- "通过说话来学习"与"学习说话"同样重要。
- 游戏化学习对成年人和儿童来说一样重要。
- 评估应当有效、可靠和适当。
- 评估应该贯穿整个教学过程。
- 评估结束后，应尽快给予反馈。
- 教师应该通过包括学生和同事在内的各种合适渠道获取教学反馈。
- 反思应该成为教学过程的重要组成部分。
- 教学质量的好坏是指它与教育目标的匹配度。
- 作为学习型组织的一员，员工要清楚地认识到自己想要创造什么。
- 不要害怕挑战人们对组织的信念和设想。
- 弄清楚员工是否意识到集体合作对学习的重要性。

结束语

以下从各个部分中总结出来的一些提示可以帮助你一路前行：

- 跳出思维定式。伟大的想法或学习体验，不会因为人们一次又一次地重复同样的事情而诞生。让你的学生成为有能力的人是不错的，但是支持他们成为独立的思考者以及有创造力的人，才是真正有价值的。

- 鼓励你的学生积极向上、志存高远。告诉学生，如果他们失败了，要对失败有更深入的思考，因为失败总是不可避免的。也请记住，一个人在某件事情上失败了，并不意味着他就是一个失败者。

- 自然地表现自己，不要违背真实的自己。如果你天性幽默、友善，只要你的行为合乎道德，不逾越是非的界限，你就可以在教学中充分展现自己的个性。如果你天生孤僻，不太喜欢和人亲近，那么你即便穿上了小丑装，也不会逗乐你的学生。

- 挑战你的学生，让他们独立思考。填鸭式地告知他们答案，无助于他们理解学习主题。请记住这句格言："我听见了——我忘记了；我看见了——我记住了；我做了——我理解了。"

- 要有不害怕犯错误的勇气。请记住，成功和失败只有一线之隔。总是把事情做对，并不意味着你就是一个好老师。重要的是能够从错误中吸取教训。

- 让学生参与学习计划的设计和实施。确保学习目标符合 SMART 原则（具体、可测量、可接受、可实现、有时限）。

- 永远不要认为自己是一个人在奋斗。无论是计划一个新的项目还是准备一节课，你都可以向其他人寻求帮助。你从他们那里能得到的支持程度，取决于你过去给予他们的支持。请记住，付出才会有收获。

- 了解你的学生，这并不意味着彼此没有边界感，而是要努力找出他们的兴趣或爱好。我总是喜欢让一个新成立小组的成员一起玩儿破冰游戏。他们需要告诉我或小组的其他成员关于自己的三件事情，其中两件是真的，一件是假的，而我们则需要猜出哪件事是假的。这个活动非常有趣，能够让大家了解未来的合作伙伴。

我希望你在阅读本书时能感受到快乐，就像我很享受这本书的写作过程一样。欢迎你访问我的个人网站或发送电子邮件，与我分享你的任何想法。

拓展阅读

第一部分　经典学习理论

第 1 章　教育哲学

1. 苏格拉底：未经检验的生活毫无价值

Navia, L.E. (2007) *Socrates: A Life Examined*. New York: Prometheus Books.

Plato (1997) *The Trial and Death of Socrates: Four Dialogues*. New York: Classic Books International.

2. 柏拉图：现实的影子

Plato (1970) *The Republic: The Dialogues of Plato* (B. Jowett, trans./ed.). London: Sphere Books.

Plato (1997) *The Trial and Death of Socrates: Four Dialogues*. New York: Classic Books International.

3. 亚里士多德：自证预言

Merton, R.K. (1968) *Social Theory and Social Structure.* New York: Free Press.

Winch, C. and Gingell, J. (2005) *Key Concepts in the Philosophy of Education*. Abingdon: Routledge.

4. 勒内·笛卡儿 VS 约翰·洛克：先天与后天之争

Descartes, R. (1966) *Philosophical Writings* (G. Anscombe and P. Geach, trans./eds). London: Nelson.

Locke, J. (1961) *An Essay Concerning Human Understanding*. London: Dent.

5. 让－雅克·卢梭：进步主义

Rousseau, J.J. (1911) *Emile or Education* (B. Foxley, trans.). London: Dent.

Rousseau, J.J. (1913) *The Social Contract* (B. Foxley, trans.). London: Dent.

6. 弗里德里克·威廉·尼采：视角主义

Cate, C. (2005) *Friedrich Nietzsche.* Woodstock, NY: The Overlook Press.

Deleuze, G. (2006) *Nietzsche and Philosophy*. London: Athlone Press.

7. 约翰·杜威：实用主义

Dewey, J. (1963) *Experience and Education*. New York: Collier Books.

Dewey, J. (1966) *Democracy and Education: An Introduction to the Philosophy of Education.* New York: Free Press.

8. 让－保罗·萨特：存在主义

Sartre, J.P. (2001) *The Age of Reason.* London: Penguin Publishing.

Sartre, J.P. (2007) *Existentialism and Humanism.* London: Methuen Publishing.

9. 保罗·弗莱雷：批判性意识

Freire, P. (1972) *Pedagogy of the Oppressed.* London: Penguin.

For more on Elliott's research, visit her website at www.janeelliott.com

第2章 行为主义

10. 爱德华·桑代克：联结主义（试误）

Thorndike, E.L. (1913 [1999]) *Education Psychology: Briefer Course.* New York: Routledge.

Thorndike, E.L. and Gates, A.I. (1929) *Elementary Principles of Education.* New York: Macmillan.

11. 约翰·华生：刺激－反应原理

Watson, J.B. (1919) *Psychology from the Standpoint of a Behaviourist.* Philadelphia, PA: Lippincott.

Watson, J.B. (1928) *The Ways of Behaviourism.* New York: Harper & Brothers.

12. 伊万·巴甫洛夫：经典条件反射

Malone, J.C. (1990) *Theories of Learning: A Historical Approach.* CA: Wadsworth.

Pavlov, I.P. (1927) *Conditioned Reflexes: An Investigation of the Physiological Activity of the Vertebral Cortex.* London: Oxford University Press.

13. 伯勒斯·弗雷德里克·斯金纳：操作性条件反射－激进行为主义

Skinner, B.F. (1953) *Science and Human Behaviour.* New York: Free Press.

Skinner, B.F. (1958) Reinforcement today. *American Psychologist, 13,* 94–99.

14. 爱德华·托尔曼：潜伏学习

Malone, J.C. (1990) *Theories of Learning: A Historical Approach.* CA: Wadsworth.

Tolman, E.C. (1951) *Behavior and Psychological Man: Essays in Motivation and Learning.* Berkeley, CA: University of California Press.

15. 罗伯特·加涅：学习的九个层次

Gagné, R.M. (1985) *The Conditions of Learning and Theory of Instruction* (4th edn). New York: Holt, Rinehart & Winston.

Gagné, R.M. and Briggs, L.J. (1974) *The Principles of Instructional Design* (1st edn). New York: Holt, Rinehart & Winston.

16. 西格弗里德·恩格尔曼：直接教学

Barbash, S. (2012) *Clear Teaching: With Direct Instruction, Siegfried Engelmann Discovered a*

Better Way of Teaching. Knoxville, TN: Education Consumers Foundation.

Engelmann, S.E. and Carnine, D. (1982) *Theory of Instruction: Principles and Applications.* New York: Irvington Publishers.

第3章 认知主义

17. 约翰·杜威：智慧行为

Dewey, J. (1958) *Experience and Nature.* New York: Dover.

Dewey, J. (1963) *Experience and Education.* New York: Collier Books.

18. 沃尔夫冈·苛勒：顿悟理论

Barber, P. (2002) *Researching Personally & Transpersonally.* Guildford: University of Surrey.

19. 列夫·维果茨基：脚手架 — 最近发展区

Vygotsky, L.S. (1962) *Thought and Language.* Cambridge, MA: MIT Press.

Vygotsky, L.S. (1978) *Mind in Society.* Cambridge, MA: Harvard University Press.

20. 让·皮亚杰：建构主义

Piaget, J. (1957) *Construction of Reality in the Child.* London: Routledge & Kegan Paul.

Piaget, J. (1970) *Genetic Epistemology.* New York: Columbia University Press.

21. 阿尔伯特·班杜拉：榜样示范

Bandura, A. (1977) *Social Learning Theory.* New York: General Learning Press.

Malone, J.C. (1990) *Theories of Learning: A Historical Approach.* Belmont, CA: Wadsworth.

22. 戴维·奥苏贝尔：接受学习（同化理论）

Ausubel, D. (1963) *The Psychology of Meaningful Verbal Learning.* New York: Grune & Stratton.

Ausubel, D. (1978) *Educational Psychology: A Cognitive View.* New York: Holt, Rinehart & Winston.

23. 杰罗姆·布鲁纳：发现学习

Bruner, J.S. (1966) *Towards a Theory of Instruction.* New York: W.W. Norton

Bruner, J.S. (1971) *The Relevance of Education.* New York: W.W. Norton

第4章 人本主义

24. 马尔科姆·诺尔斯：成人教育学

Knowles, M. (1988) *The Modern Practice of Adult Education.* Cambridge: Cambridge Book Company.

Knowles, M. (1988) *The Adult Learner.* Houston, TX: Gulf Publishing.

25. 卡尔·罗杰斯：促进教学法

Rogers, C. (1994) *Freedom to Learn.* New York: Prentice Hall.

Rogers, C. (2004) *On Becoming a Person*. London: Constable.

26. 亚伯拉罕·马斯洛：需求层次理论

Maslow, A.H. (1987) *Motivation and Personality* (3rd edn). New York: Harper Collins.

Maslow, A.H. (1993) *The Further Reaches of Human Nature*. London: Penguin.

27. 杰克·麦基罗：转化学习理论

Mezirow, J. (1991) *Transformative Dimensions of Adult Learning*. San Francisco, CA: Jossey-Bass.

Mezirow, J. (1997) Transformative learning: Theory to practice. *New Directions for Adult and Continuing Education*, 74, 5–12.

第 5 章　教育神经科学

28. 唐纳德·赫布：联合学习

Hebb, D.O. (1949) *The Organization of Behavior: A Neuropsychological Theory*. New York: Wiley and Sons.

Hebb, D.O. (1959) A neuropsychological theory. In S. Koch (ed.), *Psychology: A Study of a Science*, vol. 1. New York: McGraw-Hill.

29. 乔治·阿米蒂奇·米勒：组块和神奇的数字 7（±2）

Miller, G.A. (1956) The magical number seven, plus or minus two: Some limits on our capacity for processing information. *Psychological Review, 63*, 81–97.

Miller, G.A., Galanter, E., and Pribram, K.H. (1960) *Plans and the Structure of Behavior*. New York: Holt, Rinehart & Winston.

30. 约翰·斯威勒：认知负荷理论

Sweller, J. (1988) Cognitive load during problem solving: Effects on learning. *Cognitive Science, 12*, 257–285.

Sweller, J. (1999) *Instructional Design in Technical Areas*. Camberwell, VIC: Australian Council for Educational Research.

31. 艾伦·佩维奥：双重编码理论

Paivio, A. (1971) *Imagery and Verbal Processes*. New York: Holt, Rinehart, and Winston.

Paivio, A. (1990) *Mental Representations: A Dual Coding Approach*. Oxford: Oxford University Press.

32. 利昂·费斯廷格：认知失调

Festinger, L. (1957) *A Theory of Cognitive Dissonance*. New York: Harper & Row.

Festinger, L. (1962) Cognitive dissonance. *Scientific American, 207*(4), 93–107.

33. 唐纳德·布罗德本特：人工智能

Broadbent, D.E. (1987) *Perception and Communication*. Oxford: Oxford University Press.

Moray, N. (1995) Donald E. Broadbent: 1926–1993. *The American Journal of Psychology,* *108*(1), 117–121.

34. 霍华德·加德纳：多元智能理论

Gardner, H. (1993) *Multiple Intelligences: The Theory in Practice.* New York: Basic Books.

Gardner, H. (2009) Reflections on my works and those of my commentators. In B. Shearer (ed.), *MI at 25* (pp. 113–120). New York: Teachers College Press.

35. 丹尼尔·戈尔曼：情绪智力

Goleman, D. (1996) *Emotional Intelligence: Why it can Matter more than IQ.* London: Bloomsbury.

Goleman, D. (1998) *Working with Emotional Intelligence.* London: Bloomsbury.

36. 诺曼·多伊奇：大脑可塑性

Doidge, N. (2007) *The Brain that Changes Itself.* London: Penguin.

37. 雷纳特·凯恩和杰弗里·凯恩：有意义学习的 12 条原理

Caine, R. and Caine, G. (1994) *Making Connections: Teaching and the Human Brain.* Somerset, NJ: Addison Wesley.

Caine, R. and Caine, G. (1997) *Unleashing the Power of Perceptual Change.* Alexandria, VA: ASCD.

第二部分　当代教学思想

第 6 章　专业化

38. 杰夫·佩蒂：创造力和 ICEDIP 模型

Petty, G. (1997) *How to Be Better at Creativity.* London: Kogan Page.

39. 诺埃尔·伯奇：胜任与有意识 — 无意识模型

www.businessballs.com/consciouscompetenecelearningmodel.html

40. 安东尼·布里克和芭芭拉·施奈德：关爱与关系信任

Bryk, A.S. and Schneider, B.L. (2002) *Trust in Schools.* New York: Russell Sage Foundation.

41. 威廉·布尔基：沟通与邀请教育

Purkey, W.W. (1978) *Inviting School Success.* Belmont, CA: Wadsworth.

Purkey, W.W. (1992) An introduction to invitational theory. *Journal of Invitational Theory and Practice 1* (1), 5–15.

For more on The Complete Works, go to their website at www.tcw.org.uk

42. 埃里克·伯恩：信任和价值观模型

Berne, E. (2010) *The Games People Play.* London: Penguin.

Harris, T. (1989) *I'm OK–You're OK.* London: Pan Books.

43. 史蒂芬·科维: 体谅与情感银行账户

Covey, S. (2004) *The 7 Habits of Highly Effective People*. London: Simon & S chuster.

44. 肯尼思·托马斯和拉尔夫·基尔曼: 冲突解决模型

Thomas, K.W. (1977) Toward multi-dimensional values in teaching: The example of conflict behaviors. *Academy of Management Review, 2*, 484–490.

Thomas, K.W. and Kilmann, R.H. (1974) *Thomas–Kilmann Conflict Mode Instrument*. New York: Xicom.

第 7 章　认知学习理论

45. 洛根·菲奥雷拉和理查德·E. 梅耶: 生成学习理论

Enser, Z. and Enser, M. (2020) *Fiorella and Mayer's Generative Learning in Action*. Melton, Woodbridge: John Catt Educational Ltd.

Fiorella, L.and Mayer, R.E. (2015) *Learning as a Generative Active: Eight Learning Strategies that Promote Understanding*. New York: Cambridge University Press.

46. 约翰·弗拉维尔: 元认知与心智理论

Flavell, J.H. (1985) *Cognitive Development*. Englewood Cliffs, NJ: Prentice Hall.

Flavell, J.H. (1992) Cognitive development: Past, present, and future. *Developmental Psychology, 28*(6), 998–1012.

47. 约翰·邓洛斯基等人: 有效学习方法

Dunlosky, J. and Rawson, K.A. (2015) Practice tests, spaced practice, and successive relearning: Tips for classroom use and for guiding students' learning. *Scholarship of Teaching and Learning in Psychology, 1*, 72–78.

Dunlosky, J, Rawson, K.A.,Marsh, E.J., Nathan, M.J. and Willingham, D.T. (2013) Improving students' learning with effective learning techniques: Promising directions from cognitive and educational psychology. *Psychological Science in the Public Interest, 14*, 4–58.

48. 艾利森·戈普尼克: 学习的悖论

Gopnik, A. (2012) Scientific thinking in young children: Theoretical advances, empirical research, and policy implications. *Science, 337*(6102), 1623–1627.

Gopnik, A. (2016) *The Gardener and the Carpenter*. London: Penguin Books.

49. 亚瑟·岛村: 师生全脑学习法

Shimamura, A. (2017) *Get SMART: Five Steps Towards a Healthy Brain*. North Charleston, SC: CreateSpace.

Shimamura, A. (2018) *MARGE: A Whole Brain Learning Approach for Students and Teachers*. Scotts Valley, CA: CreateSpace.

50. 巴拉克·罗森海因: 教学原则

Grimes,C. (2020) *The Workbook: Rosenshine's Principles in Actio*n. Melton, Woodbridge: John

Catt Educational Ltd.

Sherrington, T. (2019) *Rosenshine's Principles in Action*. Melton, Woodbridge: John Catt Educational Ltd.

51. 戴维·乔纳森：批判性思维工具

Jonassen, D.H. (1996) *Computers in the Classroom: Mindtools for Critical Thinking*. Englewood Cliffs, NJ: Prentice Hall.

第 8 章　动机

52. 克莱顿·奥尔德弗：ERG 模型

Alderfer, C.P. (1972) *Existence, Relatedness, and Growth; Human Needs in Organizational Settings.* New York: Free Press.

Alderfer, C.P. (1977) Improving organizational communication through long-term intergroup intervention. *Journal of Applied Behavioral Science, 13*, 193–210.

53. 维克托·弗鲁姆：期望理论

Vroom, V.H. and Jago, A.G. (1988) *The New Leadership*. London: Pearson.

Vroom, V.H. and Yetton, P.W. (1973) *Work and Motivation, Leadership and Decision Making.* Pittsburgh: University of Pittsburgh Press.

54. 道格拉斯·麦格雷戈：X 理论和 Y 理论

McGregor, D (1985) *The Human Side of Enterprise*. New York: McGraw-Hill.

Petty, G. (2014) *Teaching Today: A Practical Guide* (5th edn). Oxford: Oxford University Press.

55. 戴维·麦克莱兰：需求理论

McClelland, D.C. (1965) Toward a theory of motive acquisition. *American Psychologist, 20*(5), 321–333.

McClelland, D.C. (1988) *Human Motivation*. Cambridge: Cambridge University Press.

56. 莱斯利·柯曾：动机的 14 个要点

Curzon, L.B. (2013) *Teaching in Further Education* (7th edn). London: Continuum.

57. 卡罗尔·德韦克：思维模式

Dweck, C.S. (2000) *Self-theories: Their Role in Motivation, Personality, and Development (Essays in Social Psychology)*. Philadelphia: Taylor and Francis.

Dweck, C.S. (2012) *Mindset: How you can Fulfil your Potential*. London: Robinson.

第 9 章　行为管理

58. 李·坎特：严明纪律

Canter, L. and Canter, M. (1992) *Assertive Discipline*. Los Angeles, CA: Canter and Associates.

59. 雅各布·库宁：课堂管理

Kounin, J.S. (1970) *Discipline and Group Management in Classrooms*. New York: Holt, Reinhart & Winston.

60. 约翰·哈蒂：绳索模型

Hattie, J. (2012) *Visible Learning for Teachers*. Abingdon: Routledge.

For more on YSS, see its website: www.yss.org.uk.

61. 丹尼尔·威林厄姆：为什么学生不喜欢学校

Willingham, D. (2009) *Why Don't Students Like School?* San Francisco, CA: Jossey-Bass.

62. 休·考利：让捣乱者守规矩

Cowley, S. (2014) *Getting the Buggers to Behave* (5th edn). London: Bloomsbury Education.

63. 罗伯特·黑尔：心理病态检查表

Bates, B., Bailey, A. and Lever, D. (2019) *A Quick Guide to Behaviour Management*. London: Sage.

Hare, R.D. (2003) *The Psychopathic Checklist-Revised* (2nd edn). Toronto: Multi-Health Systems.

第 10 章　教练与导师

64. 约翰·惠特莫尔：GROW 模型

Bates, B. (2015) *The Little Book of Big Coaching Models*. London: Pearson.

Whitmore, J. (1998) *Coaching for Performance*. London: Nicholas Brealey.

65. 鲍勃·贝茨：COACHING 模型

Bates, B. (2015) *The Little Book of Big Coaching Models*. London: Pearson.

66. 奇普·贝尔：导师量表

Bell, C. (2002) *Managers as Mentors*. San Francisco, CA: Berrett-Kochler.

67. 阿瑟·科斯塔和贝纳·卡利克：挑剔的朋友

Costa, A. and Kallick, B. (1983) Through the lens of a critical friend. *Educational Leadership, 51*(2), 49–51.

For more on San Patrignano, google their website: sanpatrignano.org.

第 11 章　团队合作

68. 布鲁斯·塔克曼：团队发展模型

Tuckman, B.W. (1965) Development sequences in small groups. *Psychology Bulletin, 3*(6), 384–399.

69. 苏珊·惠兰：团队成熟度模型

Wheelan, S.A. (2013) *Creating Effective Teams*. London: Sage.

70. 弗朗西斯·巴克利：协同教学

Buckley, F.J. (2000) *Team Teaching: What, Why and How?* Thousand Oaks, CA: Sage.

Curzon, L.B. (2006) *Teaching in Further Education* (6th edn). London: Continuum.

第三部分　幼儿与发展策略

第 12 章　儿童和社会

71. 约翰·鲍尔比：依恋理论

Ainsworth, M.D. (1989) Attachment beyond infancy. *American Psychologist, 44*(4), 709–716.

Bowlby, J. (2008) *Attachment*. New York: Basic Books.

72. 埃里克·埃里克森：社会心理发展

Erikson, E.H. (1964) *Insight and Responsibility*. New York: Norton.

Erikson, E.H. (1968) *Identity: Youth and Crisis*. New York: Norton.

73. 简·莱夫和艾蒂安·温格：社会情境学习

Lave, J. and Wenger, E. (1991) *Situated Learning: Legitimate Peripheral Participation*. Cambridge: Cambridge University Press.

Wenger, E. (1998) *Communities of Practice: Learning, Meaning and Identity*. Cambridge: Cambridge University Press.

74. 乌尔·布朗芬布伦纳：生态系统理论

Bronfenbrenner, U. (1979) *The Ecology of Human Development*. Cambridge, MA: Harvard University Press.

Bronfenbrenner, U. (2007) *Making Human Beings Human*. Thousand Oaks, CA: Sage.

第 13 章　情感成长

75. 阿诺德·格塞尔：成熟理论

Gesell, A., Ilg, F., Bates Ames, L. and Bullis, G. (1977) *The Child from Five to Ten*. New York: Harper and Row.

Also see: https://gesellinstitute.org/pages/gesell-theory

76. 罗伯特·科尔斯：儿童的道德生活

Coles, R. (2000) *The Moral Life of Children*. New York: Atlantic Monthly Press.

Coles, R. (2010) *The Story of Ruby Bridge*. New York: Scholastic.

77. 詹姆斯·班克斯：族群认同

Banks, J.A. (2008) Diversity, group identity, and citizenship education in a global age. *Educational Researcher, 37*(3), 129–139.

Banks, J.A. and Banks, C.A. (2009) *Multicultural Education: Issues and Perspectives*(7th edn). New York: Wiley.

78. 劳伦斯·科尔伯格：道德理性

Kohlberg, L. (1973) The claim to moral adequacy of a highest stage of moral judgment. *Journal of Philosophy, 70*(18), 630–646.

Kohlberg, L. (1984) *The Psychology of Moral Development: The Nature and Validity of Moral Stages*. New York: Harper & Row.

第 14 章　课堂策略

79. 弗里德里克·福禄培尔：恩物和作业

Tovey, H. (2017) *Bringing the Froebel Approach to your Early Years Practice* (2nd edn). Abingdon and New York: Routledge.

Wollons, R.L. (ed.) (2000) *Kindergartens and Cultures: The Global Diffusion of an Idea*. New Haven, CT: Yale University Press.

80. 诺姆·乔姆斯基：语言习得机制

Chomsky, N. (1966) *Topics in the Theory of Generative Grammar*. London: Walter de Gruyter.

Chomsky, N. (1986) *Knowledge of Language: Its Nature, Origin and Use*. New York: Praeger.

81. 苏·劳埃德和萨拉·沃纳姆：快乐自然拼读法

Lloyd, S. (1992) *The Jolly Phonics Handbook*. Chigwell, Essex: Jolly Learning Ltd.

Wernham, S. (2010) *Jolly Phonics Teacher's Book in Print Letters*. Chigwell, Essex: Jolly Learning Ltd.

82. 埃莉诺·戈德施梅德：启发式学习

Goldschmeid, E. and Jackson, S. (2004) *People Under Three: Young Children in Day Care* (3rd edn). London: Routledge.

83. 盖伊·克拉克斯顿：学习力

Claxton, G. (2018) *The Learning Power Approach: Teaching Learners to Teach Themselves*. Carmarthen, Wales: Crown House Publishing.

Also see: www.great-chart.kent.sch.uk/wp-content/uploads/2014/11/BLP-Parent27s-Guide. pdf

第 15 章　与有额外需求的儿童合作

84. 朱迪·辛格：神经多样性

Armstrong, T. (2011) *The Power of Neurodiversity*. Philadelphia, PA: Da Capo Press.

Bates, R. (2016) *A Quick Guide to Special Needs and Disabilities*. London: Sage.

85. 乔恩·卡巴金：正念

Hanh, T.N. (2011) *Planting Seeds: Practicing Mindfulness with Children*. Berkeley, CA: Parallax Press.

Kabat-Zinn, J. (1994) *Wherever You Go, There You Are*. New York: Hyperion.

86. 埃里克·伯恩：交互分析

Berne, E. (1964) *The Games People Play: The Psychology of Human Relationships*. London: Penguin Books.

Steiner, C. (1994) *Scripts People Live: Transactional Analysis of Life Scripts*. New York: Grove Press.

87. 理查德·班德勒和约翰·格林德：神经语言程序学

Beever, S. (2009) *Happy Kids, Happy You: Using NLP to bring out the best in ourselves and the child we care for*. Carmarthen, Wales: Crown House Publishing.

Churches, R. and Terry, R. (2007) *NLP for Teachers: How to be a Highly Effective Teacher*. Carmarthen, Wales: Crown House Publishing.

88. 阿伦·贝克：认知行为疗法

Fitzgerald, S. (2013) *The CBT Workbook*. London: Hodder & Stoughton.

Stallard, P. (2005) *A Clinician's Guide to Think Good-Feel Good: Using CBT with Children*. Chichester: Wiley.

89. 安东尼·贝特曼和彼得·福纳吉：心智化治疗

Allen, J.G. and Fonagy, P. (2006) *Handbook of Mentalization-Based Treatment*. Chichester: John Wiley & Sons.

Bateman, A. and Fonagy, P. (2006) *Mentalization-Based Treatment for Borderline Personality Disorder: A Practical Guide*. Oxford: Oxford University Press.

90. 玛格丽特·沃克、凯西·约翰斯顿和托尼·康福思：默启通手语

Walker, M. (2015) *Animal Signs*. Farnborough: The Makaton Charity.

There are a number of books and free downloadable materials available on the Makaton website: www.makaton.org/shop

第 16 章　不同学校的方法

91. 玛丽亚·蒙台梭利：吸收性心智

Hainstock, E.G. (1997) *The Essential Montessori: An Introduction to the Woman, the Writings, the Method and the Movement*. New York: Plume.

Standing, E.M. (1984) *Maria Montessori: Her Life and Work*. New York: Plume.

92. 亚历山大·萨瑟兰·尼尔：学习的自由 —— 夏山学校

Ayers, W. (2003) *On the Side of the Child: Summerhill Revisited*. New York: Teachers College Press.

Neill, A.S. (1960) *Summerhill School: A Radical Approach to Learning*. New York: St. Martin's Griffin.

93. 洛里斯·马拉古奇：瑞吉欧教学法

Abbott, L. and Nutbrown, C. (eds) (2001) *Experiencing Reggio Emilia: Implications for Preschool Provision.* Buckingham: Open University Press.

Rinaldi, C. (2006) *In Dialogue with Reggio Emilia: Listening, Researching and Learning.* Abingdon: Routledge.

94. 鲁道夫·斯坦纳：斯坦纳学校

Edmunds, F. (2012) *An Introduction to Steiner Schools: The Waldorf School.* Forest Row, East Sussex: Sophia Books.

95. 海伦·梅和玛格丽特·卡尔：哇时刻

Carr, M. and May, H. (1993) Choosing a model: Reflecting on the development process of Te Whāriki. *International Journal of Early Years Education, 1*(3), 7–22.

May, H. (2009) *Politics in the Playground: The World of Early Childhood in New Zealand.* Dunedin: University of Otago Press.

96. 埃拉·弗拉托：森林学校

Knight, S. (2011) *Forest School for All.* London: Sage.

For more on Forest Routes go to their website: www.forestroutes.co.uk

第四部分　规划、实施和评估学习

第 17 章　课程规划

97. 拉尔夫·泰勒：理性目标模型

Print, M. (1993) *Curriculum Development and Design.* Crow's Nest, NSW: Allen & Unwin.

Tyler, R.W. (1949) *Basic Principles of Curriculum and Instruction.* Chicago: University of Chicago Press.

98. 希尔达·塔巴：草根模型

Print, M. (1993) *Curriculum Development and Design.* Crow's Nest, NSW: Allen & Unwin.

Taba, H. (1962) *Curriculum Development: Theory and Practice.* New York: Macmillan.

99. 劳伦斯·斯滕豪斯：过程模型

Print, M. (1993) *Curriculum Development and Design.* Crow's Nest, NSW: Allen & Unwin.

Stenhouse, L. (1975) *An Introduction to Curriculum Research and Development.* London: Heinemann Educational.

100. 达里尔·惠勒：理性循环模型

Print, M. (1993) *Curriculum Development and Design.* Crow's Nest, NSW: Allen & Unwin.

Wheeler, D.K. (1967) *Curriculum Process.* London: University of London Press.

101. 德克尔·沃克: 自然主义模型

Walker, D. (1971) A naturalistic model for curriculum development. *The School Review 80*(1), 51–65.

Walker, D. (2003) *Fundamentals of Curriculum: Passions and Professionalism.* Mahwah, NJ: Lawrence Erlbaum Associates.

102. 雪莉·格伦迪: 实践模型

Grundy, S. (1987) *Curriculum: Product or Praxis?* London: Routledge.

103. 杰罗姆·布鲁纳: 螺旋式课程

Bruner, J.S. (1966) *Towards a Theory of Instruction.* New York: W.W. Norton.

Kelly, A.V. (2009) *The Curriculum: Theory and Practice* (6th edn). London: Sage.

104. 菲利普·杰克逊: 隐性课程

Jackson, P. (1991) *Life in the Classroom.* New York: Teachers College Press.

Tummons, J. (2009) *Curriculum Studies in the Lifelong Learning Sector.* Exeter: Learning Matters.

105. 约翰·杜威: 弹性课程

Dewey, J. (1958) *Experience and Nature.* New York: Dover.

Dewey, J. (1963) *Experience and Education.* New York: Collier Books.

第 18 章　教学计划

106. 本杰明·布卢姆: 认知领域的层级

Bloom, B. and Kratwohl, D. (1956) *Taxonomy of Educational Objectives.* London: Longman.

107. 拉文德拉库马尔·戴夫: 动作技能领域的层级

Dave, R.H. (1970) Psychomotor levels. In R.J. Armstrong (ed.), *Developing and Writing Behavioural Objectives* (pp. 20–21). Tucson, AZ: Educational Innovators Press.

Harrow, A.J. (1972) *A Taxonomy of Psychomotor Domain.* New York: David McKay.

Simpson, E.J. (1972) *The Classification of Educational Objectives in the Psychomotor Domain.* Washington, DC: Gryphon House.

108. 戴维·克拉斯沃和本杰明·布卢姆: 情感领域的层级

Bloom, B. and Krathwohl, D. (1956) *Taxonomy of Educational Objectives.* London: Longman.

Reece, I. and Walker, S. (2007) *Teaching, Training and Learning* (6th edn). Sunderland: Business Education Publishers.

109. 约翰·比格斯和凯文·科利斯: SOLO 分类模型

Biggs, J.B. and Collis, K. (1982) *Evaluating the Quality of Learning: The SOLO Taxonomy.* New York: Academic Press.

Biggs, J. and Tang, C. and Kennedy G. (2022) *Teaching for Quality Learning at University* (5th edn). Buckingham: Open University Press.

110. 艾伦·普里查德：教学清单

Pritchard, A. (2017) *Ways of Learning* (4th edn). London: David Fulton Publishers.

Reece, I and Walker, S. (2007) *Teaching, Training and Learning* (6th edn). Sunderland: Business Education Publishers.

111. 乔治·多兰：SMART 目标

Doran, G. (1970) There's a SMART way to write management goals and objectives. *Management Review, 70*(11), 35–36.

112. 雪莉·克拉克、海伦·廷珀利和约翰·哈蒂：学习意图

Clarke, S. (2011) *Active Learning through Formative Assessment*. London: Hodder.

Clarke, S., Timperley, H. and Hattie, J. (2003) *Unlocking Formative Assessment*. Auckland: Hodder Moa Beckett.

第 19 章　教学实施

113. 约翰·哈蒂：可见的学习

Hattie, J. (2009) *Visible Learning: A Synthesis of 800+ Meta-analyses on Achievement*. Abingdon: Routledge.

Hattie, J. (2012) *Visible Learning for Teachers*. Abingdon: Routledge.

114. 约翰·卡罗尔和本杰明·布卢姆：掌握学习

Bloom, B.S. (1968) "Learning for mastery". *Evaluating Comment (UCLA-CSIEP), 1*(2), 1–12.

Carroll, J.B. (1971) Problems of measurement related to the concept of learning for mastery. In J.H. Block (ed.), *Mastery Learning*. New York: Holt, Rinehart & Winston.

115. 伊恩·里斯和斯蒂芬·沃克：提供外在动机的技巧

Petty, G. (2014) *Teaching Today: A Practical Guide* (5th edn). Oxford: Oxford University Press.

Reece, I and Walker, S. (2007) *Teaching, Training and Learning* (6th edn). Sunderland: Business Education Publishers.

116. 迈克尔·沙耶尔和菲利普·阿迪：认知加速

Adey, P. and Shayer, M. (1994) *Really Raising Standards*. London: Routledge.

Shayer, M. and Adey, P.S. (2002) *Learning Intelligence: Cognitive Acceleration Across the Curriculum from 5 to 15 Years*. Milton Keynes: Open University Press.

117. 罗宾·亚历山大：对话课堂

Alexander, R. (2001) *Culture and Pedagogy*. Oxford: Blackwell.

Alexander, R. (2005) *Towards Dialogic Teaching*. York: Dialogos.

118. 卡萝尔·汤姆林森：差异化

Tomlinson, C.A. (1995) *How to Differentiate Instruction in Mixed-Ability Classrooms.* Alexandria, VA: ASCD.

Tomlinson, C.A. (2005) *Differentiation in Practice.* Alexandria, VA: ASCD.

119. 格洛丽亚·拉德森 – 比林斯：批判性种族理论

Ladson-Billings, G. (2019) Daring to dream in public (https://news.wisc.edu).

Ladson-Billings, G. (2021) *Critical Race Theory in Education: A Scholar's Journey.* New York: Teachers College Press.

第 20 章　评估与反馈

120. 保罗·布莱克和迪伦·威廉：探秘黑匣子（形成性评估）

Black, P.J. and Wiliam, D. (1998) *Inside the Black Box.* London: NFER.

Black, P.J. and Wiliam, D. (2009) Developing the theory of formative assessment. *Educational Assessment, Evaluation and Accountability, 21*(1), 5–31.

121. 萨莉·布朗、菲尔·雷斯和布伦达·史密斯：终结性评估的 10 条宣言

Brown, S., Race, P. and Smith, B. (1996) *500 Tips on Assessment.* London: Kogan Page.

Rowntree, D. (1987) *Assessing Students: How Shall We Know Them?* London: Kogan Page.

122. 雪莉·克拉克：同伴评估

Clarke, S. (2011) *Active Learning Through Formative Assessment.* London: Hodder.

123. 约瑟夫·勒夫特和哈林顿·英厄姆：乔哈里视窗

Luft, J. and Ingham, H. (1955) *The Johari Window: A Graphic Model for Interpersonal Relations.* Los Angeles, CA: University of California Western Training Lab.

124. 吉姆·古尔德和乔迪·罗菲 – 巴伦森：反馈的六个阶段

Gould, J. and Roffey-Barentsen, J. (2018) *Achieving Your Diploma in Education and Training* (2nd edn). London: Sage.

Petty, G. (2014) *Teaching Today: A Practical Guide* (5th edn). Oxford: Oxford University Press.

125. 瓦莱丽·舒特：用反馈促进学习

Rowntree, D. (1987) *Assessing Students: How Shall We Know Them?* London: Kogan Page.

Shute, V.J. (2008) Focus on formative feedback. *Review of Educational Research, 78*(1), 153–189.

第 21 章　评价教与学

126. 唐纳德·舍恩：反思型实践者

Schön, D. (1983) *The Reflective Practitioner.* New York: Basic Books.

Schön, D. (1987) *Educating the Reflective Practitioner*. San Francisco, CA: Jossey-Bass.

127. 斯蒂芬·布鲁克菲尔德：审辨性视角

Brookfield, S. (1990) *The Skilful Teacher*. San Francisco, CA: Jossey-Bass.

Brookfield, S. (1995) *Becoming a Critically Reflective Teacher*. San Francisco, CA: Jossey-Bass.

128. 吉利·博尔顿：镜像反思

Bolton, G. (2018) *Reflective Practice: Writing and Personal Development* (5th edn). London: Sage.

129. 乔纳森·图蒙斯：终身学习的评估

Tummons, J. (2007) *Becoming a Professional Tutor in the Lifelong Learning Sector*. Exeter: Learning Matters.

Tummons, J. (2009) *Curriculum Studies in the Lifelong Learning Sector*. Exeter: Learning Matters.

130. 克里斯·阿吉里斯和唐纳德·舍恩：三环学习

Argyris, C. (1990) *Overcoming Organizational Defenses*. Boston, MA: Allyn and Bacon.

Argyris, C. and Schön, D. (1974) *Theory in Practice*. San Francisco, CA: Jossey-Bass.

Nielsen, R.P. (1993) Woolman's 'I am We' triple-loop action-learning: Origin and application in organization ethics. *Journal of Applied Behavioral Science 29*(1): 117–138.

131. 托尼·布什和戴维·米德尔伍德：领导者和管理者的角色

Bates, B. and McGrath, J. (2013) *The Little Book of Big Management Theories*. London: Pearson.

Bush, T. and Middlewood, D. (2013) *Leading and Managing People in Education* (3rd edn). London: Sage.

132. 迈克尔·巴伯、安迪·莫菲特和保罗·基恩：交付之道

Barber, M., Moffit, A. and Kihn, P. (2010) *Deliverology 101*. London: Corwin/Sage.

Hattie, J. (2012) *Visible Learning for Teachers*. Abingdon: Routledge.

133. 菲尔·克罗斯比：质量免费

Crosby, P. (1980) *Quality is Free*. London: Penguin.

Deming, W.E. (2000) *Out of Crisis*. Cambridge, MA: MIT.

134. 迈克·佩德勒、约翰·伯戈因和汤姆·博伊德尔：学习型公司

Pedler, M., Burgoyne, J. and Boydell, T. (1998) *The Learning Company: A Strategy for Sustainable Development* (2nd edition). London: McGraw-Hill Education.

Pedler, M., Burgoyne, J. and Boydell, T. (2000) *The Learning Company Toolkit*. Maidenhead: Peter Honey Publications.

索 引

A

Q

R

图书在版编目（CIP）数据

简明学习理论：原书第 3 版／（英）鲍勃·贝茨
（Bob Bates）著；王春易等译. -- 上海：上海教育出
版社，2025.3. --ISBN 978-7-5720-0784-2

Ⅰ.G442-49

中国国家版本馆 CIP 数据核字第 2025EY9012 号

上海市版权局著作权合同登记号　图字 09-2025-0000 号

策　　划　源创图书
责任编辑　董洪
特约编辑　吴法源　郭晓娜
责任印制　梁燕青
内文设计　许扬
封面设计　奇文云海

Jianming Xuexi Lilun (Yuanshu Di-San Ban)

简明学习理论（原书第 3 版）

［英］鲍勃·贝茨（Bob Bates）　著

王春易　林森　刘赛男　陈金慧　译

盛群力　审订

出版发行　上海教育出版社有限公司
官　　网　www.seph.com.cn
地　　址　上海市闵行区号景路159弄C座
邮　　编　201101
印　　刷　北京华宇信诺印刷有限公司
开　　本　787×1092　1/16　印张　25　插页　1
字　　数　380千字
版　　次　2025 年 3 月第 1 版
印　　次　2025 年 3 月第 1 次印刷
印　　数　1—5,000 本
书　　号　ISBN 978-7-5720-0784-2/G·3028
定　　价　98.00元

如发现质量问题，请向本社调换　电话 021-64373213

Learning Theories Simplified (3rd Edition)

ISBN 9781529601411

©Bob Bates 2023